VOLVER A CASA

JOHN BRADSHAW

VOLVER A CASA

Recuperación y reivindicación
del niño interior

Gaia Ediciones

Primera edición: septiembre de 2015
Primera reimpresión: marzo de 2017

Título original: *Homecoming*

Traducción: Alicia Bellón Santiago

Diseño de cubierta: Rafael Soria

© 1990, John Bradshaw

Publicado por acuerdo con Bantam Books, una empresa de Random House, división de Penguin Random House LLC

De la presente edición en castellano:
© Gaia Ediciones, 2015
  Alquimia, 6 - 28933 Móstoles (Madrid) - España
  Tels.: 91 614 53 46 - 91 614 58 49
  www.alfaomega.es - E-mail: alfaomega@alfaomega.es

Depósito legal: M. 24.545-2015
I.S.B.N.: 978-84-8445-573-8

Impreso en España por:
Artes Gráficas COFÁS, S.A. - Móstoles (Madrid)

Cualquier forma de reproducción, distribución, comunicación pública o transformación de esta obra solo puede ser realizada con la autorización de sus titulares, salvo excepción prevista por la ley. Diríjase a CEDRO (Centro Español de Derechos Reprográficos, www.cedro.org) si necesita fotocopiar o escanear algún fragmento de esta obra.

Índice

Agradecimientos 7
Prólogo 9
Parábola: La doble tragedia de Rudy Revolvin. 19

PRIMERA PARTE: EL PROBLEMA DEL NIÑO INTERIOR HERIDO .. 21
Introducción 23
   1 Cómo tu niño herido contamina tu vida 25
   2 Cómo se hirió tu maravilloso niño interior 53
Parábola: La casi trágica historia de un duende bondadoso .. 77

SEGUNDA PARTE: RECUPERA TU NIÑO HERIDO 81
Introducción 83
   3 Trabajo del dolor original 95
   4 Recupera tu yo recién nacido 113
   5 Recupera tu yo en sus primeros pasos 139
   6 Recupera tu yo preescolar 157
   7 Recupera tu yo escolar 177
   8 Cómo sobreponerse: una nueva adolescencia 195

TERCERA PARTE: DEFIENDE A TU NIÑO HERIDO 213
Introducción 215
   9 Utiliza a tu adulto como nueva fuente de poder 217
   10 Da nuevos permisos a tu niño interior 235
   11 Protege a tu niño interior herido 251
   12 Puesta en práctica de los ejercicios correctivos 263

CUARTA PARTE: REGENERACIÓN 299
Introducción 301
  13 El niño como símbolo universal de regeneración
     y transformación 303
  14 El niño maravilloso como *imago Dei* 317

Epílogo: «Mi casa, Elliot, mi casa» 343

Referencias 345

Agradecimientos

A mi Poder Supremo, que me colmó de bendiciones y de gracia.

A Eric Berne, Robert y Mary Goulding, Alice Miller, Erik Erikson, Lawrence Kohlberg, David Elkind, Rudolf Dreikurs, Fritz Perls y Jean Piaget, que me enseñaron cómo se desarrolla el niño interior y cómo este niño está herido.

A Carl Jung, Robert Bly y Edith Sullwold, que me enseñaron acerca del niño maravilloso.

A Wayne Kritsberg, Claudia Black, Sharon Wegscheider-Cruse, Jane Middelton-Moz, Rene Fredrickson, Jean Illsley Clarke, Jon y Laurie Weis, Bob Subby, Barry y Janae Weinhold, Susan Foward, Roxy Lerner y, sobre todo, a Pamela Levin, gracias a quienes profundicé mi conocimiento sobre el niño interior.

Al padre David Belyea, que me quiso en mis peores momentos.

A Frank Y., Mike S., Harry Mac, Bob McW., Bob P., Tommy B., Warner B. y Lovable «Red», que fueron los primeros en aceptar a mi niño interior herido.

Al reverendo Michael Falls, que me llevó a descubrir lo maravilloso de mi niño interior experimentando con el suyo propio. Nuestros niños interiores son ahora amigos inseparables.

A Johnny Daugherty, George Pletcher, Kip Flok y Patrick Carnes, mis mejores amigos, que a menudo cuidaron como un padre de mi herido niño interior.

A María, nuestra madre, a la hermana Mary Huberta, a Virginia

Satir, a mi tía Millie, a Mary Bell y Nancy, que a menudo han sido como una madre para mi pequeño niño herido.

A Sissy Davis, que le ama ahora.

A Toni Burbank, por su brillante y perspicaz edición de este libro. Su ayuda ha sido indispensable.

A toda la redacción de Bantam, que son los mejores.

A Winston Laszlo y, además, a todo el personal de *Encuentros de Bradshaw* en Denver, en especial a Mary Lawrence. Ellos han logrado que funcione el curso del niño interior.

A Karen Fertitta, mi ayudante personal y mi amiga que cuida de la ansiedad de mi niño interior herido.

A Marc Baker, Barbara Westerman y al personal de Life Plus por su compromiso alentador.

Por último, pero muy especialmente, a mi hermana Barbara Bradshaw que con gran sacrificio escribió a máquina una y otra vez este manuscrito. Ha sido mi principal apoyo y mi amiga más desinteresada.

Prólogo

> Sé lo que de verdad quiero que me traigan los Reyes: quiero volver a la infancia. Nadie me va a dar eso... Sé que no tiene sentido; pero, de todas formas, ¿desde cuándo tiene sentido pedir cosas a los Reyes Magos? Se trata de un niño de hace mucho tiempo y muy lejano y se trata del niño de ahora. En ti y en mí. Esperando tras la puerta de nuestros corazones a que algo maravilloso ocurra.
>
> ROBERT FULGHUM

Al caminar entre los participantes de mi curso, me sorprendió la intensidad de sus emociones. Unas cien personas, en grupos de seis u ocho, llenaban la sala. Cada grupo era independiente y sus miembros estaban sentados muy juntos, uno al lado del otro, susurrándose entre ellos. Era el segundo día de curso, por lo que ya había habido bastante interacción y participación. No obstante, eran perfectos desconocidos cuando empezaron.

Me acerqué a un grupo. Estaban escuchando absortos a un hombre de pelo gris que leía la carta que su niño interior había escrito a su padre.

> Querido papá:
> Quiero que sepas cómo me hiciste sufrir. Me castigabas en vez de pasar el tiempo conmigo.
> Hubiese soportado los golpes y los azotes solo con que hu-

bieras estado más tiempo a mi lado. Necesitaba tu amor más de lo que jamás he llegado a decirte. Ojalá hubieses jugado conmigo o me hubieses llevado a un partido o me hubieses dicho que me querías... Yo solo pretendía que te ocupases de mí...

Se cubrió los ojos con las manos. Una mujer de mediana edad que estaba a su lado comenzó a acariciarle con suavidad el pelo; un joven alcanzó a coger su mano. Otro le preguntó si quería que le abrazase; el hombre de pelo gris asintió con la cabeza.

Otro grupo estaba sentado en el suelo abrazados unos a otros. Una mujer elegante, de unos setenta años, estaba leyendo su carta:

Madre,
Estabas demasiado ocupada con tus obras de caridad. Nunca tenías tiempo para decirme que me querías. Solamente me prestabas atención cuando estaba enferma o cuando tocaba el piano y hacía que te sintieras orgullosa de mí. Solo me dejabas tener los sentimientos que te agradaban. Yo únicamente importaba cuando te complacía. Nunca me quisiste por mí misma y me sentía tan sola...

Su voz se quebró y empezó a llorar. El muro de control que había mantenido cuidadosamente durante setenta años se desmoronó con sus lágrimas. Una adolescente la abrazó y un joven le dijo que hacía bien en llorar y alabó su coraje.

Me dirigí hacia otro grupo. Un hombre ciego, que rondaba los treinta y cinco, estaba leyendo una carta que había escrito en braille:

Te odiaba porque te avergonzabas de mí. Me encerrabas en el garaje cuando invitabas a tus amigos. Nunca me dabas bastante de comer. ¡Tenía tanta hambre! Sabía que me odiabas porque suponía una carga para ti. Te reías de mí y me ridiculizabas cuando fracasaba.

Entonces tuve que irme. Sentía la ira que quedaba en mi propio niño y quería llorar de rabia e indignación. La tristeza y la soledad de la infancia resultaban abrumadoras. ¿Cómo podremos recobrarnos de tanto dolor?

Sin embargo, al final del día, el ambiente se volvió apacible y alegre. La gente estaba reunida, sentada; algunos se cogían de la mano; la mayoría estaban sonrientes cuando hicimos el ejercicio de cierre. Uno tras otro, me agradecieron el haberles ayudado a encontrar a su niño interior herido. Un presidente de banco, bastante reticente al principio del curso, me dijo que había llorado por primera vez en cuarenta años. De niño, su padre le pegaba violentamente y se había jurado que nunca volvería a ser vulnerable y a mostrar sus sentimientos. Ahora hablaba de cómo aprender a cuidar del niño solitario que llevaba dentro. Sus facciones se habían suavizado y parecía más joven.

Al principio del curso había animado a los participantes a que se quitaran sus máscaras y salieran de su escondite. Les había explicado que cuando escondían a su niño interior herido, este contaminaba su vida con rabietas, reacciones exageradas, problemas conyugales, paternidad inadecuada y relaciones perjudiciales y dolorosas.

Debí tocar su fibra sensible porque respondieron adecuadamente. Me sentí emocionado y agradecido al ver sus rostros sinceros y sonrientes. Este curso tuvo lugar en 1983. En los años que siguieron desde entonces me ha fascinado cada vez más el poder curativo del niño interior.

Hay tres cosas que resultan sorprendentes del trabajo del niño interior: la velocidad con que cambia la gente, la profundidad del cambio, y el poder y la creatividad que resulta de haber curado las heridas del pasado.

Empecé este trabajo hace más de veinte años, a través de una meditación bastante improvisada con algunos de los asistentes a mi terapia. Pero esta meditación tuvo algunos resultados muy impresionantes. Cuando la gente contactó por primera vez con su niño interior, la experiencia les resultó abrumadora. A veces sollozaban intensamente. Luego, decían cosas como: «he estado esperando toda mi vida a que alguien me encuentre», «es como volver a casa», «mi vida se ha transformado desde que encontré a mi niño».

Debido a esta respuesta, desarrollé todo un curso para ayudar a la gente a encontrar y abrazar a su niño interior. El curso ha evolucionado con el paso de los años gracias al continuo diálogo con los que habían participado en él. Es el trabajo más eficaz que he realizado hasta ahora.

El trabajo se centra en ayudar a la gente a terminar con los traumas de la infancia que no han conseguido resolver; traumas resultantes del abandono, de abusos de todo tipo, de la negligencia en atender las necesidades de que depende el desarrollo de la infancia y de la confusión creada por un sistema familiar disfuncional. (Discutiremos cada uno de estos temas con todo detalle más adelante.)

En el curso, la mayor parte del tiempo estamos lamentando que se hayan desatendido las necesidades de la infancia. Esto es también el tema principal del libro. Por experiencia sé que un acercamiento evolutivo es la forma más completa y efectiva de curar nuestras heridas emocionales. Creo que este hincapié en curar cada etapa del desarrollo es único de mi terapia.

Durante el curso, describo las necesidades normales de que depende el desarrollo de la infancia. Si estas necesidades no se satisfacen, tendemos a desarrollarnos como adultos con un niño interior herido. Si nuestras necesidades hubiesen sido cubiertas, no nos habríamos convertido en «niños adultos».

Una vez subrayadas las necesidades de cada etapa en concreto, los participantes se dispersan en grupos. Por turnos, cada participante escucha cómo los otros le dicen las afirmaciones que necesitaba escuchar cuando era un recién nacido, en sus primeros pasos, en los años preescolares, etc. Dependiendo de las barreras de cada persona, los miembros del grupo miman, cuidan, alimentan y le ayudan a superar su trauma infantil. Cuando la persona escucha una afirmación concreta que necesitaba oír en su infancia pero de la que se vio privado, empieza por lo general a llorar, primero suave, luego intensamente. Algunos de sus viejos traumas congelados empiezan a derretirse. Al final del curso, todos han hecho al menos algún trabajo con su trauma. La cantidad depende de en qué parte del proceso de curación se encuentre la persona.

Algunos habían trabajado mucho en ello antes de venir al curso, otros nada.

Hacia el final del curso hago una meditación para abrazar al niño interior. En ese momento, mucha gente siente una fuerte descarga de emociones. Cuando los participantes terminan el curso les animo a que cada día dediquen parte de su tiempo a dialogar con su niño interior.

Una vez que la gente ha recuperado y cuidado a su herido niño interior, la energía creativa de su maravilloso niño natural empieza a surgir. Y, una vez integrado, el niño interior supone una fuente de regeneración y de nueva vitalidad. Carl Jung llamó al niño natural «niño maravilloso», nuestro potencial innato de exploración, admiración y creatividad.

El curso me ha convencido de que el trabajo con el niño interior es la forma más rápida y eficaz de efectuar cambios terapéuticos en la gente. Este efecto casi inmediato me sigue sorprendiendo.

Suelo ser escéptico ante cualquier tipo de cura rápida, pero este trabajo parece que inicia un proceso de transformación duradera. Muchos participantes que me escribieron un año o dos después de la experiencia aseguraron que la terapia había cambiado su vida. Me sentí halagado, pero también de alguna forma confuso. No comprendía por qué el trabajo producía semejante impacto en algunas personas y, sin embargo, un mínimo efecto en otras. Al buscar una explicación, empecé a entender el porqué.

Primero, volví a revisar el trabajo de Eric Berne, el genial creador del Análisis Transaccional (AT). Su teoría pone un gran énfasis en el «estado infantil del yo», que se refiere al niño espontáneo y natural que fuimos todos una vez. El Análisis Transaccional describe, asimismo, las formas que el niño natural *adaptaba* a las presiones y tensiones de su primera vida en familia.

El niño natural o maravilloso aparece cuando te encuentras con un viejo amigo; o cuando ríes a carcajadas, cuando eres creativo y espontáneo, cuando te admiras ante un paisaje maravilloso...

El niño adaptado o herido aparece cuando te niegas a saltarte el semáforo en rojo, aunque sea evidente que está estropeado o no haya nadie alrededor y sepas que no va a pasar nada. Otros comportamientos del niño herido son el cogerse rabietas, ser excesivamente educado y obediente, hablar con un tono de voz infantil, contar mentiras y poner malas caras. En el capítulo 1 señalaremos las diversas formas en que el niño herido manipula nuestra vida adulta.

Aunque me he servido del AT como principal modelo terapéutico durante muchos años, nunca había centrado mi trabajo en las diferentes etapas de desarrollo que atraviesa el niño interior y a las que tiene que adaptarse para sobrevivir. Pienso que el defecto que tiene el trabajo del AT es precisamente esa falta de pormenores del desarrollo. Cualquier etapa del desarrollo de nuestro niño maravilloso se puede detener. Como adultos, podemos actuar de forma infantil, podemos regresar al comportamiento de un niño que empieza a andar, seguir creyendo en la magia como un preescolar, poner mala cara y marcharnos como un niño de primero de básica que ha perdido un juego.

Todos estos comportamientos son infantiles y representan los diferentes niveles en que se ha detenido el desarrollo de la infancia. El propósito principal de este libro es ayudarte a recobrar tu niño interior herido en *cada etapa del desarrollo*.

Otra influencia posterior que tuvo mi trabajo fue la del hipnoterapeuta Milton Erickson. Erickson piensa que cada persona tiene su visión personal del mundo, un sistema interno de creencias que es inconsciente y que constituye una especie de trance hipnótico. Utilizando la hipnosis de Erickson, aprendí formas naturales de conectar con el trance en el que mis pacientes *se encontraban ya* y a usar ese trance para ayudar al desarrollo y al cambio. Lo que no advertí hasta que empecé a hacer el trabajo del niño interior era que es el niño interior herido quien forma el sistema de creencia interna. Regresando al trance del niño interior, es posible cambiar estas creencias *directa y rápidamente*.

El terapeuta Ron Kurtz profundizó mi conocimiento de las dinámicas del trabajo del niño interior. El sistema de Kurtz, denominado terapia de Haikomi, se centra directamente en el material interno. Este es *el modo en que se organiza nuestra experiencia interna.* Compuesto de nuestros primeros sentimientos, creencias y memorias, nuestro material interno se formó en respuesta al estrés de nuestro entorno en la infancia. Este material es ilógico y primitivo; era la única forma de que un niño mágico, vulnerable, necesitado y sin barreras, supiera cómo sobrevivir.

Una vez que está formado el material interno, este se convierte en el filtro a través del cual deben pasar todas las experiencias nuevas. Esto explica por qué hay gente que escoge continuamente el mismo tipo de relación amorosa destructiva; por qué para algunos su vida es una repetición de una serie de traumas, y por qué la mayoría de nosotros no sabemos cómo aprender de nuestros errores.

Freud llamó a esta insistencia en repetir el pasado el «impulso de la repetición». La gran terapeuta contemporánea, Alice Miller, lo llamó «la lógica del absurdo». Es lógico cuando se entiende cómo el material interno moldea nuestra experiencia. Es como si llevásemos gafas de sol: no importa la cantidad de luminosidad que haya, siempre se filtrará de la misma manera. Si las gafas son verdes, el mundo parecerá verde; si son marrones, no veremos bien los colores brillantes.

Por tanto, es evidente que si queremos cambiar tenemos que modificar nuestro material interno. Como era nuestro niño interior el que primero organizaba nuestra experiencia, el entrar en contacto con él es una forma inmediata de cambiar nuestro material interno.

El trabajo del niño interior es una nueva herramienta terapéutica importante y es completamente distinta a la forma de terapia que se hacía en el pasado. Freud fue el primero en entender que nuestras neurosis y los trastornos emocionales eran el resultado de conflictos de la infancia que no habían sido resueltos y que se repetían a lo largo de nuestras vidas. Él trató de curar al niño herido, estableciendo un entorno seguro que permitiera que este surgiese y transmitiera sus necesidades insatisfechas al terapeuta. El terapeuta podría entonces reeducarlo como un padre, de manera que pudiera terminar de resolver sus conflictos. El niño herido se curaría.

El método de Freud requiere una cantidad enorme de tiempo y de dinero y, por lo general, provoca una dependencia poco saludable en el paciente. Una de mis pacientes vino a verme después de diez años de psicoanálisis. Incluso mientras yo trabajaba con ella, llamaba a su psicoanalista dos o tres veces por semana para que le aconsejara en las decisiones más triviales. El analista se había convertido de verdad en el buen padre de su niño interior. Sin embargo, este apenas cuidaba y atendía a su niño interior y ella dependía por desgracia de él. Un verdadero cuidado le habría ayudado a reclamar y a usar sus propios poderes adultos para educar y ayudar a su propio niño interior.

En este libro ofreceremos un nuevo método para contactar, reformar y educar al niño interior. *Debes hacer el trabajo que sugerimos* si quieres experimentar un cambio. *Es tu parte adulta la que decide hacer este trabajo.* Incluso si estás en tu estado infantil, tu ser adulto sabrá exactamente donde estás y lo que estás haciendo. Tu niño interior experimentará las cosas tal y como las experimentó en su infancia, pero esta vez tu ser adulto estará allí para protegerle y apoyarle mientras termina las cuestiones importantes que quedaban pendientes.

El libro consta de cuatro partes. La Primera Parte analiza cómo tu niño maravilloso se perdió y cómo las heridas sufridas en la infancia siguen contaminando tu vida.

La Segunda Parte te conduce a través de cada etapa de desarrollo de la infancia, mostrándote lo que necesitabas en cada una para crecer de forma conveniente. Cada capítulo contiene un cuestionario que te ayudará a determinar si se han satisfecho las necesidades de tu niño interior en una etapa concreta. Entonces, te guiaré a través de las experiencias que utilizo en mi curso para ayudarte a recuperar a tu niño en cada etapa.

La Tercera Parte presenta ejercicios concretos de rectificación para ayudar a tu niño a crecer y a prosperar, para aprender formas adecuadas de conseguir que otros adultos satisfagan algunas de las necesidades de tu niño interior y para construir barreras protectoras para tu niño interior mientras tú trabajas sobre la intimidad en tus relaciones. Esta parte enseña como *tú* puedes ser el padre afectivo que nunca has tenido en tu infancia. Cuando aprendas cómo re-educarte a ti mismo, dejarás de intentar de llenar tu pasado poniendo a otros en el lugar de tus padres.

La Cuarta Parte muestra cómo surge tu niño maravilloso cuando el niño herido está curado. Aprenderás cómo acceder a él y comprobarás cómo este es la energía más creativa y transformadora que posees. Es la parte de ti que más se parece a tu Creador y puede llevar a una relación inmediata y personal con tu único yo y con Dios, o como quieras llamarlo. Esta es la curación más profunda de todas, prometida por los grandes maestros de todas las creencias.

A lo largo del proceso también relato mi propia historia. Cuando empecé por primera vez este trabajo hace veinte años no podía imaginarme la transformación que se dio en mi pensamiento y en mi conducta gracias al descubrimiento personal de mi niño interior. Antes de este descubrimiento minimizaba las repercusiones de mi infancia y me sentía obligado a idealizar y a proteger a mis padres, sobre todo a mi madre. De pequeño, me solía decir «cuando crezca y salga de aquí, todo irá bien». Al pasar los años, me di cuenta de que las cosas no iban mejor; es más, empeoraron. Lo observaba mejor en otros miembros de mi familia que en mí mismo. Diez años después de mi triunfo sobre el alcohol, me encontré con que todavía era impulsivo y obsesivo.

La tarde de un jueves lluvioso experimenté lo que Alice Miller había escrito acerca de su propio niño interior: «No pude resignarme a dejar al niño solo... Tomé una decisión que iba a cambiar mi vida profundamente: dejar que el niño me guiase». Ese día tomé yo también la decisión de recuperar y defender a mi niño interior. Lo encontré aterrado. Al principio, no confiaba en mí y no quería ir conmigo. Perseverando en mis esfuerzos por hablarle e insistiendo en que no le abandonaría, empecé a ganarme su confianza. En este libro describo las etapas del viaje que me permitió llegar a ser el guardián y el defensor de mi niño interior. Este viaje ha cambiado mi vida.

Parábola:
La doble tragedia
de Rudy Revolvin

(Basado en *La extraña vida de Ivan Osokin*,
de P. D. Ouspensky)

Érase una vez un hombre que se llamaba Rudy Revolvin. Llevó una vida penosa y trágica. Murió insatisfecho y se fue al sitio oscuro.

El Señor de las Tinieblas, viendo que Rudy era un niño adulto, pensó que podía añadir oscuridad dándole la oportunidad de volver a vivir otra vez. Como sabes, el Señor de las Tinieblas tenía la misión de continuar la oscuridad, incluso de hacerla más oscura si pudiera. Dijo a Rudy que no le cabía la menor duda de que cometería *exactamente las mismas faltas otra vez y sufriría la misma tragedia de nuevo.*

Luego, le dio una semana de plazo para decidirse.

Rudy pensó mucho sobre ello. Era evidente que el Señor de las Tinieblas le estaba embaucando. Por supuesto, cometería las mismas faltas porque se vería privado de los recuerdos de lo que había pasado en su vida anterior. Sin esos recuerdos no habría forma de evitar sus errores.

Cuando al final se presentó ante el Señor, rehusó la oferta.

El Señor de las Tinieblas, que sabía el «secreto» del niño interior herido, permaneció impasible ante el rechazo de Rudy. Le dijo que, aunque era contrario a las reglas, le permitiría recordar todo acerca de su vida pasada. El Señor sabía que incluso con tales memorias,

Rudy *todavía* cometería los mismos errores y tendría que volver a sufrir su penosa vida otra vez.

Rudy sonrió para sus adentros. «Al fin», pensó, «tengo una oportunidad». Rudy no sabía nada del «secreto» del niño interior herido.

Naturalmente, aunque pudiese prever cada desgracia que le hubiese pasado anteriormente, repetiría su penosa y trágica vida.

¡El Señor de las Tinieblas estaba satisfecho!

Primera Parte

El problema del niño interior herido

> El conocimiento iluminó estancias olvidadas en la oscura casa de la infancia. Ahora sé por qué podía sentir *añoranza del hogar, estando en casa*.
>
> G. K. Chesterton

Introducción

A Buckminster Fuller, uno de los hombres más creativos de nuestro tiempo, le encantaba citar el poema de Cristopher Morley acerca de la infancia:

> El mayor poema jamás conocido
> es uno del que todos los poetas han surgido
> la poesía, innata, en paños,
> de tener solo cuatro años.
>
> Todavía joven para formar parte
> del gran corazón de la naturaleza,
> nacido hermano del pájaro, el árbol y la bestia,
> inconsciente como la abeja.
>
> Aún revestido de encantadora razón
> cada día un nuevo paraíso en construcción
> Alegre explorador de cada sensación
> ¡Sin desmayo, sin pretensión!
>
> En tus ojos transparentes
> no hay conciencia ni sorpresa:
> el singular acertijo de la vida aceptas,
> tu peculiar divinidad recuerdas…
>
> La Vida, que todo pone en verso,
> puede que haga de ti un poeta con el tiempo,
> pero hubo días, oh tierna cría,
> en que tú fuiste la misma Poesía.

¿Qué le sucede a este comienzo maravilloso en el que todos somos «la misma Poesía»? ¿Cómo todas esas tiernas criaturas se convierten en asesinos, drogadictos, agresores físicos y psíquicos, dictadores crueles, políticos corruptos? ¿Cómo se convierten en «heridos andantes»? Los vemos a nuestro alrededor; tristes, asustados, dudosos, ansiosos y depresivos, llenos de anhelos inefables. Seguramente esta pérdida de nuestro potencial humano innato es la mayor tragedia de todas.

Cuanto más sepamos acerca de cómo perdimos nuestra curiosidad espontánea y nuestra creatividad, más fácil nos será encontrar formas de recuperarlas otra vez. Podremos ser capaces incluso de hacer algo para evitar que esto les suceda a nuestros hijos en el futuro.

1
Cómo tu niño herido contamina tu vida

> Atrapados por viejas angustias dicen cosas que no son pertinentes, hacen cosas indebidas, no saben enfrentarse a las situaciones y soportan terribles sentimientos que no tienen que ver con el presente.
>
> HARVEY JACKINS

Me parecía imposible ser tan pueril. Tenía cuarenta años y me había enfadado y había gritado hasta tal punto que todos —mi esposa, mis hijastros y mi hijo— se asustaron. Luego cogí el coche y me marché. Allí estaba, en un motel a mitad de nuestras vacaciones en la Isla Padre. Me sentía solo y avergonzado.

Cuando intenté analizar los sucesos que me llevaron a marcharme, no conseguí entender nada. Estaba confuso, como si estuviera en un mal sueño. Por encima de todo, quería que mi vida familiar fuera afectiva, cariñosa e íntima, pero este era el tercer año que me había salido de mis casillas durante las vacaciones. Me había marchado mentalmente antes, pero nunca físicamente.

Era como si me estuviera volviendo loco. ¡Dios, me odiaba a mí mismo! ¿Qué me pasaba?

El incidente de la Isla Padre ocurrió en 1976, un año después de que muriera mi padre. Desde entonces he aprendido las causas de mis ciclos de rabia/retirada. La pista principal vino de esa escapada en la isla. Mientras estaba solo en aquella mugrienta habitación de hotel, empecé a tener vívidos recuerdos de mi infancia.

Recordaba un día de Navidad, cuando tenía once años más o menos, tumbado en la penumbra de mi habitación, con las mantas cubriéndome la cabeza y negándome a hablar con mi padre. Quería castigarlo por haber arruinado nuestras Navidades. No podía expresar mi enfado verbalmente porque me habían enseñado que hacer eso era pecado mortal, y más mortal todavía si se trataba de los padres. Mi enfado se pudrió en el moho de mi alma. Como un perro hambriento en el sótano, se volvió voraz y rabioso. La mayor parte del tiempo estaba guardado celosamente. Era un buen tipo, era el mejor padre del mundo... Hasta que no podía soportarlo más y me volvía Iván el Terrible.

Llegué a la conclusión de que esos comportamientos durante las vacaciones eran *regresiones espontáneas*. Cuando estaba furioso y abandonaba a mi familia como castigo, estaba regresando a mi infancia, donde me había tragado mi rabia y la había expresado de la única forma que podía un niño: castigando con la retirada. Ahora, de adulto, cuando había terminado con un arranque de abandono físico o emocional, me sentía como el niño solitario y avergonzado que había sido.

Lo que ahora comprendo es que cuando se detiene el desarrollo de un niño, cuando se reprimen los sentimientos, sobre todo los de rabia y dolor, una persona llega a adulto con un niño enfadado y dolido dentro de él. Este niño contaminará de forma inconsciente el comportamiento de la persona adulta. Al principio puede parecer absurdo que un niño pequeño pueda seguir viviendo en un cuerpo adulto, pero esto es justo lo que yo propongo. Creo que este niño interior del pasado, abandonado y herido, es la fuente principal de la miseria humana. Hasta que no lo recuperemos y defendamos, seguirá exteriorizándose y contaminando nuestras vidas adultas.

Me gustan las fórmulas mnemotécnicas, por eso, describiré algunas de las formas en que el niño contamina nuestras vidas usando la palabra *contaminado*. Cada inicial representa una forma significativa en que el niño interior sabotea la vida del adulto. (Al final de este capítulo encontraremos un cuestionario para comprobar hasta qué punto está herido nuestro propio niño interior.)

Codependencia
Ofensas
Narcisismo
Temas de confianza
Actitudes extrovertidas/introvertidas
Magia
Intimidad
No disciplina
Adicción/Compulsión
Distorsiones mentales
Oquedad (Apatía/Depresión)

Codependencia

Definiría codependencia como una enfermedad que se caracteriza por una *pérdida de identidad*. Ser codependiente significa haber perdido el contacto con nuestros sentimientos, deseos y necesidades. Veamos unos ejemplos:

Pervilia escuchó a su novio hablar de sus problemas en el trabajo. Esa noche no pudo dormir porque estaba preocupada por *sus (de él)* problemas. Siente *los sentimientos ajenos* más que los suyos propios.

Cuando la novia de Maximillian terminó con una relación que duró seis meses, él se quería suicidar. Cree que su estima depende de que ella le quiera. Maximillian no tiene *auto*estima, la que se origina desde su interior; tiene la estima de los *otros*, y que depende de otra gente.

El marido de Jolisha le pregunta si quiere salir a dar una vuelta. Estaba indecisa y al final dice que sí. Él le pregunta que adónde le gustaría ir y ella dice que *le da igual*. La lleva a la Barbacoa Vikinga y al cine, a ver *El retorno del asesino del hacha*. Ella lo pasa fatal. Se enfada y pone mala cara toda una semana y cuando su marido le pregunta: «¿Qué te pasa?», ella responde: «Nada».

Jolisha es «un encanto». Todo el mundo comenta lo simpática que es. En realidad, solo pretende ser simpática, está actuando todo el rato. Para Jolisha, ser simpática es una *falsa* identidad. No se da cuenta de lo que realmente quiere o necesita. Ignora su propia identidad.

Jacobi, que tiene cincuenta y dos años, vino a pedir consejo porque había tenido una aventura durante dos meses con su secretaria, que tenía veintiséis años. Me decía que no sabía cómo le había llegado a pasar esto. Jacobi es un venerable hermano de su iglesia y también es miembro del Comité de Defensa de la Moral. Dirigió la lucha contra la pornografía en su ciudad. En realidad, ha hecho un «voto» religioso y no tiene ningún contacto con su instinto sexual. Después de años de dura represión, su impulso sexual ha sido más fuerte que él.

Biscayne ha hecho suyo el problema de obesidad de su esposa. Ha reducido considerablemente su vida social porque se avergüenza de que sus amigos la vean. No es consciente de dónde termina él y empieza ella. Piensa que juzgarán su hombría por la apariencia de su mujer. También su socio, Bigello, tiene una amante a la que controla el peso periódicamente para asegurarse de que no engorda. Es otro caso de pérdida de identidad. Cree que su virilidad depende del peso de su amante.

Ophelia Oliphant ha pedido a su marido que le compre un Mercedes. También insiste en seguir siendo del Club del River Valley Country. Están muy endeudados y viven pendientes del día de la paga. Se pasan la vida burlando a los acreedores y derrochan una energía increíble para dar una imagen de ricos de clase alta. Ophelia cree que su autoestima depende de mantener la imagen adecuada. No tiene un sentido interno del yo.

En todos los ejemplos anteriores encontramos gente que depende de algo externo para tener una identidad. Son ejemplos de personas que sufren codependencia.

Los sistemas familiares disfuncionales favorecen esta codependencia. Por ejemplo, todo el mundo en una familia de alcohólicos se vuelve codependiente del beber del alcohólico. Como la bebida amenaza de tal manera la vida de cada miembro de la familia, estos se adaptan estando en constante alerta, es decir, se vuelven hipervigilantes. Esta adaptación al estrés estaba destinada por naturaleza a ser un estado temporal, nunca crónico. Con el tiempo, una persona que vive con el trastorno crónico del comportamiento alcohólico pierde el contacto con sus propias señales internas, es decir, con sus propios sentimientos, necesidades y deseos.

Los niños necesitan seguridad y buenos modelos emocionales para entender sus propias señales internas. También necesitan ayuda para separar sus pensamientos de sus sentimientos. Cuando el entorno familiar es violento (ya sea violencia química, emocional, física o sexual), el niño debe centrarse únicamente en lo exterior y, con el tiempo, pierde la habilidad de generar autoestima desde el interior. Sin una vida interior sana, uno tiene que exiliarse para intentar encontrar satisfacción en el exterior. Esto es codependencia y es un síntoma del niño interior herido. Comportamientos codependientes indican que no se colmaron las necesidades de la infancia de la persona y, por tanto, esta no puede saber quién es.

Ofensas

Tendemos a pensar que todo el mundo que tiene un niño interior herido es agradable, tranquilo y sufrido. Pero, de hecho, el niño herido es el responsable de mucha de la violencia y de la crueldad de este mundo. A Hitler le pegaron continuamente durante su infancia, fue humillado y avergonzado de forma perniciosa por un padre sádico que era el hijo bastardo de un terrateniente judío. Él volvió a imponer la forma más extrema de crueldad a millones de seres inocentes.

Me viene a la memoria la historia de Dawson. Cuando vino a verme por un problema matrimonial, era encargado de seguridad en un club nocturno. Presumía de haberle roto la mandíbula a uno esa semana y describía apasionadamente cómo el hombre le había provocado. Le había molestado que se pavoneara delante suyo. Muchas veces, a lo largo de nuestras sesiones, Dawson me contaba cosas como estas. Los agresores no se hacen responsables de su comportamiento.

Según íbamos trabajando, vi con claridad que en realidad Dawson estaba atemorizado. Cuando tenía miedo, se ponían en marcha los recuerdos del niño que había sido. Había tenido un padre violento que le maltrataba. Al igual que el niño de entonces tembloroso ante el ataque de furia de su padre, no se sentía seguro estando aterrorizado, por lo que se identificaba con el ser de su padre. Se *convertía en su padre*. Cuando ocurre algo que le recuerda las escenas violentas de su infancia, se activan los antiguos sentimientos de miedo e indefensión y Dawson se convierte en su brutal padre, infligiendo sobre los otros los mismos daños que su padre le había infligido a él.

El comportamiento ofensivo, la principal causa de la destrucción humana, es el resultado de una infancia violenta y del sufrimiento y el dolor por ese maltrato, que no hemos superado. El que una vez fuera el niño indefenso y herido se convierte en el adulto agresor. Esto ocurre especialmente cuando se trata de abusos físicos, sexuales y con serias agresiones psíquicas.

El psiquiatra Bruno Bettelheim acuñó una expresión para este proceso: «identificación con el agresor». La violencia sexual, física y psíquica aterrorizan tanto al niño que este no puede permanecer en su propio ser durante el abuso. Para superar el dolor, pierde toda conciencia de su identidad y se identifica instantáneamente con el agresor. Bettelheim dirigió sus estudios principalmente a los supervivientes de los campos de concentración.

En uno de mis cursos recientes, una terapeuta de Nueva York pidió el turno de palabra. Dijo que era judía y procedió a relatarnos a grandes rasgos algunos episodios que su madre había vivido en un campo de concentración nazi. La parte más sorprendente de su historia fue que su madre la había tratado a *ella* tal y como los guardias nazis habían tratado a su madre. Ya desde los tres años, su madre le escupía y la llamaba cerda judía.

Tal vez, las agresiones sexuales sean las más perturbadoras. La mayoría de las veces, los progenitores mismos han sido violados de niños. Cuando molestan a los niños, están reconstruyendo el abuso que experimentaron en su propia infancia.

Mientras que la mayoría del comportamiento agresivo está arraigado en la infancia, no es siempre el resultado de malos tratos. Muchos agresores han estado muy «consentidos» por sus padres, que han sido demasiado indulgentes y sumisos, de modo que han aprendido a sentir que son *superiores* a los demás. Estos niños mimados creen que se merecen un tratamiento especial por parte de la gente y que ellos no pueden hacer nada mal. Pierden todo el sentido de la responsabilidad y piensan que la culpa de sus problemas es siempre de otros.

Narcisismo

Cada niño necesita de un amor incondicional, al menos al principio. Sin poder reflejarse en un padre o en un tutor benévolos, un niño no tiene forma de saber quién es. Cada uno de nosotros hemos sido un *nosotros* antes de ser un *yo*. Necesitábamos un espejo en el que reflejar todas las facetas de nosotros mismos. Necesitábamos saber que importábamos, que se nos tomaba en serio, y que se aceptaba y se amaba cada una de nuestras facetas. También necesitábamos saber que podíamos contar con el amor de nuestros mayores. Estas eran nuestras necesidades narcisistas. Si no las hemos satisfecho, nuestro sentido del YO SOY se quedó dañado.

El niño herido, privado de narcisismo, contamina al adulto con su anhelo insaciable de amor, atención y afecto. Las demandas del niño sabotearán las relaciones del adulto, porque no importa cuánto amor reciba, pues siempre será insuficiente. El niño adulto privado de narcisismo no puede satisfacer sus necesidades porque son, en realidad, unas necesidades de niño. Y los niños *necesitan todo el tiempo a sus padres*. Están necesitados por naturaleza, no por elección. Las necesidades de un niño son necesidades de dependencia, es decir, necesidades que dependen de otros para satisfacerse. Solo lamentando la pérdida conseguiremos curarnos. Hasta que esto no se haga, el niño insaciable buscará con voracidad el amor y la estima que él o ella* no consiguieron en la infancia.

Las necesidades del niño adulto privado de narcisismo toman varias formas:

---

* En adelante, «él» se referirá a personas de ambos sexos. He elegido esta forma por razones de consistencia gramatical, sin pretender ningún tipo de discriminación. Todos los ejemplos están basados en mi experiencia personal o en la de mis pacientes. Se han modificado algunos datos para mantener el anonimato de las personas.

- ❖ Les decepciona una relación tras otra.
- ❖ Siempre están buscando el amor perfecto que satisfaga todas sus necesidades.
- ❖ Se vuelven adictos. (Las adicciones son intentos de llenar el vacío de la psique. Sexo y amor son primeros ejemplos.)
- ❖ Buscan bienes materiales y dinero que les den sensación de importancia.
- ❖ Se hacen artistas (actores y atletas) porque necesitan continuamente la adulación y la admiración del público.
- ❖ Utilizan a *sus propios hijos* para satisfacer sus necesidades narcisistas. (En sus fantasías, sus hijos nunca los abandonarán y siempre los querrán, respetarán y admirarán.)
- ❖ Tratan de conseguir de sus hijos el amor y la admiración que no pudieron obtener de sus propios padres.

Temas de confianza

Cuando los padres no son merecedores de confianza, los niños desarrollan una profunda sensación de desconfianza. El mundo les parece un lugar peligroso, hostil e impredecible, por lo que siempre deben estar en guardia y controlando. El niño llega a pensar que «si lo *controlo* todo, nadie me podrá coger desprevenido y herirme».

Surge entonces una especie de locura por el control que se convierte en una adicción. Un paciente mío tenía tanto miedo de que algo se escapase a su control, que llegaba a trabajar cien horas a la semana. No podía delegar ninguna autoridad porque no confiaba en que los otros hiciesen su trabajo. Vino a verme cuando su colitis ulcerosa se había agravado tanto que tuvo que ser hospitalizado.

Otra paciente vino muy afectada porque su marido le acababa de pedir el divorcio. La última gota que colmó el vaso fue cuando ella cambió el teléfono que él le había instalado en su coche. Su marido se quejó de que no importaba lo que intentara hacer por ella, que siempre estaba mal y siempre tenía que cambiar lo que él había hecho. En otras palabras, ella no se quedaba tranquila a no ser que controlara todos los resultados.

La locura por el control causa serios problemas en las relaciones personales. No hay manera de tener intimidad con una pareja que desconfía de ti. La intimidad requiere que cada parte acepte a la otra *tal y como es*.

Los problemas de confianza también pueden generar situaciones extremas en lo que respecta a la confianza hacia los demás. O bien uno abandona todo el control y confía en los demás de forma crédula e ingenua, aferrándose a ellos y sobreestimándolos; o bien se retrae en su soledad y aislamiento, construyendo un muro protector en el que no deja entrar a nadie.

Como ha señalado Patrick Carnes, especialista en adicciones, una persona que nunca ha aprendido a confiar en nadie confunde intensidad con intimidad, obsesión con cuidado y control con seguridad.

Lo primero que debe desarrollarse en la vida es un sentido básico de confianza. Debemos aprender que el otro (mamá, papá, el mundo exterior) es seguro y merece nuestra confianza. Este sentido básico es un sentimiento profundo. Si podemos confiar en el mundo, podemos aprender a confiar en nosotros. Confiar en ti mismo significa que puedes confiar en tu fuerza, percepciones, interpretaciones, sentimientos y deseos personales.

Los niños aprenden a confiar en sus mayores si estos son dignos de confianza. Si sus padres son consecuentes y predecibles, si confían en ellos mismos, el niño confiará en ellos y aprenderá a confiar en sí mismo.

Actitudes extrovertidas/introvertidas

Para comprender cómo nuestro niño interior herido exterioriza las necesidades insatisfechas y los traumas de la infancia, debemos entender que *la emoción es la fuerza principal que motiva nuestras vidas*. Las emociones son el combustible que nos lleva a defendernos nosotros mismos y a cubrir nuestras necesidades básicas. (Me gusta escribir la palabra *E-moción*: energía en movimiento. Esta energía es fundamental*.) Nuestra rabia nos *mueve* a defendernos.

---

* Juego de palabras en inglés. *E-motion: E* de energía y *motion* que significa movimiento. *(N. de la T.)*

Cuando nos enfadamos, nos mantenemos en una postura, nos volvemos «locos luchadores». Con el enfado, protegemos nuestros derechos y luchamos por ellos.

El miedo nos lleva a darnos a la fuga al ver el peligro. Nos ayuda a discernir, nos protege porque nos hace ver la existencia del peligro y su magnitud para luchar contra él; nos lleva a correr y a refugiarnos.

La tristeza nos conduce al llanto. Las lágrimas alivian y nos ayudan a superar nuestra angustia. Con la tristeza nos lamentamos de nuestras pérdidas y liberamos nuestra energía para usarla en el presente. Cuando somos incapaces de lamentarnos no podemos acabar con el pasado. Toda la energía emocional relacionada con nuestra angustia o trauma se congela. Al no solucionarse ni expresarse, esta energía trata de resolverse por sí misma y, como no puede expresarse mediante lamentaciones, se expresa mediante comportamientos anormales. A esto se le llama «exteriorización». Mi antigua paciente, Maggie, nos ofrece un claro ejemplo de todo esto.

Maggie veía cómo su padre, un alcohólico violento y colérico, maltrataba verbal y físicamente a su madre. Esta escena se repetía continuamente a lo largo de su infancia. Desde los cuatro años, Maggie era el único consuelo de su madre. Cuando su marido le pegaba, se metía en la cama de Maggie y se aferraba a ella gimiendo y temblando. A veces su padre la seguía hasta la habitación chillando. Esto aterraba a Maggie. Cualquier clase de violencia con un miembro de la familia aterrará a los otros miembros. *Un testigo de la violencia es una víctima de la violencia.*

Lo que Maggie necesitaba en su infancia era expresar su terror, descargar su angustia. Al hacerse mayor trataba siempre de encontrar a mujeres y hombres que hiciesen el papel de padres, que la cuidaran. Cuando vino a verme había pasado por dos matrimonios brutales y varias relaciones tormentosas. Y adivinad su profesión: ¡Asesora especializada en tratar a *mujeres maltratadas*!

Maggie estaba exteriorizando su trauma infantil. Cuidaba de mujeres maltratadas y tenía relaciones con hombres que la maltrataban. Cuidaba de la gente, pero no de sí misma. La energía emocional no resuelta del pasado se expresaba del único modo que podía: «exteriorizándose».

La exteriorización, o re-actuación, es una de las formas más devastadoras en que el niño interior sabotea nuestras vidas. La historia de Maggie es un ejemplo dramático de la fuerza o el impulso de repetición del pasado. «A lo mejor esta vez me sale bien», dice el niño herido de Maggie, «a lo mejor si soy perfecto y le doy a papá todo lo que necesite, me tendrá en cuenta y me demostrará amor y afecto». Este es el pensamiento mágico de un niño, no el pensamiento racional de un adulto. Una vez que comprendemos esto, todo empieza a tener sentido. Otros ejemplos de exteriorización son:

- ❖ Re-actuar la violencia en los demás.
- ❖ Hacer o decir a nuestros niños lo que nosotros nunca haríamos o diríamos.
- ❖ Regresiones espontáneas a la infancia (rabietas, malas caras, etc.)
- ❖ Ser rebelde de forma inapropiada.
- ❖ Seguir unas normas de paternidad idealizadas.

Actuación introvertida

A exteriorizar *sobre nosotros mismos* el abuso del que fuimos objeto en el pasado, se denomina «interiorización». Nos castigamos del mismo modo en que fuimos castigados en la infancia. Conozco a un hombre que se maltrata a sí mismo cada vez que comete un error. Se critica y se dice cosas como: «Idiota, cómo puedes ser tan estúpido». En varias ocasiones lo he visto golpearse con el puño en la cara (su madre le había pegado así cuando era pequeño).

A menudo, la emoción del pasado que no se ha resuelto se vuelve en contra de uno mismo. A Joe, por ejemplo, no le permitieron nunca de pequeño expresar su enfado. Él se enfadaba mucho con su madre porque nunca le dejaba hacer nada por sí mismo. Justo cuando empezaba algo, irrumpía su madre diciendo: «mamá necesita ayudar a su pequeñín», o «lo estás haciendo bien, pero deja que te eche una mano». Siendo ya adulto, Joe dejaba que su madre hiciese por él cosas que podía hacer él mismo. Le habían enseñado a ser extremadamente obediente y a que era pecaminoso mostrar que estabas enfadado, por lo que Joe se guardaba su enfado y lo volvía contra él mismo. El resultado era que se deprimía, se sentía apático, inepto, incapaz de lograr nada en la vida.

La energía emocional que *se interioriza* puede llegar a causar serios problemas físicos como trastornos gastrointestinales, dolores de cabeza, de espalda, de cuello, tensiones musculares, artritis, asma, ataques al corazón e incluso cáncer. Ser propenso a los accidentes es otra forma de esta interiorización. Uno se inflige a sí mismo castigos mediante accidentes.

Magia

Los niños son mágicos. Magia es creer que ciertas palabras, gestos o comportamientos, pueden cambiar la realidad. Los padres disfuncionales a menudo refuerzan estos pensamientos mágicos de los niños. Por ejemplo, si se les dice que su comportamiento es el responsable directo de los sentimientos de alguien, les estamos enseñando pensamientos mágicos. Algunas de las frases más corrientes son: «¡Estás matando a tu madre!», «¡Mira lo que has hecho! ¡Tu madre está enfadada!», «¡Estarás satisfecho, has hecho enfadar a tu padre!». Otra forma de refuerzo mágico es la frase: «Sé lo que estás pensando».

Recuerdo que una paciente mía se había casado cinco veces con solo treinta y dos años. Pensaba que el matrimonio solucionaría todos sus problemas. Si encontrase a su hombre «de verdad», todo iría bien. Tal pensamiento es mágico, implica que algún suceso o persona puede alterar la realidad sin que ella haga nada por cambiar de actitud.

Es natural que un niño tenga pensamientos mágicos. Pero si un niño está herido por no haber alcanzado sus necesidades, no se hace adulto realmente. El adulto en que se convierte está todavía contaminado por el pensamiento mágico de un niño.

Otras ideas mágicas contaminantes son:

- Si tengo dinero, todo irá bien.
- Si me abandona mi pareja, me moriré o no lo soportaré.
- Poseer un trozo de papel (un título) me dará más categoría.
- Si «lo intento de verdad», el mundo me recompensará.
- «Esperar» me traerá excelentes resultados.

A las niñas pequeñas les enseñan cuentos de hadas que están llenos de magia. Cenicienta tiene que esperar en la cocina a un individuo con el zapato correcto. Nieva. El blanco es el mensaje de que si ella espera lo suficiente, el príncipe llegará. En el plano literal, esta historia les dice a las mujeres que su destino depende de esperar a un necrófilo (alguien a quien le gusta besar a los muertos) que salga dando tumbos del bosque en el momento adecuado. ¡No es una imagen idílica!

A los niños también se les enseñan expectativas mágicas a través de los cuentos de hadas. Muchas historias conllevan el mensaje de que hay *una mujer especial* a la que tienen que buscar y encontrar. En esta búsqueda el hombre deberá viajar muy lejos, atravesar tupidos bosques y vencer a peligrosos y temibles dragones. Al final, *sabrá*, sin duda, cuando la encuentra. (Por esto es por lo que muchos hombres están tan inquietos ante el altar.)

A menudo el destino del hombre está marcado por objetos arcanos como las habas mágicas o las espadas milagrosas. Puede incluso tener que ir vagando por ahí con una rana. Si se arma de valor para besarla, la rana puede convertirse en una princesa. (Las mujeres tienen su propia versión de la historia de la rana.)

Para las mujeres, la magia consiste en *esperar* al hombre adecuado; para los hombres, es el *buscar* sin descanso a la mujer adecuada.

Soy consciente de que los cuentos de hadas operan en un nivel simbólico y mítico. Son ilógicos y, al igual que los sueños, hablan a través de imágenes. Muchos de estos cuentos tienen relaciones simbólicas con el hecho de encontrar nuestra identidad femenina o masculina. Cuando el proceso de desarrollo marcha normalmente, se agranda por fin la comprensión literal de esas historias por parte de nuestro niño interior y llegamos a entender su significado simbólico.

Pero cuando nuestro niño interior está herido, sigue tomando al pie de la letra estas historias. Como niños adultos, mágicamente esperamos o buscamos ese final feliz donde viviremos felices para siempre.

Intimidad

Muchos niños adultos oscilan entre el miedo al abandono y el miedo a que se les anule su personalidad. Algunos están aislados de forma casi permanente porque temen que otra persona les asfixie; otros, se niegan a dejar relaciones destructivas por miedo a quedarse solos. La mayoría fluctúa entre los dos extremos.

Por ejemplo, el modelo de relación que sigue Herkimer es enamorarse locamente de una mujer. Pero una vez que la conoce bien y consigue intimar, empieza a distanciarse y se aparta con brusquedad de ella. Va reuniendo poco a poco una «lista de críticas», que se refieren normalmente a comportamientos insignificantes e idiosincrásicos. Comienza a entablar pequeñas disputas en torno a esos comportamientos. Su pareja, por lo general, se retira y pone mala cara un día o dos. Entonces vuelven a unirse intensamente, hacen el amor con verdadera pasión y comparten sus experiencias más profundas. Esto dura hasta que Herkimer se siente abrumado otra vez y se distancia comenzando otra pelea.

Athena, que tiene cuarenta y seis años, no sale con nadie desde hace quince. Su «verdadero amor» murió en un accidente de coche. Ella afirma que cuando él murió juró que no volvería a estar con ningún otro hombre en lealtad a su memoria. De hecho, Athena solo había estado con su amante tres meses y nunca, en su vida adulta, se había acostado antes con un hombre. Su única experiencia sexual fue cuando tenía cinco años y su padrastro abusó de ella. Athena ha puesto vallas férreas en torno a su niño herido. Utiliza la memoria de su amigo muerto como defensa para no intimar con nadie.

Otra mujer con la que trabajé llevaba treinta años de aburrido y desapasionado matrimonio. Su marido era un mujeriego adicto al sexo. Ella sabía que había tenido al menos seis aventuras (le sorprendió en la cama en una de ellas). Cuando le pregunté que por qué seguía casada, me respondió que «amaba» a su marido. Esta mujer confunde dependencia con amor. Su padre la abandonó cuando tenía dos años y no volvió a saber de él. Su «alarde de dependencia como amor» viene de su profundo temor al abandono.

En todos los casos mencionados arriba, el problema fundamental es el niño interior herido.

El niño herido contamina la intimidad de las relaciones porque no tiene conciencia de su auténtico yo. La peor forma de herir a un niño es rechazando su auténtico yo. Cuando un padre no puede aceptar los sentimientos, necesidades y deseos de su hijo, está rechazando al verdadero yo del niño. Entonces debe establecerse un falso yo.

Para creer que es amado, el niño herido se comporta del modo que se supone debería comportarse. Este falso yo se desarrolla con el tiempo y se refuerza gracias a las carencias del sistema familiar y al papel cultural y sexual que tiene asignado. Gradualmente, el falso yo se convierte en lo que la persona cree que es de verdad. Se olvida de que el falso yo es una adaptación, una actuación de un guión escrito por otro.

Es imposible llegar a intimar con alguien si uno no es consciente del yo. ¿Cómo puedes compartirte con otro y cómo puede nadie llegar a conocerte si no sabes en realidad quién eres?

Una forma de tomar una buena conciencia del yo es desarrollando barreras firmes. Al igual que las fronteras de un país, nuestros contornos físicos protegen nuestros cuerpos y nos avisan cuando alguien se acerca demasiado o intenta tocarnos de un modo inapropiado. Nuestras barreras sexuales nos mantienen seguros y cómodos sexualmente. (La gente con barreras sexuales débiles a menudo hacen el amor cuando en realidad no quieren.) Nuestras barreras emocionales nos dicen cuándo terminan nuestras emociones y empiezan otras; cuándo se trata de sentimientos acerca de nosotros mismos y cuándo son acerca de otros. Tenemos también barreras espirituales e intelectuales que determinan nuestras creencias y valores.

Cuando un niño está herido porque se le ha desatendido o maltratado se han violado sus fronteras. Esto crea en él miedos de ser abandonado o de sentirse anulado. Cuando una persona sabe quién es, no teme que le anulen. Cuando tiene conciencia de su propia valía y seguridad en sí mismo, no teme que le abandonen. Sin fronteras firmes, no podemos saber dónde terminamos nosotros y empiezan los demás. No sabemos decir no ni sabemos lo que queremos, que son actitudes cruciales para lograr intimidad.

El trastorno de la intimidad se potencia en gran medida por el trastorno sexual. El desarrollo sexual de un niño se ve perjudicado si crece en un entorno familiar disfuncional. Este daño se debe al pobre modelo sexual que se da en la familia; a la desilusión por el sexo del niño; al desprecio y la humillación; y a no atender las necesidades de que depende el desarrollo del niño.

El padre de Gladys nunca estaba en casa. Vivía solo para el trabajo. En su ausencia, Gladys se inventó un padre de fantasía. Se ha casado ya tres veces porque sus ideas acerca de los hombres son irreales, ningún hombre estará nunca a la altura de sus ideales.

Jake veía que su padre insultaba a su madre. Ella siempre se conformaba. Jake no sabía cómo intimar con las mujeres. Tendía a salir con mujeres pasivas, conformistas, y perdía enseguida el interés sexual por ellas porque las despreciaba, como su padre despreciaba a su madre. Sus experiencias sexuales más satisfactorias ocurrían cuando se masturbaba, ya que fantaseaba con mujeres en situaciones sexuales degradantes.

Muchos niños saben que sus padres se desilusionaron con su sexo —papá quería un niño y tuvo una niña, mamá quería una niña y tuvo un niño—. El niño llega a sentirse avergonzado de su sexo, lo que puede conducirle más tarde a diferentes grados de actividad sexual sumisa.

Un niño víctima del desprecio y de la humillación por parte de sus padres tiende muchas veces a tener relaciones sexuales sadomasoquistas. La madre de Jules, víctima de incesto, nunca superó su trauma sexual por aquel abuso. Jules se unió a ella e internalizó su rabia contra los hombres. Más tarde se volvió adicto al sexo. Tiene una inmensa colección de libros y vídeos pornográficos. Se excita imaginándose rebajado y humillado por una mujer dominante tipo madre.

Los niños necesitan pautas firmes para superar las tareas de cada etapa del desarrollo. Si un niño no logra satisfacer en su desarrollo las necesidades propias de su edad, se detendrá en esa etapa de crecimiento. Si esto les ocurre de recién nacidos, tienden a escoger placeres orales. Y esto puede manifestarse sexualmente con una fijación en el sexo oral.

Los niños que se han detenido cuando estaban en la etapa de sus primeros pasos a menudo se fascinan por las nalgas. La fascinación por un órgano genital se denomina «objetivación sexual» y reduce a otros objetos genitales.

La objetivación sexual es una condena para la verdadera intimidad. La intimidad requiere dos personas íntegras que se valoren el uno al otro como individuos. Muchas parejas codependientes están fuertemente objetivadas y son adictas al sexo. Es la única forma en que sus niños heridos saben cómo congeniar.

No disciplina

Disciplina viene de la misma palabra latina que significa «enseñar». Disciplinando a los niños les enseñamos cómo vivir de forma más provechosa y afectiva. Como ha dicho M. Scott Peck, la disciplina es un modo de reducir el sufrimiento de la vida. Sabemos que diciendo la verdad, retrasando el premio, siendo honestos con nosotros mismos y siendo responsables…, podemos intensificar los juegos y los placeres de la vida.

Los niños necesitan padres que den ejemplo de autodisciplina y no que la prediquen. Aprenden de lo que hacen *de verdad* sus padres, no de lo que *dicen* que hacen. Cuando los padres fracasan en su modelo de disciplina, el niño se vuelve indisciplinado; cuando los padres imponen una disciplina férrea (y no hacen lo que dicen), el niño se vuelve excesivamente disciplinado.

El niño indisciplinado es holgazán, se hace el remolón, se niega a retrasar premios, se rebela, impone su voluntad, es testarudo y actúa impulsivamente y sin pensar. El niño excesivamente disciplinado es inflexible, obsesivo, controlador y obediente, desea agradar a la gente y tiene arrebatos de culpabilidad y de vergüenza. No obstante, la mayoría de los que llevamos dentro un niño herido, fluctuamos entre comportamientos indisciplinados y excesivamente disciplinados.

Adicción/Compulsión

El niño herido es la causa principal de las adicciones y de los comportamientos adictos. Yo me convertí en un alcohólico desde edad temprana. Mi padre, que también era alcohólico, me abandonó física y emocionalmente cuando era pequeño. Yo sentía que valoraba más su tiempo que a mí. Como nunca estaba conmigo para darme ejemplo de cómo comportarme, nunca me identifiqué con él, nunca experimenté cómo era ser amado y valorado por un hombre. Por tanto, en realidad, nunca me quise a mí mismo *como hombre*.

Al principio de mi adolescencia iba con otros chicos que tampoco tenían padre. Bebíamos e íbamos con prostitutas para demostrar lo hombres que éramos. Desde los quince hasta los treinta años, bebía y era adicto a las drogas. El 11 de diciembre de 1965 le puse el corcho a la botella. Dejé mi adicción a los fármacos, pero seguía teniendo un comportamiento adictivo: fumaba, trabajaba y comía de un modo desenfrenado.

No cabe duda de que estaba predispuesto al alcoholismo por mi herencia genética. Parece bastante evidente que el alcoholismo aparece en los genes. Pero el factor hereditario es insuficiente para explicar las causas del alcoholismo. Si así fuera, todos los hijos de alcohólicos serían también alcohólicos, y no es el caso. Ni mi hermano ni mi hermana son alcohólicos. He estado trabajando durante veinticinco años con alcohólicos y drogadictos, incluyendo los quince años en que trabajé con adolescentes que abusaban de las drogas. Nunca encontré a nadie que su adicción fuera puramente química, a pesar de que algunos fármacos crean adicción muy rápidamente. He visto adolescentes engancharse seriamente al *crack* en solo dos meses. El factor común que encontré siempre era el niño interior herido. Es la raíz insaciable de todos los comportamientos compulsivo/adictivos. La prueba de ello está en que, cuando dejé de beber, mi adicción varió de forma: trabajaba, comía y fumaba desmesuradamente, debido a las insaciables necesidades de mi niño interior herido.

Al igual que todos los hijos de familias alcohólicas, me abandonaron emocionalmente. Para un niño, el abandono significa la muerte, de modo que para cubrir las dos necesidades más básicas para mi supervivencia (*mis padres son buenos* y *yo importo*), me convertí en el esposo emocional de mi madre y en el hermano menor de mi padre. *Ayudar* a mi madre y a otros me hacía sentir que yo era bueno. Me dijeron, y así lo creía, que mi padre me quería pero que estaba demasiado enfermo para demostrármelo y que mi madre era una santa. Todo esto ocultaba el sentimiento de ser menos valioso que el tiempo de mis padres (vergüenza tóxica). Mi material interno estaba compuesto de percepciones seleccionadas, sentimientos reprimidos y embustes. Esto se convirtió en el filtro con el que interpretaba todas mis nuevas experiencias. Esta adaptación primitiva del niño me permitió superar la infancia, pero era un filtro muy pobre para la supervivencia de un adulto. A los treinta años, en el hospital del estado de Austin, me curé de diecisiete años de alcoholismo. Saber que el niño interior herido es el núcleo de los comportamientos adictivos nos ayuda a verlos en un contexto más amplio. La adicción es una relación patológica que conlleva un trastorno mental y que tiene consecuencias peligrosas para la vida. Las adicciones por ingestión son las que más alteran el humor: alcohol, drogas y alimentos tienen un potencial químico inherente para alterar la voluntad. Pero hay muchas otras formas en que podemos cambiar nuestros sentimientos. Me gusta hablar de adicciones a actividades, adicciones cognitivas, adicciones sentimentales y adicciones a las cosas. Las actividades adictivas pueden ser el trabajo, las compras, el juego, el sexo y los rituales religiosos.

De hecho, cualquier actividad puede usarse para alterar los sentimientos mediante la distracción. Las adicciones cognitivas suponen una forma eficaz de evitar ciertos sentimientos. Durante años he vivido en mi mente. Era profesor en la universidad. Pensar puede ser un modo de evitar sentimientos. Todas las adicciones tienen un componente intelectual, que se denomina obsesión. Los sentimientos mismos pueden ser adictivos. Durante varios años fui «adicto» a la rabia. La rabia, la única frontera que conocía, ocultaba mi dolor y mi vergüenza. Cuando me enfurecía, me sentía fuerte y poderoso, más que vulnerable e impotente. Es probable que conozcas a alguien adicto al miedo. Estas personas tienden a ser tremendistas y alarmistas, y se convierten en molestas y preocupantes para los demás. Algunos se hacen adictos a la tristeza o al dolor. No parecen estar tristes, sino serlo. La tristeza se ha convertido para ellos en una forma de ser. A la gente que más temo es a la adicta a la alegría. Son chicos y chicas simpáticos que se ven forzados a sonreír y estar alegres. Es como si tuviesen la sonrisa congelada en sus rostros. Nunca ven nada mal. ¡Sonreirían aunque les estuvieses diciendo que tu madre ha muerto! Es terrible. Las cosas también pueden ser adicciones. El dinero es la «cosa» más común a la que algunos se hacen adictos. No obstante, cualquier cosa puede pasar a ser una preocupación y, como tal, ser una fuente de cambios de humor. En el centro de la mayoría de las adicciones, haya o no haya factores genéticos, se encuentra el niño herido en un estado permanente de ansiedad y de insaciable indigencia. No se necesita estar mucho tiempo junto a un adicto para descubrir que tiene estas cualidades.

Distorsiones del pensamiento

El gran psicólogo del desarrollo Jean Piaget decía que el niño era un «alien cognoscitivo», es decir, que poseía un conocimiento ajeno y extraño al de los adultos.

Los niños son «maximalistas». Esta cualidad del pensamiento infantil se manifiesta en una polaridad del «todo o nada». Si no me quieres, me odias. No hay valores intermedios. Si mi padre me abandona, todos los hombres me abandonarán.

Los niños son ilógicos. Esto se manifiesta en lo que se ha venido a llamar «razonamiento emocional»: siento de una determinada manera, luego debe ser así. Me siento culpable, debo ser una persona infame.

Los niños necesitan buenos ejemplos que les ayuden a discernir entre pensamiento y emoción: pensar en los sentimientos y sentir los pensamientos.

Piensan egocéntricamente, lo que se manifiesta en su personalización de todas las cosas. Si mi padre no tiene tiempo para estar conmigo, debe ser porque no soy bueno, que hay algo mal en mí. Los niños interpretan así los malos tratos. El egocentrismo es una condición natural de la infancia, no un signo de egoísmo moral. Simplemente, no son del todo capaces de tomar el punto de vista de otra persona.

Cuando no se satisfacen las necesidades de que depende el desarrollo del niño, el adulto estará contaminado por el modo de pensar del niño. Suelo escuchar a adultos que expresan esta forma de pensar infantil y contaminada. Conozco a personas que tienen graves problemas económicos por este razonamiento emocional. Piensan que querer algo es razón suficiente para comprarlo.

Cuando los niños no han aprendido a separar los pensamientos de las emociones, al llegar a adultos usan el pensamiento para evitar sentimientos dolorosos. Separan la cabeza del corazón. Dos modelos corrientes de este trastorno son la *universalización* y la *pormenorización*.

La universalización no es en sí misma una distorsión del pensamiento. Todas las ciencias abstractas exigen que sepamos universalizar y tengamos pensamientos abstractos. La universalización pasa a ser una distorsión cuando la usamos para distraernos de nuestros sentimientos. Hay mucha gente que, siendo prácticamente un genio académico, apenas sabe manejarse en su vida cotidiana.

Una distorsión de la universalización es ser alarmista. Somos alarmistas cuando hacemos hipótesis acerca del futuro. «¿Qué pasará si cuando me jubile no queda dinero en la Seguridad Social?». Esta es una idea terrible. Da miedo solo pensarlo. Pero como no es un hecho sino pura hipótesis, el que lo piensa se asusta realmente él mismo. El niño interior herido piensa muchas veces de este modo.

Al igual que la universalización, la pormenorización puede ser una habilidad intelectual importante. No es malo pensar de manera pormenorizada y completa. Pero si se usa la pormenorización para distraernos de nuestras aflicciones, distorsiona la realidad de nuestras vidas. La actitud perfeccionista es un buen ejemplo: estamos absortos en el detalle para evitar sentimientos de inadecuación.

Una vez que empieces a fijarte en ellos, oirás en todas partes ejemplos de estos pensamientos egocéntricos. Hace poco, escuché sin querer la conversación de una pareja mientras viajábamos en el avión. La mujer estaba hojeando las ofertas de vacaciones en la revista de vuelo. Comentó de pasada que siempre había querido conocer Australia. El hombre le contestó secamente: «¡Qué demonios quieres que haga, bastante hago matándome a trabajar!». Su niño herido creyó que le estaba juzgando por no tener dinero cuando ella solo había dicho que le gustaría ir a Australia.

Oquedad (apatía, depresión)

El niño herido también contamina nuestra vida de adulto con una depresión crónica en la que se experimenta una sensación de vacío. La depresión es el resultado del haber adoptado un falso yo, dejando a un lado al yo verdadero. Este abandono del yo equivale a tener un vacío en nuestro interior. Me he referido a esto como el fenómeno de «la oquedad en el alma». Cuando una persona pierde su auténtico yo, ha perdido contacto con sus verdaderos sentimientos, necesidades y deseos. Lo que experimenta en su lugar son los sentimientos que requiere el falso yo. Por ejemplo, «ser simpático» es un componente corriente del falso yo. Una «chica maja» nunca expresa su rabia o frustración.

Tener un ser falso es estar *actuando*. El verdadero yo de uno nunca está presente. Una persona en recuperación lo describía así: «Es como quedarse sentado en el banquillo viendo cómo pasa la vida».

Sentirse vacío es una forma de depresión crónica, al estar de luto perpetuo por el yo verdadero. Todos los niños adultos sufren de alguna manera este tipo de depresión.

Este vacío también se experimenta como apatía. Como asesor, suelo oír a niños adultos quejarse de que sus vidas son aburridas y sin sentido, carentes de algo, y no entienden cómo otra gente se entusiasma ante las cosas.

La gran analista jungiana Marion Woodman me contaba la historia de una mujer que fue a ver al Papa en su visita a Toronto. La mujer llevó toda una complicada parafernalia de cámaras y accesorios fotográficos para conseguir una foto del Papa. Estuvo tan absorta en los preparativos de su equipo que solo tuvo tiempo de sacarle una foto al pasar. ¡Realmente se perdió ver al Papa! Cuando reveló la foto, el hombre que quería ver estaba allí, pero ella no. Ella estuvo *ausente de la experiencia.*

Cuando nuestro niño interior está herido, nos sentimos vacíos y deprimidos. La vida nos parece irreal; estamos ahí pero no estamos en la vida. Este vacío conduce a la soledad, porque como nunca somos realmente nosotros mismos, nunca estamos de verdad presentes, y aunque la gente nos admire y se apegue a nosotros, nos sentimos solos. Me he sentido así la mayor parte de mi vida. Siempre me las arreglaba para ser el líder de cualquier grupo en el que me encontrara, siempre tenía gente a mi alrededor que me admiraba y elogiaba. Sin embargo, nunca me sentí de verdad unido a ninguno de ellos. Recuerdo un día que di una conferencia en la Universidad de Santo Tomás. Trataba de la interpretación de Jacques Maritain de la doctrina tomista sobre el demonio. Esa tarde estuve especialmente elocuente y agudo. Al terminar, el auditorio se levantó con una ovación. Recuerdo muy nítidamente cómo me sentía: quería acabar con el vacío y la soledad. ¡Sentía ganas de suicidarme!

Esta experiencia también explica cómo el niño herido nos contamina queriendo ser el centro de atención. Los niños adultos son autoabsorbentes. Su vacío es como un continuo dolor de muelas. Cuando uno tiene un dolor crónico, en lo único que piensa es en sí mismo. Como terapeuta, a veces es exasperante tratar con el egocentrismo de estos clientes. En una ocasión comenté a mis colegas que podría salir de la oficina en medio de un incendio y alguien me diría «¿Tiene usted un minuto?».

Estas categorías de contaminación cubren la mayoría de las áreas de las relaciones humanas. *Tengo la esperanza puesta en que puedas ver los serios problemas que tu niño interior herido sigue presentando en tu vida adulta.* Para ayudarte a determinar el daño que te puede estar causando, contesta a las siguientes preguntas con sí o no.

Cuestionario del niño herido

Las preguntas de esta sección te darán una visión general de hasta qué punto tu niño está herido. En la Segunda Parte lo veremos en detalle para cada etapa del desarrollo. Si tu respuesta es afirmativa a diez o más de las preguntas que vienen a continuación, necesitas trabajar seriamente en ello. Este libro es para ti.

A. Identidad

	Sí	No
1. Experimento ansiedad y temor siempre que pienso en hacer algo nuevo	❏	❏
2. Me gusta complacer a la gente y carezco de identidad propia	❏	❏
3. Soy rebelde. Siento que vivo cuando entro en conflicto	❏	❏
4. En lo más profundo de mi ser, siento que hay algo que está bien	❏	❏
5. Soy un acaparador. Me afecta desprenderme de cualquier cosa	❏	❏
6. Me siento inadecuado como hombre/mujer	❏	❏
7. Estoy confuso acerca de mi identidad sexual	❏	❏
8. Me siento culpable cuando defiendo algo por mí mismo y prefiero ceder	❏	❏
9. Tengo dificultades para empezar las cosas	❏	❏
10. Tengo dificultades en terminar las cosas	❏	❏
11. Rara vez tengo un pensamiento propio	❏	❏
12. Me critico constantemente por ser inadecuado	❏	❏
13. Me considero un pecador y tengo miedo de ir al infierno	❏	❏
14. Soy inflexible y perfeccionista	❏	❏
15. Siento como si nunca estuviera a la altura, como si nunca hiciera bien las cosas	❏	❏
16. Siento como si supiera lo que quiero	❏	❏
17. Estoy destinado a ser un triunfador	❏	❏
18. Creo que realmente importo excepto por mi sexualidad. Temo que me abandonen o me rechacen si soy un buen amante	❏	❏
19. Mi vida está vacía. Estoy deprimido la mayor parte del tiempo	❏	❏
20. Sé quién soy en realidad. Estoy seguro de lo que valoro o de mis ideas	❏	❏

B. Necesidades básicas

	Sí	No
1. No soy consciente de mis necesidades corporales. No sé cuándo estoy cansado, hambriento o excitado sexualmente	❏	❏
2. No me gusta que me toquen	❏	❏
3. A veces hago el amor cuando en realidad no quiero	❏	❏
4. He tenido o tengo con frecuencia trastornos de apetito	❏	❏
5. Estoy obsesionado con el sexo oral	❏	❏
6. Rara vez sé lo que siento	❏	❏
7. Me siento avergonzado cuando me enfado	❏	❏
8. Me enfado pocas veces, pero cuando lo hago me enfurezco	❏	❏
9. Me da miedo que otra gente se enfade y hago todo lo posible por controlarlos	❏	❏
10. Me da vergüenza llorar	❏	❏
11. Me avergüenza estar asustado	❏	❏
12. Casi nunca expreso sentimientos desagradables	❏	❏
13. Estoy obsesionado con el sexo anal	❏	❏
14. Estoy obsesionado con el sexo sadomasoquista	❏	❏
15. Me avergüenzan mis funciones corporales	❏	❏
16. Tengo trastornos de sueño	❏	❏
17. Paso una cantidad de tiempo increíble viendo pornografía	❏	❏
18. Me he exhibido sexualmente de forma que incomodaba a otros	❏	❏
19. Me atraen sexualmente los niños y me preocupa llegar a manifestarlo	❏	❏
20. Creo que la comida y/o el sexo son mis mayores necesidades	❏	❏

C. Sociedad

	Sí	No
1. Desconfío prácticamente de todo el mundo, incluyéndome a mí mismo	❏	❏
2. He estado o estoy casado con un adicto	❏	❏
3. Soy obsesivo y dominante en mis relaciones	❏	❏
4. Soy un adicto	❏	❏
5. Estoy aislado y tengo miedo de la gente, especialmente de los que desempeñan alguna autoridad	❏	❏
6. Detesto estar solo y hago cualquier cosa para evitarlo	❏	❏
7. Encuentro que hago lo que pienso que los otros esperan de mí	❏	❏
8. Evito conflictos a toda costa	❏	❏
9. Rara vez digo que no a las sugerencias de los demás y siento que son casi una orden que hay que obedecer	❏	❏
10. Tengo superdesarrollado el sentido de la responsabilidad	❏	❏
11. No digo que no directamente pero luego me niego de forma indirecta, pasiva o con engaños, a hacer lo que me han pedido	❏	❏
12. No sé resolver los conflictos con los demás. Lo mismo domino y venzo que cedo del todo.	❏	❏
13. Casi nunca pido que me aclaren lo que no entiendo	❏	❏
14. Con frecuencia intuyo lo que quiere decir el otro y respondo según mis intuiciones	❏	❏
15. Nunca me he sentido unido a ninguno o a uno de mis padres	❏	❏
16. Confundo amor con compasión y tiendo a amar a los que puedo compadecer	❏	❏
17. Ridiculizo a quien comete un error, incluyéndome a mí mismo	❏	❏
18. Cedo con facilidad ante el grupo	❏	❏
19. Soy muy competitivo y mal perdedor	❏	❏
20. Me aterra el abandono y hago cualquier cosa para mantener una relación	❏	❏

2
Cómo se hirió tu maravilloso niño interior

> Hubo un tiempo en que el prado,
> la arboleda y el arroyo, la tierra
> y cada cosa sencilla
> me parecían revestidas de un halo celestial,
> la gloria y la frescura de un sueño.
> Ahora ya nada es como antes,
> no importa adónde mire
> de noche o de día
> las cosas que he visto
> no las volveré a ver más.
>
> William Wordsworth

A casi todo el mundo se le ilumina el rostro en presencia de un bebé. Incluso las caras más avinagradas se transforman ante los balbuceos risueños de un niño. Los niños, que poseen un encanto natural, son espontáneos y viven el ahora. En cierto modo, son cautivos del momento presente. Usando la palabra maravilla, mostraré el perfil del niño maravilloso. Cada inicial significa una de sus características naturales.

Maravillarse
Alegría y optimismo
Resistencia
Adhesión
Vibraciones (Emociones)
Ingenuidad
Libertad
La unicidad
Amor

Maravillarse

Para el niño natural todo es interesante y excitante. Siente admiración a través de todos sus sentidos. Esto es una manifestación de la necesidad innata de cada niño de saber, de experimentar y explorar, de mirar y tocar. La curiosidad le lleva al descubrimiento de las manos, la nariz, los labios, los genitales, los dedos y las puntas de los pies; por último, le conduce al descubrimiento de él mismo.

Experimentar y explorar también pueden causarle problemas. Si los padres reprimieron su percepción natural de lo maravilloso en su infancia, inhibirán a sus hijos de la misma forma. Esto causa en el niño un impedimento y un miedo a explorar y arriesgarse. La vida se transforma en un problema que solucionar en vez de una aventura que vivir. Se vuelve aburrido y juega sobre seguro.

Maravillarse y tener curiosidad es fundamental para el crecimiento normal y la adaptación al medio. Empuja al niño a adquirir un conocimiento básico del mundo y a aprender los trucos de supervivencia. Es la energía vital que nos lleva a crear nuevos horizontes. Necesitamos esa chispa, es indispensable para nuestro continuo crecimiento y es esencial para el trabajo del poeta, del artista, del filósofo creativo… Nuestra admiración y curiosidad fraguan una especie de interés entusiasta que nos lleva a la esperanza de que «aún hay más». Tanto Charles Darwin como Albert Einstein rebosaban de admiración y curiosidad infantil hacia los enigmas que subyacen tras el misterio de la vida.

Alegría y optimismo

El impulso vital del niño le empuja a explorar de una forma «optimista». Incluso si sus padres son poco previsibles, el niño llega a confiar en lo que le rodea para conseguir lo que necesita. Los niños creen de forma natural que el mundo es su amigo. Tienen esperanza, todo es posible y está ahí delante. Este optimismo y confianza innatos forman la parte esencial de nuestra herencia natural y son los pilares de lo que se ha venido a llamar «fe infantil».

Esta condición natural de optimismo y confianza es lo que hace que los padres o tutores puedan herir tan severamente a los niños. Cuando un niño confía plenamente, es vulnerable a la violación y al abuso. A diferencia de los animales, el niño no tiene un «sistema informático instintivo» que le diga lo que debe de hacer. Necesita aprender, y su aprendizaje depende de los que están a su cargo. El niño desarrolla fuerzas internas como resultado de su interacción con los adultos. La naturaleza predispone a los niños para asignarles una buena disponibilidad para el desarrollo de cada fuerza interna.

Cuando se maltrata y se avergüenza al niño, se destruyen su confianza y su franqueza. El lazo que le permitía confiar e ir hacia delante con optimismo se rompe. Al no poder confiar en la seguridad de sus padres o de las personas que están a su cargo, se vuelve desconfiado y ansioso. Si esta ruptura se repite con regularidad, se vuelve pesimista. Pierde la esperanza y llega a creer que debe manipular para poder conseguir satisfacer sus necesidades. En lugar de usar su energía en interacción directa con el mundo, la usa para seducir a sus mayores para que hagan por él lo que en realidad podría hacer por sí mismo.

Optimismo y confianza son el alma de la intimidad. Debemos arriesgarnos a ser vulnerables si queremos ser íntimos. No obstante, como nunca podemos reunir datos suficientes para confiar en alguien absolutamente, debemos arriesgarnos a confiar en ellos hasta cierto punto. También necesitamos optimismo en nuestras vidas, así veremos que la realidad tiene al final un valor positivo. El optimismo nos permite mirar el lado bueno de las cosas (ver la rosquilla más que el agujero).

Resistencia

Resistencia es la capacidad de recuperarse de los trastornos causados por el entorno. Los niños son especialmente resistentes y, cuanto más jóvenes son, aún lo son más. Podemos darnos cuenta de esto si observamos a un niño aprendiendo a comer o andar. Estuve viendo cómo una niña de veinte meses intentaba subirse a un sofá. Cada vez que casi lo lograba, se caía al suelo. Un par de veces lloró un poco, luego volvía otra vez a la tarea de trepar al sofá. Después de cinco intentos, lo consiguió. Se sentó en él por unos minutos, disfrutando de su hazaña, pero enseguida entró mi perro en la habitación, lo observó con cautela y se bajó del sofá para investigar a esa extraña criatura. Al acercarse, el perro jugueteando le dio con la pata. Ella se enfadó y le pegó en el hocico. ¡Un animal que era tres veces más grande que ella y le pegó en el hocico! Esto es coraje, se mire por donde se mire. Por supuesto, todos los niños tienen coraje. Los adultos somos gigantes comparados con ellos. En vez de ver su tozudez como depravación o mal comportamiento, debemos verlo como coraje. Los niños son resistentes y valerosos. La palabra coraje viene de la palabra latina *cor* (corazón). Los niños tienen corazón, son aventureros intrépidos. El magnífico psicólogo alderiano Rudolf Dreikurs decía que todos los niños que tenían mal comportamiento estaban des-corazonados. Al haber perdido corazón, creían que debían manipular, engañar, para conseguir satisfacer sus necesidades.

Muy relacionada con la resistencia está la flexibilidad del comportamiento, que permite al niño aprender conductas en respuesta a cualquier modelo de socialización al que esté expuesto. Esta flexibilidad o elasticidad es una característica específica de los humanos, en oposición a los animales, y es un signo claro de salud mental.

La misma resistencia y flexibilidad explican también nuestra capacidad para adaptarnos a situaciones desfavorables. Todos los comportamientos que he atribuido al niño interior herido son comportamientos adaptados. La resistencia y la flexibilidad de nuestro niño interior le permiten sobrevivir a enfermedades, trastornos y abandonos emocionales. Pero es una lástima que tengamos que usar nuestra energía dinámica y elástica para sobrevivir, en vez de para crecer y autorrealizarnos (actualizar al yo).

Como la resistencia es un rasgo esencial de nuestro auténtico yo, podemos darle de nuevo la bienvenida al regenerar y defender a nuestro niño interior herido. Esto nos llevará tiempo, ya que el niño herido debe aprender a confiar en nuestra protección de adultos. Cuando se sienta protegido y seguro, su admiración y resistencia naturales empezarán a emerger, para después florecer con plenitud.

Adhesión o dependencia

Los niños son dependientes y necesitan de alguien por naturaleza, no porque lo quieran. A diferencia de un adulto, un niño no puede cubrir sus necesidades con sus propios recursos, por lo que ha de depender de alguien para cubrirlas. Desgraciadamente, esta dependencia de los demás es su punto más vulnerable. El niño ni siquiera sabe lo que necesita o lo que siente. Su vida está definida desde el principio por la capacidad de sus mayores para conocer y satisfacer sus necesidades en cada etapa de su desarrollo.

Si las personas que se ocupan de nosotros tienen un niño interior herido, su necesidad impedirá que cubran las necesidades de sus propios niños. En su lugar, o bien se enfadarán ante la necesidad del niño o bien intentarán satisfacer sus propias necesidades haciendo del niño una extensión de ellos mismos.

El niño maravilloso es dependiente porque está en un proceso de «maduración». Cada etapa del desarrollo es un paso hacia la madurez de la edad adulta. Si las necesidades del niño no se satisfacen en el momento adecuado y en el orden correcto, avanzará sin los recursos necesarios para afrontar las tareas de la siguiente etapa. Un pequeño error en el comienzo tendrá sus consecuencias más adelante.

Una vida sana se caracteriza por un continuo crecimiento. Las importantes características de la infancia que estoy describiendo —admiración, dependencia, curiosidad, optimismo— son cruciales para el crecimiento y el progreso de la vida del hombre.

En cierto modo, seguimos siendo dependientes el resto de nuestra vida. Siempre necesitamos amor e interacción. No hay nadie tan autosuficiente que no necesite a nadie más. La dependencia de nuestro niño maravilloso nos permite crear vínculos y tener compromisos. A medida que nos hacemos mayores, necesitamos sentirnos necesarios. En un momento determinado, en un crecimiento sano, originamos y cuidamos la vida misma. Esta es nuestra vocación evolutiva. En realidad se trata de una cuestión de equilibrio entre dependencia y independencia. Cuando se ha herido al niño interior por desatender las necesidades de que dependía su desarrollo, o bien se aísla y se retrae o, por el contrario, se aferra y se queda atrapado.

Vibraciones (emociones)

Hay dos emociones específicas del niño: la risa y el llanto. El antropólogo Ashley Montagu escribió: «Es natural que los niños se rían y vean humor en toda clase de cosas, ya sean reales, imaginarias o creadas por ellos mismos». El humor es uno de nuestros primeros recursos naturales, y uno de los más grandes. Los filósofos han recalcado mucho en que el hombre es el único que posee el «don de la risa», la capacidad de reír.

El sentido del humor tiene un valor de supervivencia: la vida se hace más llevadera con sentido del humor. En mi trabajo de asesor, siempre pude decir el momento en que mis clientes empezaban a mejorar. Se veía cuando hacían bromas sobre sí mismos y dejaban de tomarse tan en serio.

Según Montagu, los niños tienen sentido del humor a partir de las doce semanas, más o menos. Si observamos la expresión de un bebé que ha sido amado y cuidado, veremos su alegría natural; o si observamos a un grupo de niños jugando y haciendo travesuras percibiremos la espontaneidad de sus risas.

La alegría y la excitación que hay en un niño pueden atajarse rápidamente. Si el niño interior herido de sus padres ha reprimido su risa, reprimirá la de su propio hijo. Tales padres dirán a su niño cosas como «no te rías tan alto», «para de hacer ruido», «deja de armar escándalo», «ya nos hemos divertido bastante»... A menudo me he preguntado por qué me costaba tanto reír de verdad, bailar o cantar. Podía hacerlo cuando estaba bebido, pero, si estaba sereno, mis músculos se paralizaban.

A los niños que se les reprime cuando están riendo y pasándoselo bien aprenden a ser huraños e impasibles. Normalmente se convierten en los típicos padres, maestros o predicadores estirados que no soportan el bullicio y las risas de los niños.

La otra cara de la risa es el llanto. «Tu alegría es tu tristeza enmascarada», escribía el poeta Jalil Yibran, «el mismo pozo del que surge tu risa a veces estuvo lleno de lágrimas».

Los humanos son los únicos animales que lloran. (Hay animales que gimen pero sin derramar lágrimas.) Según Ashley Montagu, el llanto cumple, social y psicológicamente, casi la misma función que la risa. Del mismo modo que la risa y la alegría nos acercan a los demás, el llanto provoca nuestra compasión y cariño. Esto tiene un valor especial de supervivencia para el niño. Su derroche de alegría y su risa nos unen más a ellos, creando los vínculos simbióticos que todo niño necesita. Sus lágrimas son sus señales de angustia que nos impulsan a ayudarlo y reconfortarlo.

Como son expresiones emocionales que provocan una respuesta de los otros, la risa y el llanto han tenido una gran influencia en el desarrollo de las sociedades a través del tiempo. Llorar ha jugado en especial un papel importante en nuestra evolución como criaturas compasivas. «La libertad del llanto», escribe Montagu, «contribuye a la salud del individuo y tiende a profundizar nuestra implicación en el bienestar de los demás». Los niños que se avergüenzan de llorar se han dañado seriamente en su desarrollo. En la mayoría de las familias, el llanto del niño afecta a la tristeza no resuelta del niño interior herido de sus padres. La mayoría de los adultos ha atajado y reprimido su llanto.

Hay padres que han reprimido de forma sistemática el llanto de sus hijos creyendo que así les fortalecen. Esto es evidentemente falso. Este libro sería innecesario si a todos nos hubiesen permitido llorar abiertamente. Lo que llamo trabajo del «dolor original» es ante todo un trabajo aflictivo, que es la llave para recobrar tu herido niño interior.

Ingenuidad

La ingenuidad de los niños es parte de su encanto y su atractivo, y es la esencia de su inocencia. Viven en el ahora y están orientados al placer. Aceptan «el singular acertijo de la vida» como dice Chistopher Morley. Su «peculiar divinidad» viene de la falta de conciencia de lo que está bien o mal, de lo que es bueno o malo.

Los niños están orientados en la vida. Al principio les falta dirección a sus movimientos porque están tan interesados en todo que les resulta difícil escoger una sola cosa. Debido a esta falta de dirección, los niños se meten en sitios prohibidos, tocan objetos peligrosos y prueban cosas nocivas. Por esto necesitan atención y cuidado continuos, y los padres deben tener una casa «a prueba de niños», es decir, segura. Esto requiere tanto tiempo y atención por parte de los padres que incluso el más paciente y amable llegará a exasperarse a veces. Por supuesto, el niño se sorprende y se confunde cuando se enfadan con él: lo que estaba haciendo parecía tan excitante y delicioso.

Los mayores deben ser pacientes y comprensivos. Si les faltan estas cualidades, esperarán demasiado del niño. En la mayoría de los casos de malos tratos físicos que conozco, los padres creían que su hijo estaba siendo malo a propósito. Esperaban que fuese más maduro de lo que era posible para su edad.

Se ha dicho a menudo que la tendencia a aventurarse en sitios prohibidos era la evidencia de la perversidad natural del niño. Se ha argumentado que esta maldad innata es el resultado del pecado original cometido por Adán y Eva. La doctrina del pecado original ha sido la fuente principal de muchas prácticas represivas y crueles en la educación de los niños. Sin embargo, no hay ninguna prueba científica que demuestre que existe algún tipo de depravación innata en el niño.

En el lado contrario está la superprotección paterna de la inocencia e ingenuidad del niño, que favorece una ingenuidad molesta en la madurez. Recuerdo a un seminarista, al que le quedaba un año para ordenarse, que pensaba que el órgano sexual de la mujer constaba de tres orificios. También conozco a muchas mujeres a las que no se les facilitó ninguna información sexual mientras se desarrollaban y que se aterrorizaron cuando empezaron a menstruar.

Los niños también pueden aprender a engañar con una falsa ingenuidad e inocencia. Hacerse el tonto es una forma de ello. Esta actuación en la madurez es una forma típica de falsa inocencia. En los niños que temen el abandono, llorar histéricamente o suplicar son formas de manipulación que le impiden madurar, ser responsable y arriesgarse.

La ingenuidad y la inocencia de nuestro maravilloso niño interior pueden ser una ventaja para nuestro proceso de recuperación. La ingenuidad es el principal ingrediente de la docilidad —la condición de ser «enseñable»—. Al defender a tu niño herido, surge el niño maravilloso. Tú y tu niño interior podéis cooperar en aprender a crear experiencias nuevas y fortalecedoras.

Libertad

Los niños tienen una sensación natural de libertad y, cuando se sienten seguros, se mueven con mucha espontaneidad. Estas cualidades, libertad y espontaneidad, forman la estructura del juego. Platón vio el modelo del verdadero juego en la necesidad infantil de saltar, que implica probar los límites de la gravedad. El juego es la forma en que un niño va más allá de la repetición de un mero hábito. Al hacernos mayores a menudo perdemos de vista esta cualidad del juego y llegamos a juzgarlo como frívolo: está bien para los muy jóvenes, pero no para los mayores. De hecho, mucha gente lo considera una pérdida de tiempo, una frivolidad, como «cosa del diablo».

Por desgracia, en muchos países se ha corrompido el juego libre y espontáneo convirtiéndolo en una energía agresiva para lograr ganar. El auténtico juego libre es una actividad de puro placer y deleite. En posteriores etapas del desarrollo, se puede jugar por el placer que dan la destreza y la deportividad exigidas en un juego concreto.

El juego es parte de nuestra naturaleza. Todos los animales juegan, pero el juego infantil abarca mucho más. Ashley Montagu escribió que «el juego del niño es un salto de la imaginación que va más allá de las capacidades de ninguna otra criatura». La imaginación juega un papel esencial en los juegos infantiles. Recuerdo mis invenciones imaginarias de la infancia: jugábamos a ser mayores e imaginábamos que éramos como papá y mamá. Para los niños, el juego es un asunto serio; es parte del fundamento de su vida posterior. Tal vez si de niños se nos hubiese permitido jugar con seguridad y comodidad, no hubiésemos tenido que recurrir a juegos no creativos de adultos. Esos juegos son en realidad un sustituto de las necesidades insatisfechas de la infancia y significa la acumulación de «juguetes de adulto». Tal vez hayas visto las pegatinas que dicen: EL QUE TENGA MÁS JUGUETES CUANDO MUERA, GANA. Semejante transformación del juego infantil nos impide ver la vida como una aventura libre y espontánea.

Si consideramos la infancia como un tiempo libre y creativo, podemos ver que ser humano es ser lúdico. Los logros más importantes del hombre son los «lapsos imaginativos» que explican nuestros grandes inventos, descubrimientos y teorías. Como señaló Nietzsche en una ocasión, para madurar debemos recobrar la sensación de seriedad que teníamos cuando jugábamos de niños.

La unicidad

Pese a su inmadurez, el niño ya tiene una sensación orgánica de integridad, de yoicidad. En otras palabras, se siente conectado y unido dentro de sí mismo. El sentimiento de integridad plena y completa es el verdadero significado de la perfección y, en este sentido, cada niño es perfecto.

La integridad también hace que cada niño sea especial, único y maravilloso. No hay nadie que sea exactamente como él. Esta cualidad de ser especial hace de él un ser muy preciado, es decir, «excepcional y valioso». Las piedras preciosas y el oro son también preciados, pero un niño lo es infinitamente más. El niño tiene una noción visceral de todo esto cuando nace. Freud hablaba de «su Majestad el Bebé».

El sentido natural que tiene el niño de su dignidad y su valía es muy precario y necesita reflejarse y hacerse eco en una persona que le cuide y le estimule. Si esta persona no refleja de forma precisa y cariñosa al niño, este perderá la sensación de ser especial y único.

Los niños son también espirituales por naturaleza. En mi opinión, integridad y espiritualidad son sinónimos. Los niños son místicos ingenuos. En el poema de Christopher Morley señala cómo todavía mantienen su «peculiar divinidad». Pero es una espiritualidad ingenua y sin discernimiento que, más tarde, será la esencia de la espiritualidad madura y reflexiva.

La espiritualidad implica lo que es más profundo y auténtico en nosotros, nuestro verdadero yo. Cuando somos espirituales, estamos en contacto con nuestra unicidad y especificidad, es nuestra existencia fundamental, nuestra yoicidad. Esta espiritualidad también implica un sentido de conexión y relación con algo más grande que nosotros mismos. Los niños son creyentes por naturaleza, saben que existe algo más allá de ellos mismos.

Creo que nuestra yoicidad constituye nuestra esencia casi divina. Cuando una persona tiene esta conciencia del yo, es una consigo misma y se acepta a sí misma. Los niños poseen esto por naturaleza. Observa a cualquiera de ellos y verás que, en efecto, dice «yo soy el que soy». Es curioso que en la teofanía de la zarza ardiendo, Dios le dijo a Moisés que su nombre era Yo soy el que soy (Éxodo, 3:14). El sentido más profundo de la espiritualidad humana es este yo, que incorpora las cualidades de ser valioso, preciado y especial. El Nuevo Testamento está lleno de episodios en los que Jesús favorece a «seres únicos»: la oveja descarriada, el hijo pródigo, la persona que es digna de alabanza incluso en su última hora. El «ser único» es la persona que es quien es; nunca ha sido antes y nunca será otra vez.

La herida espiritual es, más que ninguna otra cosa, la que establece que nos volvamos niños adultos codependientes y avergonzados. La historia del fracaso de cada hombre y de cada mujer se debe a que el niño maravilloso, valioso, especial y preciado, perdió su sentido del «soy el que soy».

Amor

Los niños están predispuestos por naturaleza al amor y al afecto. No obstante, el niño debe primero ser amado antes de que pueda amar. Aprende a amar siendo amado. Montagu dice: «De todas las necesidades puramente humanas, la necesidad de amar es... la más básica... Es la necesidad humanizadora: nos hace humanos más que ninguna otra».

Ningún niño tiene la capacidad de amar de forma madura, altruista. Más bien, ama de acuerdo con su propia edad. El crecimiento sano de un niño depende de que alguien le ame y le acepte de forma incondicional. Cuando esto se satisface, la energía del amor del niño se libera de modo que es capaz de amar a otros.

Cuando un niño no es amado tal y como es, se rompe su sentido del yo. Al ser tan dependiente, su egocentrismo se encajona y su verdadero yo nunca emerge de verdad. Las contaminaciones de tipo infantil que atribuyo al niño interior herido son las consecuencias de esta adaptación egocéntrica. El fracaso de ser amado incondicionalmente hace que el niño sufra la más profunda de todas las privaciones. Solo vagos ecos del mundo de los otros le llegan al adulto que tiene un niño interior herido y privado de afecto. La necesidad de amor no le abandona nunca. El hambre permanece y el niño herido intenta llenar ese vacío de las formas que he descrito.

Cuando recobras y defiendes a tu niño interior le das la aceptación incondicional y positiva que ansía. Esto le liberará para reconocer y amar a los demás tal como son.

La herida espiritual

Creo que todas las formas en que se hiere el niño interior pueden resumirse como la pérdida del yo. Cada niño necesita saber que:

1. Sus padres son buenos y capaces de cuidarle;
2. Él importa a sus padres.

Importar significa que ese algo especial del niño se refleja en los ojos de sus padres o de otras personas que cuiden de él. También se manifiesta por la cantidad de tiempo que pasen a su lado. Los niños saben intuitivamente que la gente tiene tiempo para lo que ama. Así, los padres avergüenzan a sus hijos al no tener tiempo para ellos.

Cualquier niño que viva en una familia disfuncional recibirá en cierto grado esta herida espiritual: la pérdida de su yoicidad. Una madre alcohólica y un padre permisivo codependiente no pueden atender a sus hijos. El alcohólico está absorbido por la bebida y el codependiente por el alcohólico y, por tanto, no están junto a sus hijos emocionalmente. Lo mismo sucede con los padres que sufren algún trastorno crónico, como una adicción al trabajo o a actividades religiosas, desórdenes en la alimentación, adicción al control o al perfeccionismo, o alguna enfermedad física o mental. Sea el trastorno que sea, cuando los padres están absortos en sus propios problemas, no pueden estar al lado de sus hijos. La psiquiatra Karen Horney ha escrito:

> Debido a influencias adversas de diverso tipo, puede que no se permita crecer al niño de acuerdo con sus necesidades y posibilidades concretas... En síntesis, estas influencias se reducen al hecho de que la gente *está demasiado inmersa en sus propias neurosis para ser capaz de amar al niño*, o incluso para concebirlo como el individuo específico que es. [Las cursivas son mías.]

El mayor trauma que puede experimentar un niño es el deseo frustrado de ser amado y de que se acepte su amor. Ningún padre en una familia disfuncional puede darle lo que necesita porque ellos mismos están muy necesitados. De hecho, *a la mayoría de los niños de estas familias cuando más se les ha herido ha sido cuando estaban más necesitados*. Pienso ahora en Joshua, que tenía un padre alcohólico. A los siete años nunca sabía cuándo su padre iba a estar en casa. A los once, su padre le abandonó emocional y económicamente. Un niño necesita a su padre, pues, para amarse a sí mismo como hombre, necesita que un hombre le quiera y vincularse a él. Pero Joshua no ha estado nunca unido a su padre. La mayor parte del tiempo estaba asustado y tenía una gran inseguridad por carecer de la protección que un padre representa. Además de esto, su madre odiaba de forma inconsciente a los hombres. En tres ocasiones, cuando estaban sentados a la mesa, humilló a Joshua burlándose del tamaño de su pene. Al parecer, ella se lo tomaba a broma y le reprochaba que fuese tan sensible. Para él, ésa era el área masculina más vulnerable. Aunque sea un disparate, el tamaño del pene es un símbolo de virilidad en nuestra cultura. He aquí un niño que necesitaba desesperadamente afirmar su virilidad y que ha sido traicionado por el único padre que tenía. Su madre, víctima del incesto y que nunca había estado en tratamiento, reflejaba en su hijo su profundo desprecio y su rabia hacia los hombres.

Abuso sexual

En el abuso sexual, un niño es utilizado por los adultos para su placer sexual. Esto le enseña que la única manera en que puede importar es siendo sexual con el adulto. La consecuencia de tal violación es que el niño crece creyendo que debe ser una buena pareja en el plano sexual o ser sexualmente atractivo para importarle a alguien. Hay muchas formas de abuso sexual. Las formas no-físicas son las que se interpretan peor y pueden ser las que más nos afecten.

Para entender claramente el abuso sexual no-físico o emocional, necesitamos comprender que una familia es un sistema social regido por sus propias reglas. Las reglas más importantes son:

1. Todo el sistema refleja a cada uno de sus miembros; la familia solo puede ser definida por la interrelación entre ellos y no por su suma.
2. Todo el sistema opera en un principio de equilibrio, de modo que si un miembro rompe ese equilibrio, otro lo compensará. Por ejemplo, un padre alcohólico e irresponsable debería compensarse con una madre abstemia y superresponsable; una esposa histérica e irascible con un marido mesurado, templado, apacible.
3. Los miembros del sistema juegan diversos papeles para mantener sus necesidades en equilibrio. En los buenos sistemas familiares los roles son flexibles y se comparten; en los deficientes, son estrictos e inamovibles.

4. Todo el sistema está gobernado por reglas. En sistemas buenos, las reglas son negociables y abiertas; en sistemas deficientes, las reglas son rígidas e inflexibles.

El componente principal del sistema familiar es el matrimonio. Cuando el matrimonio tiene una disfunción de su intimidad, el principio de equilibrio y complementariedad se rompe. La familia necesita un matrimonio sano para mantener el equilibrio. Cuando no lo hay, la energía dinámica del sistema empujará a los niños a crearlo. Si el padre está insatisfecho con la madre, puede volverse hacia la hija para conseguir satisfacer sus necesidades. La hija puede convertirse en la «muñeca de papá» o en su «princesita»; un niño podría convertirse en el «hombrecito» de mamá, o en su hombre importante, en el lugar del padre. Hay muchas variaciones de esto y no siempre está delimitado por el sexo de la persona. Una niña puede cuidar de su madre en lugar del padre y un niño puede ser la esposa emocional del padre. En todos los casos, se establece un lazo generacional vertical u horizontal. Se utiliza a los niños para cuidar del matrimonio de sus padres y de su soledad. A veces el progenitor está sexualmente inactivo pero sus necesidades sexuales están aún presentes. El niño puede sentirse incómodo ante los besos y las caricias de sus padres. *La experiencia nos demuestra que siempre que un niño sea más importante para el progenitor que su pareja, el abuso sexual emocional existe en potencia.* Esto constituye un abuso porque los padres están utilizando al niño para cubrir sus propias necesidades. Este comportamiento invierte el orden de la naturaleza: los padres deben dar a sus hijos tiempo, atención y educación, no *utilizarlos* en su propio beneficio. Esto es abusar.

La violación sexual provoca heridas espirituales de modo más intenso que ninguna otra forma de violación. Hace poco he llegado a comprender nuevas formas de violación sexual. Las historias terribles que se refieren a la penetración física solo son la punta del iceberg. Ahora sabemos mucho acerca del impacto del exhibicionismo y el *voyeurismo* dentro de la familia. El factor clave de tal abuso parece ser el estado interno de los padres, es decir, si se excitan ante su propia desnudez o la de sus hijos.

Muchas violaciones sexuales en la familia vienen de infringir las fronteras. Puede que el niño no tenga un sitio donde estar en privado y a salvo. Tal vez sus padres irrumpan en el baño mientras lo está utilizando él o le pregunten continuamente acerca de cada detalle de su vida sexual; o tal vez obliguen a los más pequeños a arrodillarse para aplicarles enemas innecesarios.

La violación sexual también se da por carecer, los padres, de barreras sexuales adecuadas con sus hijos. Esto se caracteriza a menudo por comentarios inapropiados y discusiones. Mi paciente Shirley se sentía muchas veces incómoda con su padre. Le daba palmaditas en las nalgas y le decía que qué culo más sexy tenía y que ojalá él tuviera unos años menos... A ella le disgustaba este tipo de comentarios. Más adelante, Shirley buscó a hombres mayores a los que les excitasen sus nalgas.

La madre de Lolita compartía con ella su vida sexual, diciéndole lo aburrido que era su padre como amante y el pene tan pequeño que tenía. Haciéndola cómplice, estaba violando seriamente las barreras de su hija. Lolita estaba tan atrapada en las redes de su madre que no tenía identidad sexual propia. Tuvo muchas aventuras con hombres casados, pero al final siempre se negaba a hacer el amor con ellos y los rechazaba. Comentaba que para tener un orgasmo tenía que imaginarse que era su madre.

Otra forma de abuso sexual se debe a la falta de orientación sexual por parte de los padres. Los padres de June no le facilitaron ninguna información sobre su sexualidad. Cuando le vino la menstruación se asustó tanto que se puso gravemente enferma.

La violación sexual puede venir también de los hermanos mayores. Lo normal aquí es que se dé cuando hay más de dos años de diferencia. Los niños de la misma edad suelen entablar exploraciones sexuales que, en general, forman parte de su desarrollo normal. Sin embargo, si un niño muestra ante otro niño de su edad un comportamiento no normal para los años que tiene, se considera a menudo un síntoma de que se ha violado al niño agresor y de que este está violando sexualmente al otro niño.

Atendamos al caso de Sammy, que fue sodomizado en repetidas ocasiones por su mejor amigo cuando tenía seis años y medio. A su amigo lo había violado analmente su tío. El amigo luego escenificaba el abuso con Sammy.

Los niños creen en sus padres y crearán vínculos imaginarios para mantener esa creencia. Yo me engañaba a mí mismo y negaba la amarga evidencia, manteniendo que el alcohólico de mi padre en realidad me quería. Creé la fantasía de que él pensaba realmente mucho en mí, pero que, como estaba tan enfermo, no tenía tiempo para quererme.

A nadie le gusta que le utilicen. Como adultos, nos enfadamos cuando sabemos que alguien nos está utilizando. Los niños no pueden saber cuándo se les está utilizando, pero el niño interior herido porta esta herida. Cuando abusan sexualmente de nosotros, sentimos que no se nos quiere por lo que somos y nos volvemos antisexuales o supersexuales para sentir que importamos.

Abuso físico

También el abuso físico provoca una herida espiritual. Un niño al que se le pega, al que se le agarra por el cuello, al que se alienta a que torture y maltrate, difícilmente puede creer que es especial, maravilloso y único. ¿Cómo creerlo si su progenitor le tortura? El castigo físico corta el vínculo interpersonal con el progenitor. Imagina cómo te sentirías si tu mejor amigo te pisoteara y te abofeteara.

No tenemos ni idea de cuántas familias violentas hay. Esos hechos quedan escondidos en las salas de urgencia de los hospitales, en la vergüenza de la familia y, sobre todo, en el terror de que te vuelvan a pegar si hablas de ello.

Los malos tratos físicos a mujeres y a niños cuentan con una tradición antigua y muy extendida. Aún creemos en el castigo corporal. Yo aún lo disculpaba hace tres años si no era muy severo. *No hay* ninguna prueba evidente de que los azotes y los castigos corporales no tengan efectos secundarios posteriores. Lo raro sería que un niño pudiera pensar que importa mientras le azotan, le abofetean o le amenazan. Es más, los niños que presencian actos de violencia son víctimas de esa violencia. Todavía me estremezco al pensar en mi amigo Marshall. En la escuela primaria vi cómo una monja le dio por lo menos doce bofetones. Estaba claro que había perdido el control. Marshall era un chico muy bruto y necesitaba que se le orientase. Su padre era un alcohólico violento y le pegaba. Pero recuerdo de forma muy nítida estar sentado allí, poniendo cara de dolor con cada golpe que le daba la monja, sabiendo que eso mismo me podría pasar a mí también. Cualquier escuela que permita el castigo corporal corre el riesgo de que un profesor pierda el control y abuse de esta manera.

Nunca olvidaré la noche, treinta años después, en que Marshall me llamó desde el pabellón de internos de un hospital de Austin suplicándome que le ayudara con su alcoholismo. ¿Dónde estaba el niño encantador que había venido al mundo con esa sensación de ser especial, único e irreemplazable?

Abuso emocional

El abuso emocional también causa heridas espirituales. Gritar y chillar a los niños viola su sensación de valía. Los padres que llaman a sus hijos estúpidos, tontos, locos, gilipollas, etcétera, les hieren con cada palabra. Este abuso se da también en forma de severidad, perfeccionamiento y control. El perfeccionamiento produce una profunda sensación de vergüenza tóxica: hagas lo que hagas, nunca das la talla. Todas las familias basadas en la vergüenza usan el perfeccionismo, el control y la culpa como reglas manipuladoras. Nada de lo que digas, sientas o hagas está bien. No deberías sentir lo que sientes, tus ideas son una locura; tus deseos, una estupidez. Encuentras todo el tiempo que eres imperfecto y defectuoso.

Abuso en la escuela

La vergüenza continúa intoxicándonos en el colegio. Inmediatamente se te juzga y califica. Compites para aprobar. Se avergüenza en público a los niños que salen a la pizarra. Las calificaciones en sí mismas pueden avergonzar. No hace mucho que consolé a un niño pequeño, hijo de un amigo mío, que había sacado un insuficiente en un dibujo que había hecho *el primer día de colegio*.

Los colegios también permiten que haya grupos que avergüencen a otros niños; los niños son crueles en sus bromas y llorar es especialmente vergonzoso. Debido a estos grupos, la escuela puede resultar doblemente penosa para algunos niños. Los padres y los profesores les apremian para que se esfuercen y tengan buenas notas, pero, cuando lo hacen, los otros niños se burlan de ellos.

En el colegio empezamos a ser conscientes de cosas como el origen étnico y la posición socioeconómica. Amigos judíos me han contado cosas terribles acerca de los padecimientos que sufrieron por ser judíos. También se les dice a muchos niños de color que no «hablan bien». Cuando fui al colegio en Texas, se seguía castigando a los niños mexicanos por hablar su «lengua materna» en la escuela.

Recuerdo la vergüenza que pasé por no tener coche y tener que ir andando al instituto. Esto se agravaba por el hecho de que fui a un instituto donde la mayoría de los niños eran ricos. Los niños en edad escolar aprenden muy rápido todo lo referente a la posición social.

Abuso en la iglesia

Un chico también puede avergonzarse en la escuela dominical o en la iglesia escuchando un acalorado sermón sobre el fuego del infierno. Escuché no hace mucho a un predicador en televisión que decía: «No puedes ser lo suficientemente bueno para ser aceptado a los ojos de Dios». ¡Qué terrible afrenta para el Dios Creador! Pero ¿cómo podría un niño saber que este hombre estaba ocultando su propia vergüenza con su envenenado desvarío? En la escuela primaria me enseñaron la oración de Santa Catalina de Génova. Si mi memoria no me falla, decía algo así: «Forzada a dejar esta vida de infortunio, con profunda angustia lloro. Muero porque no muero». ¡Vaya cántico feliz para empezar el día! Es un rezo místico que tiene sentido en el nivel más alto de la espiritualidad, pero a unos niños de quinto curso les causa una herida espiritual.

Vergüenza cultural

Nuestra cultura tiene su propio sistema de perfección que nos hiere espiritualmente. Tenemos que ser perfectos. Tenemos hombres con grandes penes y mujeres de pechos grandes y firmes traseros. Si tus genitales no son grandes, se te considera inferior. Recuerdo lo penoso que era ducharse en los vestuarios después de un partido de fútbol. Los mayores incordiaban a los pequeños y les tomaban el pelo. Rezaba para que no la tomaran conmigo y me reía nerviosamente y me unía a ellos cuando se metían con otro.

También me acuerdo de que los chicos gordos o feos vivían a diario una pesadilla nada más llegar a la escuela. Otro tanto ocurría con los torpes, los que no eran atléticos, que se les avergonzaba en los recreos y en los juegos.

Estas cosas dejan cicatrices que perduran. Al haber sido pobre, aún siento vergüenza cuando voy a un club u otro sitio exclusivo y elegante. Muchas veces sé que incluso tengo más dinero que la gente que me rodea, pero aun así no puedo evitar el remordimiento de la vergüenza cultural.

Los niños aprecian enseguida y desde muy pequeños que hay diferencias reales económicas y sociales entre ellos y sus amigos. Son extremadamente conscientes de la forma de vestir y de los barrios ricos. La presión del grupo en estos aspectos se incrementa muchísimo según pasan los años. Siempre se mide lo que vales y, la mayoría de las veces, no das la talla. El mensaje es: *Tu manera de ser no es buena: tienes que ser como nosotros queremos que seas.*

Vergüenza tóxica

Todo este tipo de abuso crea vergüenza tóxica: el sentimiento de ser imperfecto, incapaz y no dar la talla. La vergüenza tóxica nos hace sentir mucho peor que la culpa. Con la culpa, has hecho algo mal, pero puedes remediarlo; con la vergüenza, es que hay algo mal en ti y no hay nada que puedas hacer: eres inadecuado e imperfecto. La vergüenza tóxica es la esencia del niño interior herido.

He vuelto a trabajar hace poco sobre una meditación escrita por Leo Booth y a la que le he añadido algunos aspectos de la vergüenza tóxica analizados en mi libro *Liberarnos de la vergüenza que nos ata*. Me gustaría compartirla contigo aquí.

Mi nombre es Vergüenza Tóxica

Estaba ahí cuando fuiste concebido
En la adrenalina de la vergüenza de tu madre
Me sentiste en el fluido del vientre de tu madre
Te encontré antes de que pudieses hablar
Antes de que entendieras
Antes de que tuvieras ningún tipo de conocimiento
Te encontré cuando estabas aprendiendo a hablar
Cuando estabas desprotegido y expuesto
Cuando eras vulnerable e indigente
Antes de que tuvieras ninguna barrera
Mi nombre es vergüenza tóxica

Te encontré cuando eras mágico
Antes de que supieses que estaba allí
Separé tu alma
Te traspasé hasta el corazón
Te traje sentimientos de imperfección y defectos
Te traje sentimientos de desconfianza, fealdad, estupidez, duda, inutilidad, inferioridad e indignidad
Te hice sentir diferente
Te dije que había algo mal en ti
Manché tu divinidad
Mi nombre es vergüenza tóxica

Existía antes que la conciencia
Antes que la culpa
Antes que la moralidad
Soy la primera emoción
Soy la voz interna que susurra palabras de condena
Soy el estremecimiento interno que te recorre sin que tengas ninguna preparación mental
Mi nombre es vergüenza tóxica

Vivo en secreto
En las profundas riberas húmedas de la depresión oscura
    y la desesperación
Siempre aparezco furtivamente y te cojo desprevenido,
Vengo por la puerta trasera
Sin ser invitado ni deseado
El primero en llegar
Estaba allí en el principio del tiempo
Con Padre Adán, Madre Eva
Hermano Caín
Estaba en la Torre de Babel
Y en la Matanza de los Inocentes
Mi nombre es vergüenza tóxica

Provengo de progenitores «desvergonzados»,
    del abandono, el ridículo, el abuso,
        la negligencia: los sistemas perfeccionistas
Estoy autorizado por la intensidad aterradora
    de la furia de un padre
Los comentarios crueles de los hermanos
La burlona humillación de los otros niños
El reflejo espantoso en los espejos
La caricia que te deja helado y temblando
La bofetada, el pellizco, la sacudida que rompe la confianza
Me intensifican
Una cultura racista, sexista
La condena justificada de los religiosos fanáticos
Los miedos y presiones de la escuela
La hipocresía de los políticos
La vergüenza multigeneracional
    de sistemas familiares disfuncionales
Mi nombre es vergüenza tóxica

Puedo transformar a una mujer, un judío,
    una persona de color, un homosexual,
    un oriental, un precioso niño

En una puta, un perro judío, un negro,
   un marica, un sucio amarillo, un cabrón egoísta.
Traigo un dolor que es crónico
Un dolor que no se irá
Soy el cazador que te acecha noche y día
Cada día y en cada sitio
No tengo fronteras
Tratas de esconderte de mí
Pero no puedes
Porque vivo dentro de ti
Te hago sentir desesperado
Como si no hubiese salida
Mi nombre es vergüenza tóxica

Mi dolor es tan insoportable que debes
   transmitirlo en forma de control,
   perfeccionismo, desdén, críticas,
   culpa, envidia, juicios, poder y rabia.
Mi dolor es tan intenso
que debes ocultarme con adicciones,
   roles inflexibles, escenificaciones
   y defensas inconscientes.
Mi dolor es tan intenso
que debes petrificarte y no sentirme más.
Te convencí de que me había ido
   —que ya no existía— sientes ausencia y vacío.
Mi nombre es vergüenza tóxica

Soy la esencia de la codependencia
Estoy en bancarrota espiritual
La lógica del absurdo
El impulso de la repetición
Soy el crimen, la violencia, el incesto, la violación
Soy el agujero voraz que alimenta todas las adicciones
Soy la insaciabilidad y la codicia
Soy Ahavero el Judío Errante,

> el Buque Fantasma de Wagner,
> el hombre clandestino de Dostoievski,
> el seductor de Kierkegaard,
> el Fausto de Goethe.
> Deformo el *quién eres* en qué haces y tienes
> Asesino tu alma y me transmites por generaciones
> *Mi nombre es vergüenza tóxica*

Esta meditación resume las formas en que tu niño maravilloso se hiere. La pérdida de tu yoicidad es una bancarrota espiritual. El niño maravilloso queda abandonado y solo. Como escribió Alice Miller en *Por tu propio bien*, es peor que ser un superviviente de un campo de concentración.

> Los presos maltratados de un campo de concentración…, son libres internamente de odiar a sus perseguidores. La oportunidad de experimentar sus sentimientos, incluso de compartirlos con otros presos, les evita tener que entregar su yo. *Esta oportunidad no la tienen los niños*. Estos no deben odiar a su padre…, no pueden odiarlo… Temen perder su amor si lo hacen… Así los niños, a diferencia de los presos del campo de concentración, *se enfrentan con un torturador al que aman*. (Las cursivas son mías).

El niño sigue viviendo en su tormento, sufriendo pasivamente o explotando de rabia, exteriorizando, interiorizando, proyectándose y expresándose de la única forma que sabe. Recuperar ese niño es el primer paso de nuestro viaje de vuelta a casa.

Parábola:
La casi trágica historia
de un duende bondadoso

Érase una vez un duendecillo bondadoso. Era un duende muy feliz. Era brillante y curioso y conocía los secretos de la vida. Por ejemplo, sabía que el amor era una alternativa; que el amor requería mucho esfuerzo, y que el amor era el único camino. Sabía que podía hacer cosas mágicas y que su única forma de magia se llamaba creatividad. El pequeño duende sabía que mientras siguiera creando no habría violencia. Y conocía el mayor secreto de todos: que él era algo en vez de nada. Sabía que estaba siendo y que ser lo era todo. Esto se llamaba el secreto del «yo». El creador de todos los duendes era el Gran Yo Soy. El Gran Yo Soy siempre fue y siempre será. Nadie sabía cómo o por qué esto era así. El Gran Yo Soy amaba y creaba sobre todas las cosas.

Otro de los secretos más importantes era el secreto del equilibrio. Este secreto significaba que la vida entera es una unión de contrarios. No hay vida sin muerte, alegría sin pena, placer sin dolor, luz sin oscuridad, sonido sin silencio, bueno sin malo. La verdadera salud es una forma de integridad, y la integridad es sagrada. El gran secreto de la creatividad era equilibrar una energía creativa impetuosa con una forma que permitiera existir esa energía.

Un día a nuestro duende, que por cierto se llamaba Joni, le revelaron otro secreto. Al principio le asustó un poco. El secreto era que tenía una misión que cumplir antes de que pudiese crear nada más. Tenía que compartir sus secretos con una tribu feroz de no-duendes. Como ves, la vida de los duendes era tan buena y maravillosa que era necesario compartir el secreto de tal maravilla con aquellos que no sabían nada de la admiración y lo maravilloso. La bondad siempre quiere compartirse. A cada duende se le asignó una familia de la tribu feroz de los no-duendes. La tribu se llamaba Snamuh y no sabía secretos. A menudo malgastaban sus seres. Trabajaban sin descanso y parecían que se sentían vivos solo cuando estaban haciendo algo. Algunos duendes se referían a ellos como los «hacedores». También se mataban entre ellos y entablaban guerras. A veces, en acontecimientos deportivos y en conciertos de música, se pisoteaban unos a otros hasta la muerte.

Joni ingresó en su familia Snamuh el 29 de junio de 1933, a las 3:05 a.m. No tenía ni idea de lo que le esperaba. No sabía que tendría que usar cada onza de su creatividad para contar sus secretos.

Cuando nació, la familia Snamuh le puso el nombre de Farquhar. Su madre era una princesa de diecinueve años muy guapa que estaba embrujada por la necesidad de actuar. Tenía sobre ella una extraña maldición. La maldición era una bombilla de neón en medio de la frente. Siempre que intentaba jugar, divertirse o simplemente estar, la bombilla parpadeaba y una voz decía «Haz tu trabajo». Nunca podía solo estar y no hacer nada. El padre de Farquhar era un rey bajito, pero guapo. También portaba una maldición. Fue cazado por su madre, Harriet, una bruja malvada, que vivía sobre su hombro izquierdo. Siempre que intentaba sencillamente estar, ella gritaba y chillaba. Harriet siempre le estaba pidiendo hacer algo.

Para que Farquhar pudiera contar sus secretos a sus padres y a los demás, necesitaba que se estuviesen quietos y parasen de hacer el tiempo suficiente para poder verlo y oírlo. Esto no lo podían hacer. Mamá por su bombilla y papá por culpa de Harriet. Desde el momento en que nació, Farquhar estaba completamente solo. Como tenía el cuerpo de un Snamuh, tenía también sus sentimientos y, al verse abandonado, se sentía furioso, frustrado y herido.

Helo aquí, al dulce duende que sabía los secretos de la yoicidad y nadie le escuchaba. Lo que tenía que decir era vivificante, pero sus padres estaban muy ocupados con sus obligaciones y no podían aprender de él. De hecho, sus padres estaban tan confundidos que pensaban que su labor era enseñar a Farquhar a cumplir con su obligación. Cada vez que fracasaba en hacer lo que ellos pensaban era su obligación, le castigaban. A veces lo ignoraban castigándolo en su habitación; otras, le pegaban o le gritaban. Lo que más odiaba eran los gritos. Podía soportar el aislamiento y los golpes se acababan enseguida, pero los gritos y el andar diciéndole continuamente lo que tenía que hacer le llegaban tan adentro que incluso amenazaban su alma de duende. No se puede matar el alma de un duende porque es parte del Gran Yo Soy, pero puede herirse de tal modo que parece como si hubiese desaparecido. Esto es lo que le sucedió a Farquhar. Para sobrevivir, dejó de intentar enseñar sus secretos a sus padres y, en lugar de eso, los complacía actuando y haciendo lo que se le decía.

Su madre y su padre eran unos Snamuh muy infelices. (En realidad, todos los Snamuh eran infelices, a no ser que aprendiesen el secreto de los duendes.) El padre de Farquhar estaba tan atormentado por Harriet que utilizaba toda su energía en encontrar una poción mágica que borrara todos sus sentimientos. Pero la poción mágica no era la creatividad, en realidad se llevó toda su creatividad y su padre se volvió algo así como un «cadáver andante». Después de un tiempo, dejó incluso de ir por casa. El corazón de Farquhar estaba deshecho. Como ves, cada Snamuh necesita el amor de los dos, de su padre y de su madre, para dejar que el duende que lleva dentro cuente sus secretos.

Farquhar estaba hundido por el abandono de su padre. Además, como su padre ya no ayudaba a su madre, la bombilla de neón no paraba de parpadear, se le gritaba y regañaba aún más. Cuando cumplió los doce años, había olvidado que era un duende. Unos años más tarde, conoció la poción mágica que usaba su padre para matar la voz de Harriet. A los catorce empezó a usarla a menudo y a los treinta tuvieron que llevarle a un hospital Snamuh. Mientras estuvo en el hospital oyó una voz interior que le instaba a levantarse. Esa voz era la voz del «ser» del alma de su duende. No importa lo malo que llegue a ser, la voz del duende siempre llamará a un Snamuh para celebrar su ser. Joni nunca abandonó, nunca dejó de intentar salvar a Farquhar. Si eres un Snamuh y estás leyendo esto, por favor, recuerda: tienes el alma de un duende dentro de ti que está siempre intentando llamarte a que seas.

Cuando Farquhar yacía en el hospital oyó al fin la voz de Joni. Eso lo cambió todo. Y es el principio de otra historia diferente, mejor.

Segunda Parte

Recupera tu niño herido

En la fantasía y en el mito, volver a casa es un acontecimiento espectacular: toca la banda, se sacrifica un cordero, se prepara un banquete y hay la alegría por el retorno del hijo pródigo. En la realidad, el exilio termina muchas veces gradualmente, sin dramáticos acontecimientos externos que marquen su paso. La neblina en el aire se evapora y el mundo aparece enfocado, buscar hace posible descubrir, anhelar, satisfacer. Nada ha cambiado y todo ha cambiado.

Sam Keen

Introducción

Sam Keen resume el trabajo que estás a punto de iniciar. Cuando termines, no tocará la banda invitándote a un banquete. Sin embargo, si has hecho bien el trabajo, puedes sacar a cenar a tu niño interior y escuchar un buen concierto. Estarás más sereno y sosegado.

Recuperar a tu niño interior herido es como una experiencia Zen. Los niños son maestros Zen naturales: su mundo es completamente nuevo en cada momento. Para el niño no lastimado, admirarse es natural. Vivir la vida es un misterio. Volver a casa es el restablecimiento de lo natural. Tal restablecimiento no es grandioso o espectacular, sino simplemente el modo en que la vida debería ser.

Recuperar a tu niño interior implica volver a atravesar tus etapas de desarrollo y terminar los problemas que no se habían solucionado. Imagina que estás a punto de encontrar a un maravilloso niño que acaba de nacer. Puedes estar ahí como un adulto juicioso y atento para ayudarle a venir al mundo. Puedes estar ahí cuando nazcas, cuando aprendas a gatear y a andar, cuando empieces a hablar. Tu niño también necesitará *tu* apoyo y comprensión cuando lamente sus pérdidas. Ron Kurt dice que eres un «extraño mágico» para tu niño. Mágico porque no estabas *de verdad presente* la primera vez que él atravesó esas etapas. Yo recuperé a mi niño interior como un viejo mago sabio y bondadoso. Tú puedes ser lo que quieras, mientras te presentes de forma cariñosa y no impositiva.

Cada una de esas etapas requiere formas muy concretas de cuidados. Al entender cuáles eran tus necesidades en cada etapa, puedes aprender a darte a ti mismo ese tipo de estímulos. Más adelante, cuando aprendas a defender y a guiar a tu niño interior, puedes encontrar gente que te estimule y te aporte lo que necesitabas entonces y lo que tu niño necesita ahora para desarrollarse.

El primer paso, y el más importante, es ayudar a que tu niño herido lamente que no se hayan satisfecho las necesidades de las que dependía su desarrollo. La mayoría de las contaminaciones que describía en la primera parte del libro eran el resultado de estas necesidades insatisfechas aún sin resolver porque nunca se habían lamentado. Las emociones que necesitaban expresarse nunca se habían expresado.

La naturaleza dicta que se cubran esas necesidades en el momento y orden adecuados. Si no es así, te conviertes en un adulto con un niño lastimado en tu interior que clama por satisfacerlas. Y el niño intenta cubrirlas *como niño*, que es la única forma que sabe. Esto equivale a dejar que un niño inmaduro y emocionalmente hambriento dirija tu vida. Para entender el alcance de esto, observa tu rutina diaria e imagina cómo sería tu vida con este niño de tres años al timón. Esta escena puede ayudarte a ver cómo tu niño herido complica tu vida.

La infancia consta de cuatro etapas de desarrollo principales. En la presentación de estas etapas me he basado principalmente en el mapa del desarrollo psicosocial incluido en el libro *Infancia y sociedad* de Erik Erikson. Le he añadido algunas partes e ideas de Jean Piaget, Pam Levin y Barri y Janae Weinhold. Según Erikson, cada etapa del desarrollo es el resultado de una crisis interpersonal, principalmente con nuestros padres, pero también con nuestros compañeros del colegio y con los profesores. La crisis no es un suceso catastrófico, sino un momento en el que la vulnerabilidad se hace mayor y se incrementa el potencial. Al acabarse una etapa del desarrollo, se crea una nueva crisis. Erikson cree que el resultado de cada crisis es una fuerza interna a la que le llama fuerza del ego. Propone cuatro fuerzas del ego básicas como componentes necesarios para una infancia saludable: esperanza, voluntad, propósito y competencia. La **esperanza** es el resultado de que el niño llegue a tener una sensación de *confianza* más que de *desconfianza* en sus progenitores. La fuerza de **voluntad** resulta cuando al dar sus primeros pasos, en su lucha por distinguir y por nacer psicológicamente, adquiere sentido de *autonomía* en vez de *vergüenza y duda*. El **propósito** surge cuando el sentido de *iniciativa* del preescolar es más fuerte que el sentimiento de *culpa*. Y la **competencia** viene de desarrollar, durante la edad escolar, un fuerte sentimiento de *aplicación* más que de *inferioridad*.

De acuerdo con la terapeuta Pam Levin, cuando estas cuatro fuerzas se presentan, se pueden conseguir cuatro poderes básicos: el poder del ser, del hacer, de la identidad y de tener aptitudes básicas de supervivencia.

Los mismos poderes y fuerzas del ego que necesitamos para desarrollarnos en la infancia los necesitaremos para fortalecernos en las posteriores etapas de la vida. Del mismo modo, las mismas cualidades y el mismo tipo de necesidades se repetirán en un futuro a lo largo de nuestra vida. Pam Levin ha sugerido que las necesidades básicas de la infancia se repiten cada trece años. No tengo ningún dato empírico que apoye esta teoría cíclica cada trece años, pero me gusta utilizarla como directriz.

A los trece años, la pubertad aviva la vitalidad de una forma nueva. Se desarrolla una nueva estructura mental al tener lugar los cambios biológicos de la madurez sexual. En esta etapa, comenzamos el proceso de formación de nuestra propia identidad y de salir de casa. Esto desafía y pone a prueba el concepto que nuestros padres tienen de nosotros. En la pubertad empezamos el proceso de decidir quiénes *pensamos* que somos. Para *ser* nosotros mismos, debemos alejarnos poco a poco de nuestros padres, para lo que necesitaremos todas nuestras fuerzas del ego desarrolladas. Necesitamos contar con la confianza que desarrollamos de niños: la confianza de que el mundo es lo suficientemente seguro para actualizar nuestro potencial. Y también debemos ser lo bastante autónomos para confiar en *nosotros mismos* al aventurarnos al exterior y dejar la seguridad del hogar familiar. El éxito de esto depende de lo bien que hayamos franqueado nuestra primera etapa de autonomía (antidependencia) durante los años de nuestros primeros pasos y de lo bien que hayamos establecido una incipiente identidad en la etapa preescolar, que llama a la independencia. Si hemos llevado a cabo estas tareas del desarrollo, será más fácil iniciar esta nueva transición.

Si hemos aprendido bien en la escuela, podemos usar nuestras aptitudes sociales (interdependencia) para hacer amigos, podemos contar con las aptitudes de supervivencia para ser aplicados, laboriosos. Estas fuerzas del ego de la edad escolar nos ayudarán a crear nuestra identidad adulta, que descansa en los pilares del amor interpersonal y del trabajo fructífero.

De los veinticinco a los treinta empieza otro ciclo. A los veintiséis muchos nos casamos y creamos nuestra propia familia. De nuevo, otra vez, necesitamos contar con nuestros sentimientos de confianza, autonomía, iniciativa y cooperación interdependiente para amar bien y ser íntimos. Cada etapa de la infancia se repetirá en nuestra búsqueda de intimidad. Nos moveremos de un tipo de dependencia sin barreras (etapa de amor interno) a la antidependencia (etapa de lucha-poder mientras averiguamos nuestras diferencias), a la independencia (etapa de autorrealización) y luego a la interdependencia (etapa de cooperación y asociación). Estas etapas son un reflejo de nuestras etapas de la infancia. Por tanto, gran parte del éxito o del fracaso de nuestras relaciones depende de cómo hayamos franqueado nuestras etapas de la infancia.

A los treinta y nueve empezamos otro ciclo, la mediana edad. Es una etapa muy dramática en el ciclo vital. Alguien acuñó la frase «crisis de los cuarenta» para expresar el drama y la dificultad de esta transición. Si tienes un niño interior herido, esta etapa puede ser desastrosa.

En esta edad, el arco de la vida se va combando poco a poco. El idealismo de la juventud se ha templado con traiciones, desilusión y la muerte de algún ser querido. Como lo expresaba W. H. Auden: «Mientras tanto, hay facturas que pagar, máquinas que arreglar, verbos irregulares que aprender, para redimir el Tiempo Presente de la insignificancia». La misma vida pasa a ser un verbo irregular. Sam Keen dice que «nos movemos de la ilusión de la certeza a la certeza de la ilusión». Aparte de esta desilusión, debemos decidir esperar y confiar en que todo tenga sentido. Si elegimos confiar, tendremos que usar toda nuestra fuerza de voluntad para tomar nuevas decisiones acerca de cada aspecto de nuestras vidas: nuestro trabajo, nuestras relaciones, nuestra espiritualidad... Debemos crecer y mantenernos sobre nuestros propios pies. Se requerirá cualquier sensación de autonomía e iniciativa que tengamos para crear una nueva sensación de propósito y, tal vez, necesitemos desarrollar nuevas destrezas para apoyar nuestro nuevo propósito.

El siguiente ciclo es el tiempo de profundizar en nuestra esperanza y de fortalecer nuestros nuevos cometidos. A menudo es un momento apacible a la vez que productivo. Afortunadamente, tenemos a nuestro maravilloso niño interior a nuestra disposición porque necesitaremos su espontaneidad, resistencia y elasticidad.

El principio de la vejez exige una renegociación y llegar a un acuerdo con la edad y el retiro. En este momento necesitamos entrar en una segunda infancia. Necesitamos una esperanza infantil de que hay algo más, una fe en algo más grande que nosotros mismos, que nos ayudará a ver una imagen más amplia. Necesitaremos acumular todas nuestras fuerzas del ego para ver el todo frente a sus partes. Cuando logremos tal visión, tendremos sabiduría. Cada etapa se construye sobre la precedente; por ello, *el fundamento de todo está en la infancia*.

Un pequeño error en el comienzo pasa a ser uno grande al final. No era imposible decir nada del principio de nuestras vidas: dependíamos totalmente de nuestros progenitores para vivir. Nuestras necesidades eran *dependientes;* es decir, solo podían satisfacerlas las personas que se ocupaban de nosotros.

Los gráficos de las páginas siguientes muestran las diferentes etapas del desarrollo humano con sus ciclos y transiciones. El primero, resume las diferentes fuerzas del ego y los poderes que necesitamos para desarrollarnos en cada etapa de crecimiento personal. El segundo, da una visión general de los ciclos de regeneración cada trece años. El tercero, ofrece una imagen de cómo tu ser se extiende y evoluciona en el ciclo de la vida.

Además de repetirse de forma cíclica natural las tareas del desarrollo infantil a lo largo de posteriores etapas de la vida, hay otras formas en que también pueden volver a darse estas etapas. Educar a nuestros hijos desencadenará los problemas que tuvimos en nuestra propia evolución. En cada etapa del desarrollo de nuestros hijos aparecerán nuestros propios problemas que estaban sin resolver y las necesidades insatisfechas de la infancia. A menudo el resultado es una educación poco sana. Por esta razón, a los niños adultos no tratados provenientes de familias disfuncionales les es tan difícil ser buenos padres. Muchas veces, el conflicto padre/hijo alcanza su punto culminante en la adolescencia, que es un periodo crítico en el ciclo de la vida. A esta dificultad hay que añadir que durante la adolescencia los padres están en la «crisis de los cuarenta».

Estas etapas de la infancia pueden desencadenarse también siempre que tropecemos con un trastorno o un trauma en la madurez. La muerte de un padre desencadenará, sin duda alguna, nuestros problemas de la infancia. La muerte de un amigo o de otro ser querido nos devuelve, por lo general, a nuestras necesidades del ser. Frente a la muerte somos, como dijo Tennyson, «un niño que llora en la noche… sin otro lenguaje que el llanto».

Cualquier situación nueva puede accionar nuestras carencias de la infancia: un nuevo trabajo, cambiar de casa, un matrimonio, un niño. La forma en que manejemos nuevas empresas dependerá de lo bien que nos hayan manejado en nuestro primer comienzo.

INTRODUCCIÓN | 89

> Integridad frente a Desesperación
> **SABIDURÍA**
> Poder de Regeneración

Cada etapa se construye sobre la anterior y la incorpora

> Generatividad frente a Estancamiento
> **CUIDADO**
> Regeneración y Productividad

> Intimidad frente a Aislamiento
> **AMOR**
> Poder de Regeneración y Amor

> Identidad frente a Dispersión
> **FIDELIDAD**
> Regeneración y Pertenencia

> Aplicación frente a Inferioridad
> **COMPETENCIA**
> Poder de Conocimiento, Aprendizaje y Cooperación

INTER-DEPENDENCIA

> Iniciativa frente a Culpa
> **PROPÓSITO**
> Poder de la Imaginación y el Sentimiento

INDEPENDENCIA

> Autonomía frente a Vergüenza
> **VOLUNTAD**
> Poder de la Percepción y del Hacer

ANTIDEPENDENCIA
(vínculos de contrarios)

> Confianza frente a Desconfianza
> **ESPERANZA**
> Poder del Ser

DEPENDENCIA SALUDABLE
(vínculos simbióticos)

CICLOS REGENERATIVOS
(de 13 años)

Necesidades de interdependencia

Nueva Identidad Nueva Competencia Nuevas Destrezas	Nuevo Propósito Nuevas Elecciones Nueva Confianza	Respeto a la vida Vocación evolutiva	**39-52**

Necesidades de independencia

Nueva Identidad Nueva Competencia Nuevas Destrezas	Nuevo Propósito Nuevas Elecciones Nueva Confianza	Amor (Intimidad) Trabajo (Maestría)	**26-39**

Necesidades de antidependencia (salir de casa)

Nueva Identidad Nueva Competencia Nuevas Destrezas	Nuevo Propósito Nuevas Elecciones Nueva Confianza	Identidad	**13-26**

Necesidades de dependencia

Pensamiento Imaginación Sentimiento Competencia Destrezas	Decisión Voluntad Obra Existencia Propósito	Confianza	**0-13**

EXPANSIÓN DEL YO

> Tengo sabiduría
> Puedo aceptarme completamente a mí mismo
> Soy uno con todo

> Tengo poder personal
> Puedo crear y producir
> Puedo cuidar de la siguiente generación
> Estoy comprometido con la vida

> Tengo a otra persona que afirma mi sensación del yo
> Puedo amar
> Puedo ser hermético y estar separado
> Tengo intimidad conmigo mismo y con otros

> Tengo una sensación interna de quién soy
> Puedo regenerar
> Puedo ser fiel a una persona o una causa
> Soy único

> Tengo competencia
> Tengo límites
> Puedo pensar y aprender
> Soy capaz

> Tengo conciencia, propósito y valía
> Puedo imaginar y sentir
> Soy sexual
> Soy alguien

> Tengo límites
> Tengo fuerza de voluntad
> Puedo estar separado
> Puedo ser curioso y explorar y hacer
> Yo soy yo

> Tengo esperanza
> Puedo simplemente estar
> Puedo confiar en ti
> Soy tú

Resumiendo, nuestras primeras etapas de la infancia nos dan la base para nuestra vida adulta. A los que somos niños adultos de familias disfuncionales, nos falta esa base. En la primera parte hemos visto cómo las deficiencias en el desarrollo tienen consecuencias perjudiciales en un futuro a largo plazo. Si quieres cambiar esos modelos perniciosos, debes reformar tu infancia.

Esto es doloroso porque debemos revivir y sanar nuestras heridas. Pero *podemos* hacerlo. Este trabajo de duelo es el sufrimiento legítimo que hemos estado evitando con nuestras neurosis. Jung lo expresó de forma clara: «Todas nuestras neurosis sustituyen el sufrimiento legítimo». El trabajo de duelo, que se ha llamado trabajo del dolor original, exige que volvamos a experimentar lo que no pudimos experimentar cuando perdimos a nuestros padres, nuestra infancia y, sobre todo, nuestro sentido de la *yoicidad*. La herida espiritual *se puede curar*. Pero debe hacerse sufriéndola, y esto es doloroso.

En los siguientes capítulos describiré los elementos del trabajo del dolor original y el tipo de estímulos y cuidados necesarios en cada una de las cuatro primeras etapas del desarrollo. Hay muchos ejercicios para cada etapa. Si estás actualmente en terapia, consigue consentimiento de tu terapeuta antes de comenzar el trabajo. *Puedes* hacerlo tú mismo, utilizando tu yo adulto como un mago sabio y amable, pero aun así necesitas que lo apruebe tu terapeuta.

Hay también ejercicios de meditación para cada etapa evolutiva. En estas, *tu adulto* cuidará a tu niño interior herido. Es lo más que puedo ofrecerte en forma de libro. Puedes hacer los ejercicios solo, pero sería mejor que los hicieses con un amigo que te apoye y cuide de ti, y aún mejor si los hicieses con un grupo de apoyo.

Estos ejercicios no intentan reemplazar ninguna terapia individual o de grupo que estés siguiendo. Si has sido víctima de abuso sexual, has tenido serios traumas emocionales, has recibido un diagnóstico de enfermo mental o tienes un historial de enfermedad mental en tu familia, es fundamental que busques ayuda profesional. Si al hacer estos ejercicios empiezas a experimentar emociones extrañas o abrumadoras, para inmediatamente. Consigue la ayuda de un asesor cualificado antes de continuar.

Mientras que este trabajo puede ser extremadamente eficaz y ha sido muy terapéutico para muchas personas, no pretende ser una «poción mágica».

Otra precaución si tienes alguna adicción, estás fuera de control y no estás al tanto de tus verdaderos sentimientos. Debes modificar esa conducta si quieres beneficiarte de este trabajo. Los grupos de los Doce Pasos* han demostrado ser el instrumento más efectivo para dejar adicciones. Únete a uno hoy mismo. Es la mejor oferta que hay. El trabajo que aquí presento requiere que hayas estado al menos un año alejado de tu adicción. Los primeros días de recuperación, sobre todo cuando se trata de adicciones por ingestión, tus emociones están inmaduras e indiferenciadas. Son como lava ardiendo dentro del volcán. Si exploras una experiencia dolorosa de la infancia, corres el riesgo de agobiarte. Tu niño interior herido, insaciable y sin barreras, está en el corazón de tu adicción, y precisamente bebes, te drogas, eres adicto al sexo, al trabajo, al juego…, para evitar la dolencia espiritual de tu niño herido. El Duodécimo Paso del programa de los Doce Pasos habla del «despertar espiritual», como resultado de los Pasos. Esto indica de manera clara que esa adicción se debe a una quiebra espiritual.

Ahondar de forma inmediata en las verdaderas razones de por qué has sido un adicto es correr el grave riesgo de ***volver sigilosamente a tu adicción***. Dicho esto, quiero reiterar lo que dije en el Prólogo. Debes hacer de verdad los ejercicios si quieres recuperar y defender a tu niño interior.

Digamos por último que una forma que los niños adultos tienen de evitar su sufrimiento legítimo es *viviendo en sus mentes*. Esto implica obsesionarse, analizar, discutir, leer y malgastar un montón de energía intentando comprender las cosas. Hay una historia que habla de dos habitaciones con dos puertas. En cada una había una leyenda: en una decía CIELO; en la otra, CONFERENCIA SOBRE EL

---

* El término «Doce Pasos» hace referencia al trabajo de Alcohólicos Anónimos y otros grupos de autoayuda. *(Nota del Editor.)*

CIELO. ¡Todos los niños adultos codependientes se alineaban ante la puerta que ponía conferencia sobre el cielo!

Los niños adultos sienten una necesidad enorme de comprender las cosas porque sus padres eran a su vez niños adultos y, por tanto, impredecibles. A veces, hacían su labor de padres como adultos, pero otras lo hacían como niños heridos y egoístas; a veces tenían sus adicciones. El resultado era la confusión y el imprevisto. Alguien dijo una vez que crecer en una familia disfuncional era como «entrar en un cine a mitad de película y *nunca* entender el argumento». Alguien más lo describió como «crecer en un campo de concentración». Esta imprevisión ha provocado tu continua necesidad de entender las cosas y, a no ser que cures tu pasado, seguirás intentando comprenderlas.

Vivir con la mente es también una defensa del ego. Si nos obsesionamos por las cosas, no tenemos que *sentir*; y no sentir nada es obturar el inmenso depósito de sentimientos congelados que están amalgamados por la vergüenza tóxica de tu niño herido.

Repito: debes *hacer* de verdad el trabajo del dolor original si quieres curar a tu niño interior herido. La única salida es pasar por ello: «sin dolor no hay recompensa», como decimos en los programas de los Doce Pasos.

Creo que recuperarse del abandono, la negligencia o el abuso de la infancia es un proceso, no un acontecimiento. Leer este libro y hacer los ejercicios no hará que desaparezcan todos tus problemas de la noche a la mañana, pero te garantizo que descubrirás a una personita encantadora dentro de ti. Serás capaz de escuchar la rabia y la tristeza de ese niño y de festejar la vida con tu niño interior de forma más alegre, creativa y divertida.

3
Trabajo del dolor original

> La neurosis es siempre un sustituto del sufrimiento legítimo.
>
> C. G. Jung

> Los problemas no se pueden resolver con palabras, sino solo a través de la experiencia; no simplemente una experiencia correctiva, sino volviendo a vivir el primer miedo (tristeza, rabia).
>
> Alice Miller

Creo que si se conociese mejor la teoría que subyace en el trabajo del dolor original, se revolucionaría, en general, el tratamiento de la neurosis y, en particular, el de los comportamientos compulsivo-adictivos. Por eso, a menudo, a los pacientes que necesitan hacer su trabajo de sentimientos con urgencia se les droga con tranquilizantes. En nuestro centro de tratamiento Life Plus de Los Ángeles encontramos obstáculos por parte de algunos profesionales que no podían entender por qué nos negábamos a medicar a nuestros pacientes. Creemos que la única manera de curar estos trastornos es a través del trabajo de los sentimientos.

Estamos especializados en tratar la codependencia, que tiene su origen en la vergüenza tóxica: el sentimiento internalizado de ser imperfecto y defectuoso como ser humano. En el proceso de interiorización, la vergüenza. que debería ser un signo de que están bien definidos nuestros límites, pasa a ser un estado del yo abrumador, una identidad. Una vez avergonzado tóxicamente, la persona pierde el contacto con su auténtico yo y, a continuación, lo que sigue es un luto crónico por la pérdida del yo. La descripción clínica de este estado es distemia o depresión crónica de bajo grado. En mi libro *Liberarnos de la vergüenza que nos ata* mostraba cómo la vergüenza tóxica era la emoción por excelencia. Vincula todos nuestros sentimientos a ella, de modo que siempre que sintamos rabia, angustia, miedo o incluso alegría, sentimos también vergüenza. Lo mismo ocurre con nuestras necesidades e instintos. Los padres de familias disfuncionales son ellos mismos niños adultos: su niño herido está necesitado. Por ese motivo, siempre que sus hijos sienten alguna necesidad, lo cual es normal, los niños-adultos padres se enfadan y les avergüenzan. Por consiguiente, cuando el niño interior del niño se siente necesitado, se siente también avergonzado. Gran parte de mi vida me he sentido avergonzado siempre que necesitaba ayuda. Por último, y sin importar lo apropiado que sea el contexto, la persona básicamente vergonzosa siente vergüenza en sus relaciones sexuales.

Cuando nuestros sentimientos están ligados a la vergüenza, nos sentimos paralizados. Esta parálisis es la condición previa a todas las adicciones, porque la adicción es la única forma en que la persona es capaz de sentir. Por ejemplo, una persona con depresión crónica que se convierte en un superejecutivo gracias a su adicción al trabajo, solo siente cuando está trabajando. Un alcohólico o drogadicto se siente a gusto con drogas que le alteran el carácter. Un bulímico siente una sensación de plenitud y de bienestar cuando su estómago está lleno. Cada adicción permite a la persona sentirse bien o evitar los sentimientos dolorosos. El carácter adictivo altera el dolor y el sufrimiento del niño interior herido espiritualmente. La herida espiritual afectada por la vergüenza tóxica es una ruptura del yo con el yo. Uno se siente degradado *ante sus propios ojos*; se desprecia a sí mismo.

Cuando uno cree que no puede ser sí mismo, ya no está de

acuerdo consigo mismo. El éxtasis que produce la adicción da una sensación de bienestar, de estar de acuerdo consigo mismo. Siempre que una persona avergonzada tiene sus sentimientos verdaderos, siente vergüenza. Entonces, para evitar ese dolor, se paraliza.

Paralizar el dolor se consigue a través de varias defensas del ego que utilizamos cuando la realidad se vuelve intolerable. Algunas de las defensas más comunes son: negación («no está pasando en realidad»), represión («nunca sucedió»), disociación («no recuerdo lo que pasó»), proyección («te está ocurriendo a ti, no a mí»), conversión («como compulsivamente o hago el amor cuando siento que está pasando») y minimización («ocurrió, pero no es tan grave»).

Básicamente, nuestras defensas del ego son formas de distraernos del dolor que estamos sintiendo.

Primacía de las emociones

Silvan Tomkins, un psicólogo dedicado a la investigación, contribuyó de modo importante a la comprensión del comportamiento humano argumentando la primacía de las emociones. Nuestras emociones son formas de experiencia inmediata. Cuando experimentamos nuestras emociones estamos en contacto directo con nuestra realidad física. Dado que nuestras emociones son formas de energía, son, por ello, físicas y se expresan en el cuerpo incluso antes de que seamos conscientes de ellas.

Tomkins distingue nueve emociones *innatas* que se manifiestan en expresiones faciales. Cada niño nace con estas expresiones «preprogramadas» en sus músculos faciales y los investigadores han demostrado que en cualquier parte del mundo, en cualquier cultura, se identifican estas emociones de la misma manera. Son las comunicaciones básicas que necesitamos para sobrevivir biológicamente.

Al crecer, las emociones forman el esquema mental básico para pensar, actuar y tomar decisiones. Tomkins ve las emociones como nuestros motivadores biológicos innatos. Son «la energía que nos mueve», como el combustible para los coches. Intensifican y amplían nuestras vidas. Sin emoción, nada importa realmente; con emoción, todo puede importar.

En la teoría de Tomkins, los seis motivadores principales son interés, alegría, sorpresa, angustia, miedo y rabia. Para él, la vergüenza es una emoción auxiliar que se experimenta en un primer nivel como una interrupción y se caracteriza por una repentina e inesperada exposición que detiene o *limita* lo que está ocurriendo.

La náusea y la repugnancia son respuestas defensivas innatas. Cuando olemos algo nocivo, la náusea hace que el labio superior y la nariz se frunzan y que la cabeza se eche hacia atrás. Cuando probamos o tragamos una sustancia tóxica, la repugnancia nos hace escupir o vomitar. Al igual que nuestros otros reflejos, la repugnancia y la náusea han evolucionado biológicamente para protegernos de sustancias peligrosas, pero además las usamos también para expresar aversiones psíquicas.

Dicho de otro modo, nuestras emociones son nuestros *poderes* más primordiales. Las tenemos para guardar nuestras necesidades básicas. Cuando una de estas necesidades está amenazada, nuestra energía emocional nos lo indica.

A la mayoría de nosotros se nos permite sentir nuestra alegría, interés o sorpresa, que son las emociones positivas de las que habla Tomkins. Por lo menos se nos ha dicho que son emociones «buenas». Pero de hecho, cuando reprimimos nuestro miedo, tristeza o rabia, nuestra capacidad de excitación, interés y curiosidad se encierran también. Como esto le ha ocurrido a nuestros padres, no pueden permitirnos tener estos sentimientos y reprochan a los niños que sean demasiado entusiastas, curiosos e inquisitivos.

El modelo de terapia de Harvey Jackins, llamado Asesoramiento de Reevaluación, es similar al trabajo del dolor original. Jackins sugiere que cuando la emoción que acompaña a la experiencia traumática se bloquea, la mente no puede evaluar o integrar la experiencia. Cuando la energía emocional bloquea la resolución del trauma, la mente disminuye su capacidad de funcionamiento. Con los años, la mente se empequeñece cada vez más, ya que el bloqueo de la energía emocional se intensifica *cada vez que ocurre una experiencia similar*. Siempre tenemos una experiencia nueva y que de alguna forma se parece al trauma original, sentimos con una intensidad que es desproporcional con lo que está ocurriendo en realidad. Antes me referí a esto como regresión espontánea. Es como el famoso perro de Pavlov, que escuchaba una campana cada vez que le daban de comer. Después de un tiempo, cada vez que oía la campana el perro salivaba, incluso si no tenía la comida delante. Del mismo modo, podemos sentir una pena inmensa cuando escuchamos un villancico que nos trae un recuerdo de una escena anterior en la que nuestro padre borracho nos arruinaba las Navidades.

El niño interior herido está lleno de energía no resuelta que proviene de la tristeza de un trauma infantil. Una de las razones de que sintamos tristeza es para completar los sucesos dolorosos del pasado, de modo que podamos disponer de nuestra energía para el presente. Cuando no se nos permite lamentarnos, esta energía se congela.

Una de las reglas de las familias disfuncionales es la regla del *no sentir*. Esta norma prohibió a tu niño interior saber incluso qué era lo que estaba sintiendo. Otra regla en estas familias es el *no hablar*, que establece que no se pueden expresar emociones. En algunos casos, quiere decir que solo podías expresar *ciertas* emociones. Según las familias, estas reglas de no hablar varían.

En mi familia, todas las emociones estaban prohibidas, excepto la de culpa. Las emociones se consideraban un signo de debilidad. Me han dicho una y otra vez «no seas tan sensible». Mi familia no era diferente de millones de otras familias que portaban las consecuencias de trescientos años de «racionalismo». El racionalismo postula la creencia de la supremacía de la razón. Ser razonable es lo que constituye al ser humano, mientras que ser emocional es *menos* que humano. La represión y el avergonzarse de las emociones ha sido la regla en la mayoría de estas familias.

Emociones reprimidas

Como las emociones son energía, exigen que se las exprese. Los niños de familias disfuncionales a menudo no tienen aliados, nadie a quien puedan expresar sus emociones. Entonces, las expresan de la única forma que saben: «exteriorizándolas» o «interiorizándolas».

Cuanto antes se repriman, más destructivas resultan estas emociones. Estas emociones inexpresadas y no resueltas es a lo que me refiero cuando hablo de «dolor original». Este trabajo implica volver a experimentar esos traumas y expresar las emociones reprimidas, las cuales, una vez hecho esto, ya no tendrán que exteriorizarse o interiorizarse nunca más.

Hasta hace poco, ha habido muy pocos testimonios científicos que apoyasen este trabajo del dolor original. Freud escribió extensamente acerca de la represión, la disociación y la dislocación como defensas primarias del ego. Nos enseñó cómo una vez formadas funcionaban automática e inconscientemente. Sin embargo, no pudo explicar cómo actuaban exactamente esos mecanismos. Por ejemplo, ¿qué ocurre en nuestro cerebro cuando detenemos las emociones que nos hacen daño?

Los fisioterapeutas han sido capaces de *describir* alguna de las formas en que operan estos mecanismos defensivos. Sabemos, por ejemplo, que una emoción puede paralizarse tensando los músculos. A menudo la gente hace rechinar los dientes y tensa la mandíbula cuando se enfada.

También pueden detenerse las emociones conteniendo el aliento o respirando profundamente. Son formas comunes de evitar el dolor emocional. También se interceptan las emociones a través de la fantasía. Por ejemplo, yo pasé una buena parte de mis primeros años con miedo, casi fobia, al enfado. Mi fantasía asumía que expresar el enfado llevaba asociado el rechazo o el castigo. Esta fantasía movilizaba la tensión muscular y la respiración profunda.

La angustia y el cerebro

Hoy estamos empezando a entender las defensas del ego basándonos en la investigación de la química y la fisiología cerebral. Liberar las defensas del ego se conecta con las primeras emociones. El trabajo del dolor original produce una gran curación al permitir sentir esas emociones no resueltas del pasado. Pero ¿por qué esto cura?

El neurólogo Paul D. MacLean ha presentado un modelo de cerebro que nos ayuda a entender cómo nos afectan los traumas.

Según MacLean, el cerebro consta de tres partes —o tres cerebros dentro del cerebro— que forman parte de nuestra herencia evolutiva. El más primitivo es el cerebro de reptil o visceral. Contiene nuestra estrategia más primitiva para la seguridad y la supervivencia: *la repetición*. Un lagarto, por ejemplo, tiene una vida bastante simple que consiste en ir cada mañana al trabajo, esperando comer unas cuantas moscas y mosquitos sin que le coman a él. Si encuentra un camino atinado entre las hierbas y las rocas *lo repetirá* hasta su muerte. Esta repetición tiene un valor de supervivencia. El cerebro visceral también mantiene las funciones físicas automáticas de nuestro cuerpo, como la respiración. Suelo decir a la gente que nuestros lagartos salen de verdad cuando nos casamos por primera vez y nuestros hábitos de siempre chocan con los de la otra persona.

El siguiente es el cerebro paleomamífero, o *sensorial*. Técnicamente se le llama sistema límbico. Cuando los mamíferos de sangre caliente llegaron al escenario evolutivo, nació la energía emocional. El sistema límbico alberga los sentimientos de excitación, placer, rabia, miedo, tristeza, alegría, vergüenza, repugnancia y náusea.

El sistema cerebral más sofisticado de nuestro cerebro es el neocórtex o cerebro *racional*. Evolucionó el último, hace dos millones de años o más. Nos da la capacidad humana de razonar, usar el lenguaje, planificar con anterioridad, resolver problemas complejos...

Según MacLean, estos tres cerebros son independientes, pero al mismo tiempo trabajan conjuntamente para mantener el equilibrio del cerebro completo. El sistema de equilibrio del cerebro está regido por la necesidad de mantener los trastornos dolorosos al mínimo.

El cerebro no tiene problemas con los trastornos ocasionales de la vida. Utiliza la expresión de emociones para mantener el equilibrio. Cuando nuestra angustia alcanza cierto grado, gritamos de rabia, lloramos de tristeza o sudamos y temblamos de miedo. Los científicos han demostrado que las lágrimas en realidad suprimen las sustancias químicas del estrés que se forman durante un enfado emocional. El cerebro tenderá de forma natural hacia el equilibrio por medio de la expresión de la emoción, a no ser que se nos haya enseñado a inhibirla.

A los niños que crecen en familias disfuncionales se les ha enseñado a inhibir sus emociones de tres maneras: primero, no respondiendo a su actitud o no reflejándola, es decir, ignorándolos; segundo, no ofreciéndoles buenos modelos de cómo nombrar y expresar las emociones; tercero, avergonzándolos y castigándolos por expresar emoción. Estos niños escuchan normalmente cosas como: «Toma, para que llores por algo», «No vuelvas a levantarme la voz o te rompo la crisma». *En realidad*, a menudo les azotan por estar asustados, alocados o tristes.

Cuando se inhiben las emociones, o cuando el estrés se vuelve abrumador y crónico, la mente tiene dificultades. Cuando hay un estrés traumático, el sistema cerebral toma medidas extraordinarias para mantener el equilibrio. Estas medidas son las defensas del ego.

La huella de los primeros traumas

Cuanto antes se inhiban las emociones, más profundo es el daño. Cada vez hay más pruebas de que hay una secuencia en la maduración individual del cerebro que sigue básicamente la secuencia evolutiva. Científicos neurólogos han confirmado que el cerebro visceral predomina en las últimas fases del embarazo y en la primera etapa postnatal.

El sistema del cerebro límbico empieza a operar durante los primeros seis meses de vida. Este cerebro emocional permite la creación de los primeros vínculos importantes.

El neocórtex se está todavía desarrollando durante los primeros años, y el cerebro racional necesita un entorno y un estímulo adecuados para desarrollarse de forma saludable. Piaget, en su investigación sobre el desarrollo cognoscitivo del niño, no encontró un pensamiento lógico hasta aproximadamente los seis o siete años. (Aunque se han cuestionado algunos de los descubrimientos de Piaget, los siete años parece que marcan un momento crucial.)

Cuando reflexionamos sobre el hecho de que el cerebro visceral está relacionado con problemas de supervivencia y está regido por la repetición, cobra sentido la idea de la *impronta permanente*. El neurólogo Robert Isaacson sostiene que los recuerdos traumáticos son difíciles de erradicar porque son recuerdos de respuestas de supervivencia. Como el cerebro visceral aprende y recuerda pero no olvida, imprime el trauma con una permanencia que dominará su futuro. Todo lo que un niño experimente en los primeros años de vida —una edad muy vulnerable— quedará grabado en su mente en beneficio de su supervivencia.

La compulsión a la repetición

La investigación neurológica apoya lo que todos los psicoterapeutas, desde Freud hasta hoy, saben a ciencia cierta: las personas neuróticas tienen el impulso de repetir.

Hay también una explicación neurológica para las respuestas con reacciones desproporcionadas ya mencionadas. Las marcas neuronales intensificadas por experiencias estresantes deforman la reacción del organismo ante un estímulo. Las experiencias dolorosas continuas imprimen nuevos circuitos en el cerebro, de modo que pasa a estar más preparado para reconocer como estímulo doloroso lo que otra persona no reconocería como tal.

Esto confirma la teoría de que una vez que el material interno queda establecido en la infancia, actúa como un filtro extremadamente sensible moldeando los acontecimientos posteriores. Las contaminaciones del niño herido entran en esta categoría. Cuando un adulto con un niño herido se enfrenta a una situación que se parece a un suceso doloroso prototípico, se activa la respuesta original. Harvey Jackins lo compara a un magnetófono con la tecla de encendido bloqueada. Se reacciona con intensa emoción ante algo que en realidad es trivial o bastante inocuo. Se responde a lo que no existe en el exterior porque está en el interior.

Mientras escribía esto, viajaba en un crucero visitando algunas capitales europeas. Cuando llegué a Le Havre, en Francia, mi hija me sugirió que fuésemos a París en tren, en vez de coger el autobús en que iba el grupo, que tardaba dos horas más. Mi hija no tiene muchos traumas prematuros, es espontánea, curiosa y le gusta la aventura. Me retiré rumiando una y otra vez su sugerencia. Por la noche, me desperté varias veces con pensamientos catastróficos: «¿Y si el tren descarrila? ¿Y si llega tarde y el barco se va sin nosotros?». La idea de mi hija desencadenó una reacción desmesurada en mí. Me traumaticé de niño cuando mi padre me abandonó y ahora centraba mi obsesión en que esto no se repitiera con el barco: que no *me dejaran atrás*.

Las defensas del ego y «las puertas del cerebro»

El trabajo del dolor original se basa en la hipótesis de que el primer trauma se encuentra paralizado e inhibido. *Se exterioriza porque nunca ha sido resuelto*, y no puede resolverse porque nuestro mecanismo de inhibición (las defensas del ego) impiden que sepamos que el dolor está ahí.

«No puedes saber lo que no sabes», es un lema que usamos en terapia. Exteriorizamos nuestros sentimientos, los interiorizamos

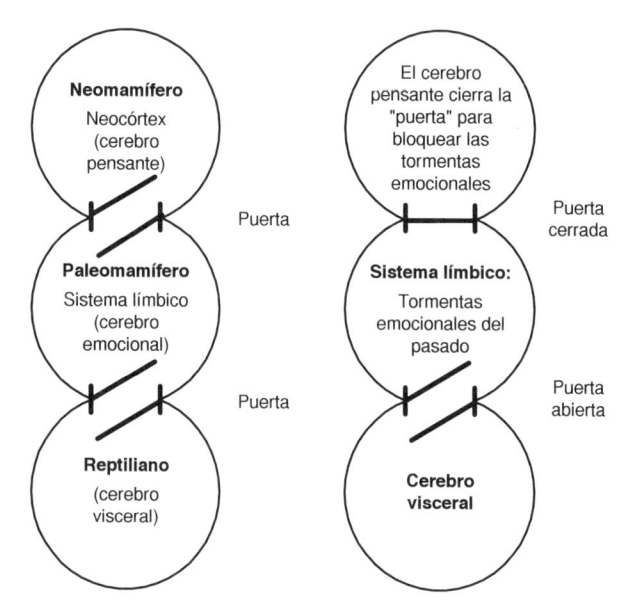

El cerebro tripartito

o los proyectamos en otros. Como no podemos sentirlos, y como son problemas sin resolver, necesitamos expresarlos y estas son las tres únicas formas en que el niño herido sabe hacerlo. Pero exteriorizar, interiorizar y proyectar no son soluciones definitivas. Mi adicción (un problema esencial del niño herido) no terminó cuando dejé de beber sino que simplemente cambió a una adicción al trabajo. Hasta que no solucioné el dolor original de mi niño herido, continué exteriorizando mi necesidad insaciable de excitación y de cambios de humor. Mis defensas del ego mantenían inhibidas las emociones. Solo hace diez años que descubrí los principales modelos de codependencia, de incesto físico y psíquico y de alcoholismo que han dominado el historial de mi familia durante generaciones. Hasta que dejé de engañarme y de negar mi familia y mi infancia, no pude hacer mi trabajo del dolor original.

Los trabajos de Ronald Melzack pueden ayudar a explicar cómo funcionan las defensas del ego. Melzack descubrió una respuesta biológica adaptada para inhibir el dolor que denominó «puertas neuronales». Afirma que los tres sistemas cerebrales tienen fibras interconectoras que desempeñan dos funciones, una liberadora y otra inhibidora. Las puertas neuronales son las vías que controlan la información entre los tres sistemas. Lo que llamamos represión tiene lugar principalmente en la puerta entre el cerebro racional y el sensorial: cuando el dolor emocional del sistema límbico rebosa, un mecanismo automático cierra la puerta del neocórtex. Es como si nos llegaran ruidos desde otra habitación y fuésemos a cerrar la puerta.

Freud decía que las defensas primarias del ego se integraban en otras secundarias más sofisticadas a medida que el hombre maduraba. Estas defensas secundarias toman una cualidad racional; por ejemplo: raciocinio, análisis, justificación y reducción.

El reciente trabajo de R. L. Isaacson sobre el sistema límbico comparte esta teoría. Afirma que el sistema de apertura y cierre del neocórtex (el cerebro racional) funciona «para vencer los hábitos y las memorias del pasado: el neocórtex está muy relacionado con la supresión del pasado». Estos hábitos y memorias incluyen las huellas marcadas profundamente (caminos neuronales) por un estrés abrumador y por los traumas. De este modo, nuestro cerebro intelectual puede funcionar libre de los ruidos y señales que se generan en nuestro mundo interno.

Pero esas señales *no se van*. Los científicos aseguran que continúan viajando, una y otra vez, por los circuitos cerrados de las fibras nerviosas del sistema límbico.

Las defensas del ego evitan así la tensión y el dolor. Pero estos permanecen. Se registran en el área subcortical como un desequilibrio, una consecuencia de una acción malograda que espera la liberación y la integración. La energía del trauma original permanece como una tormenta eléctrica cuya tensión reverbera a lo largo de todo el sistema biológico. Gente con vidas aparentemente racionales pueden seguir teniendo vidas emocionales atormentadas. Sus tormentos continúan porque su trauma original está sin resolver.

Trabajo del dolor original

Este trabajo supone en realidad experimentar los sentimientos iniciales reprimidos. Yo lo denomino proceso de descubrimiento. Es lo único que efectuará un «cambio de segundo orden», la clase de cambios que de verdad solucionan los sentimientos. Con este cambio, dejas de ser adicto. Era lo que yo necesitaba para curar mi obsesión. Actuaba de modo obsesivo porque mi niño interior herido y solitario nunca había descargado su angustia original. Fui a los programas de los Doce Pasos y controlé mi alcoholismo, pero seguía exteriorizando; «viví en mi mente» como profesor, teólogo y terapeuta, pero seguía exteriorizando; leí todos los libros que caían en mis manos y discutí mis problemas en la terapia, pero seguía exteriorizando; perseguí un estadio superior de conciencia, aprendí los caminos de los antiguos chamanes, aprendí a curar a través de la energía, estudié el *Curso de milagros*, medité y recé, a veces durante horas, pero seguí exteriorizando. Era compulsivo incluso en la búsqueda de ese estadio superior. Lo que no sabía era que tenía que abrazar la soledad y el dolor no resuelto de mi niño descorazonado, ocasionados por la pérdida de su padre, de su familia, de su infancia. Tenía que abrazar mi dolor original. Esto es el sufrimiento legítimo del que hablaba Jung.

El dolor original como trabajo de duelo

Lo bueno es que ese trabajo del dolor original encierra su propio proceso de curación natural. *El dolor es el sentimiento que cura.* Nos curaremos de forma natural solo con que se nos permita afligirnos.

El dolor comprende todas las escalas de las emociones humanas. El dolor original es una acumulación de conflictos que no se han solucionado y cuya energía se ha incrementado rápidamente con el tiempo. El niño interior herido está congelado porque no hubo forma de que hiciese este trabajo. Todas sus emociones están atadas por la vergüenza tóxica; vergüenza que es el resultado de la ruptura de nuestro primer «puente interpersonal». Llegamos a pensar que no podíamos depender de los que cuidaban de nosotros. De hecho, llegamos a creer que no teníamos derecho a *depender* de nadie. Aislamiento y miedo a la dependencia son dos de las consecuencias principales de la vergüenza tóxica.

Restaurar el puente interpersonal

Para curar nuestras emociones dañadas por la vergüenza tenemos que salir del escondite y confiar en alguien. En este libro te estoy pidiendo que *creas en mí* y que *confíes en ti mismo*. Para que tu niño herido salga de su escondrijo, debe poder confiar en ti y saber que estarás a su lado. Tu niño también necesita un aliado que le apoye y no le censure ni justifique el abandono, negligencia, abuso u opresión en que se encuentra. Esos son los elementos principales del trabajo del dolor original.

Espero que confíes en ti mismo para ser el aliado de tu niño. Porque no puedes confiar enteramente en mí o en alguien más, ya que en los momentos más difíciles es probable que salve primero mi pellejo. Confía en ti mismo. Jo Courdet lo expresó con claridad en *Consejos de un fracaso*: «De toda la gente que llegues a conocer nunca, tú eres el único al que nunca dejarás o perderás».

Legitimar el abuso

Créeme, mucho de lo que te han dicho que era una educación justa, era en realidad un abuso. Si todavía te inclinas a minimizar o racionalizar las formas en que fuiste avergonzado, ignorado o utilizado por tus padres, tienes que aceptar el hecho de que esas cosas hirieron tu alma en profundidad. Algunos de vosotros fuisteis también víctimas de malos tratos físicos, sexuales o emocionales. ¿Por qué entonces necesitaría aprobarse este abuso evidente? Curiosamente, cuanto más abusaron de ti, más pensabas que eras malo e idealizabas a tus padres. Es el resultado del vínculo de fantasía del que hablábamos antes. Todos los niños idealizan a sus padres; es así como aseguran su supervivencia. No obstante, cuando el niño maltratado idealiza a sus padres, piensa que él mismo es el responsable del maltrato: «Me pegan porque soy un chico muy malo; me violan porque les provoco; me chillan por ser desobediente. Es por mí, no son ellos: *ellos son buenos*».

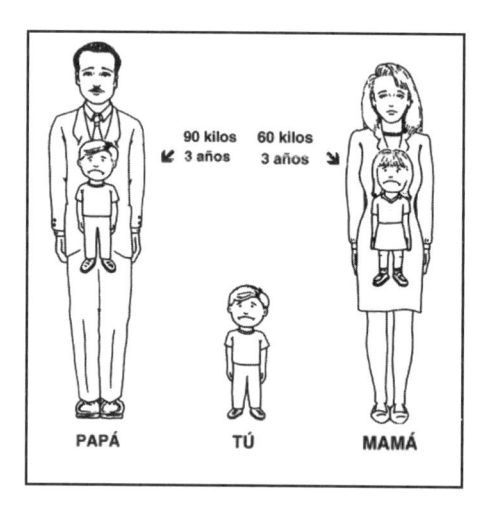

Esta idealización es la base de la defensa del ego y debe borrarse. Tus padres no eran malos, lo que sucedía es que ellos mismos eran niños heridos. Imagínate que te educa una persona de tres años, que pesa noventa kilos y es cinco veces más grande que tú; u otra de tres años y sesenta kilos, cuatro veces mayor que tú. Tu niño interior puede hacerse una idea. Tus padres lo hicieron lo mejor que pudieron, pero esto no lo entiende un niño de tres años.

Shock y depresión

Si todo esto provoca una conmoción en ti, eso es bueno: *el shock es el principio del duelo*. Después del *shock* viene la depresión y luego la negación. La negación hace retroceder las defensas del ego y, normalmente, aparece como una especie de regateo. Decimos: «Bueno, en realidad no era tan malo, tenía un techo y una casa donde cobijarme».

Créeme: en realidad **sí** era tan malo. Estar herido espiritualmente porque tus padres no te dejaron ser quien eras es lo peor que te puede pasar. Estoy seguro de que cuando te enfadabas te han dicho: «¡No se te ocurra volver a levantarme la voz!». De este modo, aprendiste a que no estaba bien ser tú mismo ni, desde luego, enfadarte. Lo mismo pasaba con el miedo, la tristeza o la alegría. No estaba bien que tocaras tu vagina o tu pene, aunque te gustara; no estaba bien disgustar al reverendo Herkimer, al rabino Kradow o al padre Walch; ni pensar lo que estabas pensando, ni querer lo que querías, ni sentir lo que sentías, ni imaginar lo que imaginabas. A veces, no estaba bien ver lo que veías u oler lo que olías. No estaba bien *ser diferente* o *ser tú*. Aceptar y entender lo que estoy diciendo es validar y legitimar tu herida espiritual, que es lo que yace en el corazón de cada niño interior herido.

Rabia

El siguiente sentimiento que suele aparecer al lamentarnos es la rabia. Es una respuesta legítima. Aunque tus padres probablemente lo hicieron lo mejor que pudieron, sus intenciones no son *relevantes* en el trabajo del dolor original. Lo que importa es *lo que ocurrió en realidad*. Imagina que tus padres estuvieran en el camino de entrada a la casa dando marcha atrás con el coche y, por accidente, te pillaran una pierna. Si hubieses estado cojeando todos estos años sin saber por qué, ¿no pensarías que tienes derecho a saber qué ocurrió? ¿No tienes derecho a dolerte y lamentarte por ello? La respuesta es que sí. Está bien enfadarse, incluso si lo que te han hecho no ha sido intencionado. En realidad, tienes que enfadarte si quieres curar tu niño herido. No quiero decir que te pongas a chillar y a dar voces (aunque podrías), sino que está bien que te enfades por algo mal hecho. *Ni siquiera hago responsables a mis padres de lo que me sucedió.* Lo hicieron lo mejor que dos niños adultos heridos podían hacer, pero también soy consciente de que me hirieron muy profundamente y de que eso ha tenido consecuencias muy perjudiciales para mí. Personalmente, hago responsables a todos nosotros: somos responsables para detener lo que estamos haciéndonos a nosotros mismos y a los demás. No debemos tolerar el mal funcionamiento y el abuso que dominó mi sistema familiar.

Dolor y tristeza

Después de la rabia vienen el dolor y la tristeza. Si hemos sido víctimas, lamentamos esa traición. También lamentamos lo que habrían podido ser nuestros sueños, nuestras aspiraciones y nuestras necesidades insatisfechas.

Remordimiento

Al dolor y a la tristeza le sigue a menudo el remordimiento. Pensamos: «Si las cosas hubiesen sido diferentes, quizás hubiera podido hacer algo diferente. Tal vez, si hubiera amado más a mi padre y le hubiese dicho cuánto lo necesitaba, no me habría abandonado». Cuando aconsejaba a víctimas de incestos o de malos tratos físicos, apenas podía creer que se sintiesen culpables y sintiesen remordimientos por estas violaciones, como si, de alguna forma, fueran responsables de ellas. Cuando lamentamos la muerte de alguien, el remordimiento es el sentimiento más relevante, ya que tal vez desearíamos haber pasado más tiempo con esa persona. Pero cuando lamentamos el abandono de la infancia debemos hacer ver a nuestro niño interior que no había *nada* que él pudiese haber hecho de otra forma. Su dolor es por lo que le pasó *a* él, no *por* él.

Vergüenza tóxica y soledad

Los sentimientos más profundos del duelo son la vergüenza tóxica y la soledad. Nos avergonzaron al abandonarnos, sentíamos que éramos *malos*, como si estuviésemos contaminados, y esa vergüenza nos condujo a la soledad. Como nuestro niño se siente imperfecto y defectuoso, tiene que encubrir su propio yo con un ser falso adaptado. Entonces empieza a identificarse con este yo falso mientras que el verdadero permanece solo y aislado. Permanecer con esta última capa de sentimientos dolorosos es la parte más dura del proceso de duelo. «La única salida es pasando a través», decimos en la terapia. Es difícil permanecer en ese nivel de vergüenza y soledad, pero al abrazar esos sentimientos salimos al otro lado, Encontramos el yo que estaba escondido. Al esconderlo de los demás, también lo escondimos de nosotros mismos. Abrazando la vergüenza y la soledad, empezamos a tener contacto con nuestro verdadero yo.

Sentir los sentimientos

Necesitamos experimentar los sentimientos, patalear y gritar, sollozar y llorar, sudar y temblar. Todo esto lleva tiempo. La recuperación de los sentimientos es un proceso, no un suceso. Pero la mejoría se nota al instante. El contacto con el niño interior, el que sepa que hay alguien a su lado y que no tendrá que seguir solo, supone una alegría y un alivio rápidos. El tiempo que tardamos en lamentarnos varía según las personas. Nadie puede saber lo que durará el proceso. La clave está en saber cómo liberar nuestras defensas. No puedes quedarte fuera de tus defensas todo el tiempo; hay personas y sitios que no son seguros para hacer el trabajo de duelo. Además, necesitarás un respiro de vez en cuando.

La serie de etapas de este trabajo avanza y retrocede. Puedes estar un día validando y tres días más tarde encontrarte con que estás minimizando. No importa, puedes seguir avanzando a través de esos ciclos. Sentir los sentimientos es crucial ya que no puedes curar lo que no puedes sentir. Mientras experimentas el trauma y estás ahí, atendiendo a tu niño interior, la curación viene por sí sola. Es importante que te mantengas muy seguro mientras haces el trabajo. Lo mejor es que lo hagas con un compañero o un grupo. Ten en cuenta la advertencia que hice al principio de la segunda parte. Ten alguien a tu lado con el que puedas hablar al finalizar este trabajo. No vayas demasiado deprisa. Llevó mucho tiempo el que se fijara y se congelara, y llevará tiempo conseguir que se cure. Si sientes que te estás agobiando, para inmediatamente. Deja que se integre lo que has hecho. Si el agobio persiste, busca la ayuda de un buen terapeuta.

4
Recupera tu yo recién nacido

La mujer, personificada en tu madre, es el primer ser con el que tienes contacto… Todo comienza con una total fusión del ser…; el niño es una extensión de la madre, sin que se perciban límites definidos claros. Existe una participación mística, un flujo físico de la madre al hijo y del hijo a la madre.

Karl Stern

Cuando la madre no está en contacto con su cuerpo, no puede dar al hijo el vínculo necesario para que confíe en sus propios instintos. El niño no puede relajarse en el cuerpo de la madre ni, después, en el suyo.

Marion Woodman

> **PRIMERA INFANCIA**
> (Vínculo simbiótico)
>
> **YO SOY TÚ**
>
> EDAD: 0-9 MESES
> POLARIDAD: CONFIANZA frente a DESCONFIANZA
> FUERZA DEL EGO: ESPERANZA
> PODER: SER
> TEMA DE RELACIÓN: NARCISISMO POSITIVO; CODEPENDENCIA

Índice de sospecha*

Responde sí o no a las siguientes preguntas. Lee cada pregunta, espera y medita lo que sientes. Si sientes un fuerte impulso por el sí, contesta sí; si es por el no, contesta no. Si contestas afirmativamente a alguna pregunta, puedes sospechar que tu maravilloso niño interior está herido en su primera infancia. Hay grados de heridas. Estás en algún punto de la escala que va del uno al cien. Cuantas más cuestiones *sientas* que la respuesta es *sí*, más herido está tu yo recién nacido.

---

* He tomado esta idea de un «índice de sospecha» del trabajo pionero del fallecido Hugh Missildine en su libro *Tu niño interior del pasado*. El doctor Missildine era mi amigo y me animó a continuar este trabajo.

	Sí	No
1. ¿Tienes o has tenido una adicción *por ingestión* (exceso de comida, bebida o drogas)?	☐	☒
2. ¿Desconfías de tu capacidad para satisfacer tus necesidades? ¿Crees que debes encontrar a alguien que las satisfaga por ti?	☒	☐
3. ¿Te resulta difícil confiar en los demás? ¿Sientes que debes tener las cosas bajo control todo el tiempo?	☒	☐
4. ¿No sabes reconocer los síntomas de tu necesidad física? Por ejemplo, ¿comes cuando no tienes hambre? ¿No te das cuenta a menudo de lo cansado que estás?	☐	☒
5. ¿Desatiendes tus necesidades físicas? ¿No te preocupas por una alimentación sana o no haces suficiente ejercicio físico?	☐	☒
6. ¿Tienes mucho miedo de que te abandonen? ¿Te sientes o te has sentido alguna vez *desesperado* porque ha terminado una relación amorosa?	☒	☐
7. ¿Has considerado el suicidio porque ha terminado una relación amorosa? (Tu pareja te ha dejado, tu esposa te ha pedido el divorcio.)	☐	☒
8. ¿Sientes a menudo que no encajas o no perteneces a ningún sitio? ¿Sientes que no eres bienvenido o que la gente no desea tu presencia?	☒	☐
9. ¿Sientes gran necesidad de que te toquen y te cojan? (Esto a menudo se manifiesta por la necesidad de tocar y abrazar a los demás sin preguntarlo.)	☐	☒
10. ¿Intentas ser tan solícito en tus relaciones sentimentales que la otra persona (amigo, amante, esposa, hijo, padres) no pueda abandonarte?	☐	☐
11. ¿Es el sexo oral lo que más deseas y de lo que más tratan tus fantasías?	☐	☒
12. En acontecimientos sociales, ¿intentas no llamar la atención y pasar desapercibido?	☐	☐
13. ¿Necesitas continuamente y de manera obsesiva que se te valore y estime?	☒	☐

	Sí	No
14. ¿Te gusta incordiar y ser sarcástico con los demás?	☐	☒
15. ¿Te aíslas y pasas solo mucha parte del tiempo? ¿Piensas a veces que no merece la pena esforzarse en tener una relación?	☒	☐
16. ¿Eres ingenuo o crédulo? ¿Te tragas las opiniones de los demás sin analizar?	☒	☐

Primera infancia normal

Al venir al mundo tuvimos unas necesidades muy específicas. En el gráfico de la página 91 resumí la constitución de unos bloques básicos necesarios para desarrollar un yo razonablemente sano. Esos bloques son *pautas*. Como no hay dos personas iguales, no podemos generalizar acerca del desarrollo humano. Sin embargo, tenemos cosas en común. El gran terapeuta Carl Rogers afirmó en una ocasión que «lo que es más personal, es más general». Pienso que lo que quiere decir es que mis necesidades humanas más profundas y mis más profundos miedos y ansiedades los comparte, en mayor o menor medida, todo el mundo. Me he sorprendido al ver que, cuando compartía mis secretos, los demás podían identificarse conmigo.

El puente interpersonal

Utilizaremos los bloques básicos que presenté como pautas para cada una de las necesidades de dependencia en las etapas de desarrollo de la infancia. Cuando somos un bebé, necesitamos que se nos dé la bienvenida al mundo. Debemos estar ligados a una persona maternal, que nos cuide y alimente, y que nos sirva de espejo. A la etapa de recién nacido se le llama etapa simbiótica, porque somos totalmente *codependientes* de nuestra madre o de la persona que desempeñe su papel. Dependemos de ella para aprender acerca de nosotros mismos y para cubrir nuestras necesidades físicas indispensables para sobrevivir. En esta etapa estamos *indiferenciados*. Es decir, que estamos de acuerdo totalmente con nuestro yo de forma natural e inconsciente, pero no tenemos la capacidad de reflejar y de saber conscientemente que tenemos un yo. Necesitamos el reflejo de los ojos y de nuestra madre y en el eco de su voz para descubrir nuestro yo. Hemos sido «nosotros» antes de ser «yo». La vida comienza con una verdadera fusión del ser; nuestro destino depende de la persona que nos ha correspondido como madre. La mano que mece la cuna mece, en verdad, el mundo. Si nuestra madre ha estado a nuestro lado, nos vinculamos a ella. Este vínculo ha creado un «puente interpersonal», que es la base de todas las futuras relaciones. Si el puente se ha construido en la estima y el respeto mutuos, forma el entramado en el que pueden crearse nuevas relaciones. Si se ha avergonzado al niño de forma indebida, el puente se romperá y el niño llegará a creer que no tiene derecho a depender de nadie, lo que le llevará a desarrollar relaciones patológicas con la comida, los fármacos, el sexo, etc.

Narcisismo sano

Necesitamos que la figura materna nos tome en serio, que acepte nuestras facetas, que nos haga saber que estará a nuestro lado. Estas necesidades son lo que Alice Miller llama nuestras provisiones narcisistas sanas, que consisten en ser amados como individuos, ser admirados y valorados; tocados y tratados con cariño; estar seguros de que nuestra madre no nos abandonará; que nos tomará en serio. Si conseguimos estas necesidades en la infancia, no tenemos que cargar con ellas cuando crecemos.

Buena educación materna

Para que una madre haga bien su trabajo, necesita estar en contacto con su conciencia del YO. Tiene que amarse a sí misma y aceptar todas sus facetas. Necesita aceptar su cuerpo y sentirse relajada. Una madre no puede transmitir una sensación de bienestar si no la tiene. Ni puede hacerle confiar en sus instintos si ella no está relajada con los suyos. Erich Fromm ha escrito que una orientación «antivida» en la madre hará que su hijo se asuste de la vida, en especial de la vida instintiva del cuerpo.

Reflejo

Los instintos están regidos por la parte más primitiva del cerebro. Tienen que ver con comer, dormir, tocar, hacer nuestras necesidades, la sensualidad, los placeres y dolores corporales. En el inicio de la vida «yo soy tú», «yo soy otro». En otras palabras, estás inmerso en la persona de tu madre. *Sientes lo que ella siente.* Te disgustas cuando ella está disgustada. *Sientes por ti mismo lo que ella siente por ti.* En la primera infancia, el sentimiento es primordial. No importa lo bien que esté desempeñando el papel de buena madre, lo que importa es lo que siente por su hijo. Si a tu madre le disgustó quedarse embarazada y tuvo que casarse para tenerte, lo sabrás en un nivel cinestésico profundo.

Mimo

Cuando eras un bebé necesitabas que te tocaran y te cogieran *cuando lo necesitabas.* Necesitabas que te alimentasen cuando tenías hambre. Las comidas a hora fija era una barbaridad de generaciones anteriores. Sam Keen señala que los maestros Zen tardan años en alcanzar una iluminación que todo niño ya sabe: dormir cuando se está cansado y comer cuando se tiene hambre. Resulta una ironía que este estado de felicidad Zen sea destruido de forma programada y sistemática. En tu primera infancia necesitabas que te bañaran y te mantuvieran limpio. Tus funciones corporales todavía no estaban bajo tu control muscular, de manera que dependías de la persona que te cuidaba para que te asease. Estas eran tus *necesidades de dependencia.* Tú no podrías cubrirlas por ti mismo.

Eco

Necesitabas escuchar voces de bienvenida, voces cálidas, apacibles, a tu alrededor. Necesitabas un montón de arrullos, de «cu-cús» e interjecciones; necesitabas una voz firme y segura que indicara un alto grado de seguridad. Quizás, más que nada, necesitabas a una persona que confiase en el mundo y en su sensación de ser. Erik Erikson propone como primera labor del desarrollo el establecimiento de una sensación interna del ser, que se caracteriza por *con-*

fiar en el mundo exterior. Carl Rogers ha dicho que uno de sus aprendizajes más significativos es que «la realidad es amiga», es decir, que podemos confiar en ella. Confianza básica frente a desconfianza es la primera labor del desarrollo. Cuando esta polaridad se resuelve del lado de la confianza, lo que se deriva es una fuerza básica del ego. Esta fuerza constituye la base de la esperanza. Si el mundo es digno de confianza, entonces es posible que me convierta en quien «soy». Puedo confiar en que lo que necesite estará allí.

Pam Levin considera que en esta primera etapa se desarrolla el poder del ser. Si se dan todos los factores citados, al niño puede gustarle ser quien es. Como el mundo exterior es seguro y mis padres consiguen satisfacer sus necesidades con sus propios recursos y con el amor y el apoyo mutuos, yo puedo simplemente ser. No necesitaré agradarles o luchar por sobrevivir, puedo sencillamente complacerme a mí mismo y satisfacer mis necesidades.

Educar: la labor más difícil de todas

Ser un buen padre o una buena madre es un trabajo duro. Creo que es *el trabajo más duro que nadie haya hecho nunca*. Para ser un buen padre, debemos tener una mentalidad sana. Necesitas cubrir tus necesidades por tus propios medios y una esposa o una persona que signifique algo para ti que te ayude a conseguirlo. Sobre todo, *debes haber curado a tu propio niño interior herido*. Si todavía está herido, criarás a tu hijo con este niño interior aterrado, dolido y egoísta. Caerás en los mismos errores que tus padres o harás lo contrario. De cualquier forma, intentarás ser el padre perfecto con el que soñó tu niño herido. Sin embargo, hacer lo contrario de lo que te hicieron puede ser igualmente perjudicial para tus hijos. Alguien dijo una vez que «a ciento ochenta grados de la enfermedad, aún hay enfermedad».

Recuerda que *no estoy culpando a los padres de nadie*. Fueron niños adultos intentando hacer una enorme y difícil tarea. En mi caso, mis padres a menudo hicieron cosas bien, a pesar de su mala pedagogía. Mi madre cuenta lo mucho que le dolía hacer que comiéramos a la hora programada, pero nos obligaba porque se lo recomendaron los «expertos». También le costó desobedecer los consejos de estos «expertos» y entraba furtivamente a consolarme cuando yo lloraba. Esos eran momentos de salvación, llenos de bondad, y estaban motivados por su niño maravilloso, que sabía cómo cuidarnos.

No obstante, ningún padre ha sido perfecto y ninguno lo será. Lo importante es intentar curar a nuestro niño interior herido para que no lastime a nuestros hijos.

Trastornos del crecimiento

Fritz Perls describía la neurosis como un «trastorno del crecimiento». Me gusta esta expresión. Es una buena forma de expresar el problema de la vergüenza tóxica del niño herido y la codependencia resultante. No seríamos niños adultos codependientes si se hubiesen cubierto nuestras necesidades de desarrollo. Cuando estas no se satisfacen adecuadamente en la primera infancia, surgen problemas graves. El Índice de Sospecha que presentaba al principio de este capítulo describe algunos de estos problemas. Pueden resumirse bajo el término de *privación del narcisismo*. No conseguimos el reflejo y el eco que necesitábamos; no nos amaron de forma incondicional; por tanto, no desarrollamos la confianza necesaria. Esto provoca ansiedades insaciables que algunas personas exteriorizan mediante adicciones. También provoca la necesidad de ser aprobados todo el tiempo, casi como si fuésemos a dejar de existir sin esa aprobación. Otras consecuencias son el deseo imperioso de que te toquen y te abracen, el centrar mucho la sexualidad en el sexo oral, el estar alejado de las necesidades físicas (de los síntomas corporales), el «tragarte todo» sin pensar... Y lo más importante, el no haberse satisfecho tus necesidades hace que te sientas avergonzado de ti mismo y que sientas muy profundamente que *hay algo mal en ti*.

No crecer

Tal vez aprendiste a seguir siendo un niño y así pudiste cuidar de las heridas narcisistas de tus padres. Si eras un niño muy obediente, tus padres sabían que podían contar contigo porque les tomabas siempre en serio. Podían estar seguros de que nunca les dejarías como hicieron sus propios padres. Serías una fuente constante de valía y estima para ellos. Así, te convertiste en el único que podía cubrir sus necesidades narcisistas perdidas.

Abandono emocional

Cualquier niño en un sistema familiar disfuncional sentirá privaciones y abandono emocionales. Ante esto responde con una vergüenza tóxica muy arraigada que genera rabia y dolor. No hay forma de lamentar esto durante la infancia. No tenías un aliado que pudiera estar a tu lado y validase tu dolor, nadie que te cogiera cuando llorabas a lágrima viva o rabiabas ante la injusticia. Para sobrevivir, las defensas primarias del ego retrocedieron y la energía emocional se congeló y quedó sin resolver. Tus necesidades insatisfechas te han suplicado que las cubrieras desde tu infancia. Si te acercas al bar más cercano escucharás la voz lastimera de un niño adulto quejándose: «Tengo sed, estoy ansioso, quiero que me amen, quiero importar y conectar con la gente».

Interrogarse

El primer paso para recuperar a tu niño interior herido es un proceso que se llama *interrogarse*. Cuando una persona ha sufrido un trauma serio, es importante que se tome su tiempo para hablar de ello. Esto no es el trabajo del dolor original ya que todavía no se experimentan los sentimientos originales. Pero es la forma de empezarlo.

Te recomiendo que recojas toda la información que puedas sobre tu familia. Qué pasaba cuando naciste, de qué familias provenían tus padres, si tus padres eran niños adultos... Es una buena idea anotar estas informaciones de la forma más precisa posible para cada etapa del desarrollo; en este caso, de la infancia. Es probable que sientas algún dolor al escribirlas. Solo trata de concentrarte en conseguir esclarecer lo mejor posible los sucesos de tu infancia.

Por ejemplo, Qwenella fue el motivo por el cual se casaron sus padres con diecisiete y dieciocho años. Su madre era víctima de incesto físico y emocional y no se había recuperado. Su padre era alcohólico. Qwenella escribió que recuerda que estando en su cuna su padre la maldijo por haber nacido. Sentía también que su madre la culpaba de haberle arruinado la vida. Sus padres procedían ambos de familias católicas muy estrictas y se negaban a usar ningún método anticonceptivo. Su madre hacía el amor muchas veces como un deber conyugal, y cuando tenía veinticuatro años ya tenía cuatro hijos. ¡Imagínate una joven de veinticuatro años, con cuatro hijos y un marido alcohólico e irresponsable! Como hija no deseada, Qwenella era objeto de la rabia y el resentimiento de su madre. Ella recuerda que su madre le decía lo fea que era y que nunca llegaría a nada en la vida. En la teoría del sistema familiar, Qwenella tenía el papel del Hijo Perdido, Cabeza de turco de su madre y Víctima. Estos papeles permiten a los miembros de estas familias satisfacer sus necesidades. Si la familia no quería otro hijo o tenía ya demasiados, la forma en que los niños no deseados aprenden a importar es *perdiéndose*. En efecto, la familia dice: «Piérdete, niño; en realidad no queríamos tenerte» o «¡Ya tenemos demasiados niños!».

Qwenella aprendió a ser la niña perfecta. Era en extremo obediente y servicial, educada y solícita. Escribió que, cuando aún estaba en la cuna, pasaba horas a solas en su habitación sin llorar y sin hacer ruido. Más tarde, jugaba sola para no importunar a nadie de la familia. Es el comportamiento típico del Niño Perdido. Cuando creció, repetía estas pautas en su trabajo y en su vida social. Sin terapia, se llevaría esos modelos a la tumba.

Comparte tu infancia con un amigo

Una vez que hayas escrito todo lo que sepas sobre tu infancia, es importante que hables sobre ello y que se lo leas a alguien en voz alta. Si estás en terapia y el terapeuta ha aprobado que hagas el trabajo de este libro, comparte lo que has escrito con él, o con tu persona de apoyo si estás en un programa de Doce Pasos. Puedes compartirlo con alguien en quien confíes, quizá con un miembro de la iglesia o con tu mejor amigo. Lo que importa es que *alguien te escuche y valide tu dolor original* como niño recién nacido. Esta persona debe reflejar y hacer eco de tu realidad como niño. Si empieza a cuestionarte, a argumentar contigo o a darte consejos, *no estás obteniendo lo que necesitas*.

No es aconsejable compartir esto con un padre o con otro miembro de la familia, a no ser que estén en un programa de recuperación. Si en tu primera infancia ha habido un abuso real, necesita ser validado. *Los miembros de la familia que no están en tratamiento están en el mismo trance ilusorio en el que has estado tú* y, es probable, que no puedan aprobar y legitimar tu dolor.

Es posible que tu primera infancia no fuese una etapa dolorosa. En mis cursos he encontrado mucha gente que fueron bienvenidos al mundo, que fueron queridos, aunque sus padres fueran niños adultos. No los maltrataron hasta la siguiente etapa del desarrollo, cuando se empezó a manifestar la privación de narcisismo de sus padres.

Siente los sentimientos

Si eres un Niño Perdido, es probable que ya hayas tenido algunos sentimientos acerca de tu primera infancia. Si tienes una foto de cuando eras pequeño, mírala detenidamente. Si no la tienes, encuentra a un bebé y obsérvalo. De cualquiera de las dos formas, notarás su energía vital. Es un niño inocente y maravilloso que solo desea la oportunidad de vivir su propio destino, y para ello necesita alimento y amor para crecer y desarrollarse. Imagina que alguien trae al mundo a este niño y no lo quiere. *Hubiera sido más honesto poner al niño no deseado en un orfanato. Hubiera sido más humano darlo en adopción.* Al menos sus padres adoptivos habrían *querido* al niño.

Escribe cartas

Imagina que quieres adoptar un niño. Imagina que el niño que quieres adoptar *eres tú de recién nacido*. Más adelante, imagina que necesitas escribirle una carta. Los bebés no pueden leer, por supuesto, pero confía en mí, es importante escribir la carta. (No la escribas si no quieres de verdad recuperar tu precioso bebé. Sin embargo, presumo que lo harás o no hubieras comprado este libro.) La carta no necesita ser larga, tal vez un párrafo o dos. Dile a tu maravilloso bebé interior que le amas y que estás muy contento de que sea un niño (o una niña), *que le quieres* y le darás el tiempo que necesite para crecer y desarrollarse. Asegúrale que sabes lo que necesita de ti, que se lo darás y te esforzarás por verle como el ser único y extraordinario que es. Cuando hayas terminado, léela en voz alta muy despacio y medita lo que estés sintiendo. Está bien que te entristezcas y llores si lo deseas.

A continuación te presento la carta que escribí yo.

> Querido Juanito:
>
> Estoy muy contento de que hayas nacido. Te amo y quiero que siempre estés conmigo. Me alegra mucho que seas un niño y quiero ayudarte a crecer.
>
> Deseo una oportunidad para mostrarte lo mucho que significas para mí.
>
> Te quiero.
>
> John

Carta de tu bebé interior

Ahora, aunque te resulte extraño, quiero que escribas tú mismo una carta de tu bebé interior. *Escríbela con la mano con la que no escribes.* Si eres diestro, significa que tienes que usar la mano izquierda. (Esta técnica da prioridad a la parte de tu cerebro que no dominas, evitando la parte más controlada y lógica. Facilita el contacto con los sentimientos de tu niño interior.) Es evidente que los bebés no pueden escribir, pero, por favor, haz el ejercicio. Recuerda que si un bebé pudiera escribir, seguramente no escribiría mucho, quizá tan solo un párrafo cortito.

Así quedó mi carta.

> Querido John:
> Quiero que vengas y que me encuentres.
> Quiero importar a alguien.
> No quiero estar solo.
> Te quiero. Juanito

Afirmaciones

Si no se cubrieron las necesidades de tu primera infancia, tu niño herido todavía tiene toda su energía original. Aún necesita el cuidado y los alimentos que nunca consiguió y una forma de dárselos es mediante afirmaciones. Pam Levin, en su libro *Ciclos de poder*, presenta afirmaciones para cada etapa del desarrollo. Mientras que el bebé no puede entender el significado real de las palabras, puede captar su aspecto no verbal. Si a tu madre le disgustó que fueras un niño o no quería tenerte, no necesitaba decírtelo con palabras: lo sabías. Puede que tu padre no te haya dicho nunca que le contrarió que fueses una niña, pero *tú lo sabías*.

Hay algunos niños a los que se les dice de verdad que no fueron deseados. A una de mis pacientes le dijeron que su madre casi se muere cuando nació; a otro, que su padre había querido que su madre abortara. He oído muchas otras frases crueles e increíbles de este tipo.

Las palabras son muy intensas. Palabras amables pueden alegrarnos el día. Palabras de reproche pueden desalentarnos para toda la semana. *Más hiere la pluma que la espada*. Diciendo palabras nuevas y alentadoras, puedes llegar a tu dolor original y conseguir un gran alivio.

Las afirmaciones positivas refuerzan nuestro ser y pueden curar las heridas espirituales. Pam Levin ha señalado que «los mensajes positivos pueden producir cambios en el ritmo cardiaco y respiratorio de pacientes en coma».

Estos mensajes repetidos se convierten en *estímulos emocionales*. Una vez que los has escuchado, ayudan a tu bebé interior a crecer y a desarrollarse. Repetirlos puede producir cambios viscerales profundos y podemos alcanzar nuestro nivel más primario del dolor original. Utilizando el modelo básico de Pam Levin, he ampliado las afirmaciones de la primera infancia para incluir otros aspectos de las necesidades de los recién nacidos.

Aquí expongo algunas palabras cariñosas que puedes decirle a tu bebé interior en la meditación. Te presentarás ante él como el mago sabio y bondadoso mientras tu niño escucha tus palabras. (Utiliza las que más te gusten.)

- Bienvenido al mundo, he estado esperándote.
- Me alegro de que estés aquí.
- He preparado un sitio especial para ti.
- Me gustas tal como eres. No te dejaré, por ninguna razón.
- Tus necesidades me parecen bien.
- Te daré todo el tiempo que necesites para que consigas satisfacer tus necesidades.
- Me alegra que seas un niño (o una niña).
- Quiero cuidar de ti y estoy preparado para ello.
- Me gusta darte de comer, bañarte, cambiarte y pasar el tiempo contigo.
- En todo el mundo no ha habido nunca otro como tú.
- Dios sonrió cuando naciste.

Meditación del recién nacido interior

Necesitarás una hora ininterrumpida para esta meditación. Te recomiendo que tengas un pañuelo o un paquete de *kleenex* a mano. Siéntate en una silla cómoda sin cruzar los brazos ni las piernas. Es una buena idea decirle a alguien con quien tengas confianza que vas a hacer este ejercicio (a no ser que pienses que se va a sentir incómodo cuando lo hagas). Tal vez quieras consultar a esa persona cuando hayas terminado. *No hagas este ejercicio si:*

- ❖ Si has sido víctima de violencia sexual o física, incluyendo violación, y nunca has estado en tratamiento.
- ❖ Si padeces trastorno mental o tienes un historial de trastornos mentales.
- ❖ Si te han maltratado emocionalmente de forma grave.
- ❖ Si te estás recuperando de una adicción y no has pasado un año de abstinencia.
- ❖ Si no lo aprueba tu terapeuta.

Si tienes alguna objeción de tipo religioso contra la meditación, debes saber que no hay nada en este ejercicio que sea antirreligioso. Aún más, debes darte cuenta de que entras y sales de un estado de trance varias veces al día. No te pediré que hagas nada que no hayas hecho ya o que no sepas cómo hacer. Recuerda que el problema del niño interior herido es, en parte, el resultado de regresiones espontáneas. Al hacer esta meditación, que implica una regresión, estás en realidad tomando el control del proceso. Recuerda también que puedes detenerte en cualquier momento si te sientes abrumado. Es perfectamente válido parar a mitad de la meditación si lo necesitas.

La primera parte se utilizará para todas las etapas del desarrollo. Grábala en tu magnetófono, haciendo una pausa de quince segundos entre las frases.

> Empieza sentándote en una silla con calma y empezando a tener conciencia de lo que te rodea… Sitúate en el espacio y el tiempo. Siente el contacto de la espalda con la silla en la que estás sentado… Siente la ropa sobre tu cuerpo… Escucha todos los sonidos que puedas percibir… Siente el aire de la habitación… Por ahora, no hay ningún sitio al que tengas que ir ni nada que tengas que hacer… Solo quédate aquí… Puedes cerrar los ojos si no lo has hecho… Puedes concentrarte en tu respiración… Siente el aire al entrar y al salir… Nota cómo pasa por tu nariz al inspirar y espirar… Si tienes pensamientos que te interrumpen, no importa. Puedes simplemente advertirlos, como si fueran frases que salen de

la televisión anunciando lluvias torrenciales o tormenta. Lo importante es saber que están ahí y sencillamente dejarlos pasar... Siguiendo tu respiración, puedes aguantarla tanto como quieras... O puedes soltarla como sabes, de forma que permita la relajación... Lo has aprendido desde niño... Y sabes cuándo aguantar y cuándo soltar... Aprendiste el balance perfecto cuando aprendiste a respirar como un bebé... Aprendiste a inspirar... y aguantar lo suficiente para oxigenar todas las células de la sangre... Y aprendiste a soltar... y sentir salir el aire... De pequeño, aprendiste a chupar del pezón de tu madre... Aprendiste a chupar del biberón... Y a soltar cuando sentías la leche templada... Pronto aprendiste a aguantar tu propio biberón... Y a soltarlo cuando habías terminado... Y aprendiste a aguantarte de pie en la cuna... Y a soltarte cuando estabas listo para tumbarte... Así que sabes cuánto hay que aguantar y cuánto hay que soltar... Y puedes confiar en ti mismo para encontrar lo que necesitas para ti...

Y ahora estás sintiendo una especie de pesadez en los párpados... Deja que se cierren bien... Sientes esa pesadez en tu mandíbula... En tus brazos y manos... Sientes que no puedes mover las manos... Sientes como si tuvieras un peso en tus piernas y en tus pies... Como si no pudieras mover las piernas... O puedes sentir lo contrario, como si tu cuerpo entero estuviera flotando... Como si tus manos y tus brazos fueran plumas... Sabes lo que sientes, pesadez o ligereza... Y sea lo que sea, es bueno para ti...

Y ahora puedes empezar a experimentar algunos recuerdos de la infancia... Puedes recordar tus primeros días de colegio... y tu mejor amigo en esos días... Puedes recordar a un profesor cariñoso o a un vecino... Y puedes recordar la casa en la que vivías antes de ir a la escuela... ¿De qué color era?... ¿Era un apartamento?... ¿Vivías en la ciudad?... ¿En el campo?... Ahora puedes ver algunas de las habitaciones de esa casa... ¿Dónde pasabas el tiempo?... ¿Tenías una habitación para ti solo?... ¿Dónde estaba la mesa de comedor?... Mira quién está a la mesa... ¿Qué sentías al sentarte a la mesa?... ¿Qué sentías al vivir en esa casa?...

Esta es la introducción general para cada etapa del desarrollo. La instrucción relacionada con las consigguientes etapas es diferente para cada una de ellas.

Ahora imagina o recuerda la casa en la que vivía tu familia cuando naciste… Imagina la habitación donde dormías después de tu nacimiento… Mira el bebé tan guapo que eras… Escucha tu voz con tus gorjeos, llantos, risas… Imagina que puedes coger tu mimoso pequeño yo… Estás ahí como un mago sabio y bondadoso… Estás viendo tu propia infancia… ¿Quién más está ahí?… ¿Tu mamá?… ¿Tu papá?… ¿Qué se siente al haber nacido en esta casa para esta gente?… Ahora imagina que tú eres ese precioso bebé que está viendo todo esto desde fuera… Mira a tu persona adulta… Mírate como una persona mágica, un mago, o como tú mismo… Siente la presencia de alguien que te quiere. Ahora imagina que tu adulto te coge y te aúpa. Escucha cariñosamente decirte las siguientes afirmaciones:

- Bienvenido al mundo, he estado esperándote.
- Me alegro de que estés aquí.
- He preparado un sitio especial para que vivas en él.
- Me gustas tal como eres.
- No te dejaré, por ninguna razón.
- Tus necesidades me parecen bien.
- Te daré todo el tiempo que necesites para que consigas satisfacer tus necesidades.
- Me alegra que seas un niño (o una niña).
- Quiero cuidar de ti y estoy preparado para ello.
- Me gusta darte de comer, bañarte, cambiarte y pasar el tiempo contigo.
- Nunca ha habido en todo el mundo otro como tú.
- Dios sonrió cuando naciste.

Déjate sentir lo que sientas cuando escuches estas afirmaciones…

Ahora, permite que tu adulto te deje en el suelo... Escucha cómo te asegura que nunca te abandonará... Y que de ahora en adelante, siempre estará a tu disposición... Ahora te conviertes en tu ser adulto otra vez... Observa a tu pequeño y precioso ser... Date cuenta de que lo has recobrado... Siente la sensación de esa vuelta a casa... Ese bebé es deseado, amado y nunca volverá a estar solo otra vez...

Sal de esa habitación, de esa casa, y mira hacia atrás mientras te marchas... Pasea hacia adelante por la línea de la memoria... Pasa por la escuela... Entra en tu adolescencia... Entra en un recuerdo reciente... Entra en donde estás justo ahora... Siente las puntas de tus pies... Muévelos... Siente la energía subir por tus piernas... Siente la energía en tu pecho al inhalar profundamente... Haz ruido al exhalar... Siente la energía en tus brazos y dedos... Agita los dedos... Siente la energía en tus hombros, cuello y mandíbula... Estira los brazos... Siente tu rostro y siéntete enteramente presente... Vuelve del todo a tu conciencia normal... Y abre los ojos.

Siéntate un momento y reflexiona sobre lo que acabas de experimentar. Siente lo que sientas. Presta atención a las frases que más te han afectado. Reflexiona sobre esas palabras, dejando sentir su estímulo. Si tu reacción es enfadarte, permítete sentir el enfado. Por ejemplo, puedes haber pensado «¡Esto es estúpido, es un juego; en realidad, nunca nadie me ha querido!». Deja que sientas la rabia. ¡Grita si es preciso! Golpea la almohada con una raqueta de tenis o con un bate de béisbol si quieres. Al final de la reflexión, anota tus pensamientos e impresiones si tienes ganas de hacerlo. Habla con tu esposa, tu persona de apoyo en el grupo, o tu amigo si quieres. Date cuenta de que tu adulto maduro puede cuidar de tu pequeño: tu yo recién nacido.

Algunas personas tienen dificultades para visualizar siguiendo las instrucciones. Todos tenemos percepciones, pero no todo el mundo es capaz de visualizar. Cada uno tenemos una forma diferente de ver las cosas. Si eres principalmente visual, dirás cosas como: «veo que está bien» o «me veo haciendo eso», si lo que eres es auditivo, dirías: «eso suena bien», «algo me dijo que lo hiciera»; si tu percepción fuese cinestésica, tenderías a decir: «siento que está bien» o «me movió a hacerlo». No te preocupes si tienes problemas para visualizar, ya lo percibirás a tu manera.

A veces la gente no puede ver, oír o sentir a su niño interior herido. Creo que la razón es que durante el ejercicio ellos son el niño. Están, en realidad, en su estado de niño herido. Si te ha sucedido así, vuelve atrás y haz la meditación otra vez, de forma que veas y oigas a tu adulto diciéndote las afirmaciones de amor y de sustento.

Algunos piensan que el niño será una nueva carga si deciden traerlo a casa. Si experimentas esto, es posible que ya estés sobrecargado de responsabilidades. Recuerda que el contacto con tu niño interior solo te llevará unos minutos al día. Es un niño al que no tienes que dar de comer, vestir, o quedarte en casa con él. Amar y sustentar a tu niño es una forma de dedicarte un poco de tiempo, lo que, probablemente, no estés haciendo.

En ocasiones, la gente se enfada cuando ve al niño que fueron. Esto indica un alto nivel de vergüenza tóxica. Nos avergonzamos a nosotros mismos del mismo modo que habíamos sido avergonzados. Si te rechazaron porque eras vulnerable como niño, tú te rechazarás del mismo modo. Así que si sientes rabia, desprecio o disgusto cuando haces este ejercicio, debes plantearte tu deseo de aceptar la parte débil, vulnerable, de ti mismo. Te aseguro que es una parte legítima tuya, es una parte de todos nosotros.

Hasta que no quieras aceptar tu ser más débil e indefenso, no podrás ser entera y verdaderamente poderoso, pues una parte de tu energía y de tu fuerza estará dedicada a rechazar otra parte tuya. Mantener esta lucha consume mucho tiempo, energía y poder, así que, aunque parezca paradójico, ¡tu fuerza vendrá cuando aceptes tu debilidad!

Ahora que has reclamado tu yo bebé, repítele varios días estas afirmaciones. Imagínate mimando a tu bebé y diciendo en voz alta: «¡Este es tu sitio! No ha habido nunca otro tú. Eres irrepetible, único». Añade las afirmaciones que más te emocionaron: eran las que más necesitabas oír. Siéntate en un parque y observa la hierba, las flores, los pájaros, los árboles y los animales. Todos pertenecen al universo, son parte necesaria de la creación; igual que tú. Tú eres tan necesario como los pájaros y las abejas y los árboles y las flores... Perteneces a este mundo. *¡Bienvenido!*

Trabajar en pareja

Si lo deseas, puedes hacer estos ejercicios con un compañero. Esto es muy positivo porque cada uno de vosotros necesita estar ahí para el otro de una forma especial. Como el niño interior necesita saber que no vas a marcharte repentinamente, tenéis que comprometeros a estar presentes mientras hacéis este trabajo. No necesitáis hacer nada en concreto y, desde luego, no necesitáis haceros terapia o enmendaros uno al otro. Solo debéis asistir a vuestro compañero tanto como podáis. Uno de vosotros será el que dé las afirmaciones. Os aconsejo que digáis las afirmaciones tal y como las he escrito. (En una terapia, no hace mucho, una mujer se entusiasmó al darle a un hombre de su grupo afirmaciones y le dijo: «Bienvenido al mundo. Eres tan deseado. Quiero hacer el amor contigo». ¡Esto *no es* lo que necesita escuchar un bebé de una persona maternal!) Cuando uno haya terminado el ejercicio, intercambiáis los papeles.

Cuando trabajas con alguien, coger y acariciar al compañero mientras le dices las afirmaciones puede ser una ayuda valiosa, pero debéis poneros muy de acuerdo antes de empezar. La mayoría de los niños adultos tienen sus barreras físicas quebrantadas. Muestra a tu amigo cómo te gusta que te cojan y te acaricien. Por supuesto, si no quieres que te toque, díselo.

Cuando estés preparado para hacer el ejercicio, lee la introducción general de la página 127. Léela despacio y con cuidado. Puedes poner alguna canción de cuna como música de fondo. Te recomiendo *Lullaby Suite*, de Steven Halpern[*]. Después de llegar

---

[*] El violinista Daniel Kobialka ha grabado un disco muy recomendable basado en su propia experiencia con los ejercicios de este libro. El título del disco es casi el mismo que el de este libro en inglés: *Going Home* (Li-Sem Enterprises). *(Nota del Editor.)*

a la línea que dice: «Escucha cariñosamente decirte las siguientes afirmaciones», *dile las afirmaciones en voz alta a tu compañero*. Entonces, termina de leer el ejercicio. La diferencia entre hacer el ejercicio solo y con un compañero es que le dices las afirmaciones en voz alta mientras le acaricias y le coges de la forma que desea. Cuando hayas terminado, intercambiad los papeles.

Trabajar en grupo

En mis cursos del niño interior, la mayoría del trabajo de recuperación se hace en grupos. Opino que el grupo es la forma más eficaz de hacer terapia. Al final del curso, les digo a los participantes que ellos mismos han sido lo más importante para unos y otros. Quiero que la gente sepa lo que puede lograr por sí misma. No obstante, siempre tengo a disposición algunos terapeutas expertos durante el proceso de recuperación. Están ahí en caso de que una persona llegue a un estado emocional que le sobrepase. Este estado abrumador puede venir cuando la persona regresa a emociones vergonzantes u opresoras. Estas emociones perturban más que las propias naturales. En realidad, uno no puede agobiarse por sus propias emociones naturales.

Las sugerencias que siguen están pensadas para:

- ❖ Terapeutas o asesores que deseen dirigir grupos a través del proceso de reivindicación.
- ❖ Miembros de grupos de recuperación que estén comprometidos con la autoayuda mutua.
- ❖ Otras personas que estén buscando desarrollo personal y quieran ajustarse a estas pautas.

Para formar un grupo necesitas un mínimo de cinco personas y un máximo de nueve. Debe integrar a personas de ambos sexos (tener al menos dos personas del sexo contrario). Como has sido educado por un padre y una madre, necesitas oír voces femeninas y masculinas.

Si las personas del grupo no se conocen, te sugiero que hagas lo siguiente:

1. Pasad un tiempo juntos antes de iniciar los ejercicios. Tened al menos una reunión de tres cuartos de hora. Presentaros y compartir ejemplos reales de la contaminación del niño interior herido. Salir juntos a tomar algo después.
2. En la siguiente reunión, que cada persona hable unos diez minutos de su familia y de su infancia. (Utiliza un cronómetro.) Deja que el tercer encuentro sea más espontáneo, pero asegúrate de que tienen diez minutos para hablar. Puedes estar más de hora y media, pero hace falta bastante organización para conseguir buenos resultados. El sistema de turnos de diez minutos es muy importante. Hay niños heridos que no paran de hablar; otros, son histéricos que utilizan el ruido emocional (problemas continuos) para acaparar la atención de los demás.
3. Después de que todos se hayan conocido un poco, cada persona debe comprometerse de modo verbal a asistir a todo el proceso (los ejercicios que cubren las cinco etapas del desarrollo infantil, desde la primera infancia hasta la adolescencia). El niño interior herido necesita saber sobre todo que alguien estará a su lado. Fijad los programas de las reuniones, asegurándote de que todo el mundo puede ir.
4. Deben establecerse barreras físicas muy claras. Esto significa que cada persona debe dejar claro cuáles son sus barreras físicas y sexuales. Si una persona del grupo te gasta una broma de tipo sexual que te incomoda, debes decírselo. Si eres un obseso sexual, tienes que comprometerte a no exteriorizarlo con ningún miembro del grupo. (Si no lo eres pero te sientes atraído por cualquier persona del grupo, debes de hacerte el mismo compromiso.)

Es muy importante que la gente se dé cuenta de que está ahí para apoyar y permitir a los demás *sentir los sentimientos*. El trabajo de los miembros del grupo es ser el reflejo y el eco para unos y otros. Esto se hace mediante declaraciones como: «he visto cómo temblaban tus labios y he escuchado tu tristeza mientras llorabas» o «sentí rabia (o miedo o tristeza) cuando estabas describiendo tu infancia». Como miembro del grupo, no debes nunca de hacer terapia, aconsejar o tratar de «enmendar» a la persona que está trabajando. Imagínate que fueses una cámara de vídeo, grabando todo lo que observas. Analizar, discutir y dar consejos te mantiene bloqueado en tu mente y alejado de tus sentimientos. Cuando discutes y das consejos, haces que se salga de sus sentimientos.

Muchos niños adultos aprenden a importar convirtiéndose en cuidadores. Por tanto, tienen *adicción* a arreglar y a ayudar. A menudo alejan o distraen a la persona de sus emociones diciéndole cosas como: «mira el lado bueno» o «veamos qué alternativas tienes», o con *porqués* («¿Por qué crees que bebía tu padre?»). Las mejores frases que podemos utilizar son: «¿Cómo te sientes ahora?», «¿Qué significó eso para ti?» o «¿Si tu tristeza pudiese hablar, qué diría?». Esto anima a la gente a expresar sus emociones.

Recuerda, *este es el trabajo del dolor original*. A veces, intentamos sacar a la persona de sus emociones porque tenemos las nuestras sin resolver. Por ejemplo, si empiezas a sollozar, eso puede afectar a mi tristeza no resuelta. *Si puedo detenerte, no tendré que sentir mi dolor*. Pero mi ayuda aparente que frena tus emociones *no te ayuda en absoluto*. En realidad, es confundir y desconcertar, que es lo que probablemente te ocurrió cuando eras niño. Las personas que te reconfortaban y que tenían intención de ayudarte estaban en realidad *impidiendo que hicieras lo que más te hubiese ayudado: dejar que sintieras tus emociones*.

Las personas muy solícitas *siempre* están ayudándose ellas mismas. Al haber aprendido a importar ayudando, superan su sensación de impotencia ayudando a los demás.

Pero hay una forma de ayudar de verdad, que es *dejarles ser quienes son*, dejándoles tener sus emociones y reconociendo esos sentimientos cuando los tengan. Tal reconocimiento podría expresarse así: «Te veo y te oigo, y te valoro tal como eres. Acepto y respeto tu realidad».

Cuando te has criado en una familia disfuncional y basada en la vergüenza, es difícil permanecer al lado de los demás en las formas que he descrito. Ninguno de nosotros lo hará perfectamente, ni tampoco ningún grupo. Cuando te das cuenta de que estás sintiendo tus propias carencias, simplemente admite que lo que estás diciéndole a esa persona se refiere *a ti*, no a él.

No obstante, si tu compañero o una persona del grupo se siente muy abrumada, detén el ejercicio. Haz que te mire a los ojos y que responda a preguntas cortas y objetivas como «¿De qué color es mi camisa? ¿Dónde vives? ¿Qué coche tienes? ¿De qué color es? ¿Cuánta gente hay en este momento en la habitación? ¿Cómo se llaman?». Este tipo de preguntas hacen que la persona se centre en el momento. Cuando la gente se siente desbordada, está atrapada en un estado interior. Vuelven a experimentar los viejos sentimientos congelados y acumulados en el depósito, y quedan atrapados en la energía del pasado. Necesitas ayudarlos a volver al presente. Estas preguntas les situarán en él.

Cuando estés preparado para hacer el ejercicio, selecciona a la persona de tu grupo que tenga la voz más dulce y agradable para grabar la meditación (página 127). Grábala hasta llegar a «Ahora imagina que tú eres ese precioso bebé que está viendo todo esto desde fuera». No grabes las afirmaciones; en vez de eso, dale a cada uno una copia de la lista. Pide que junten el pulgar y otro de sus dedos de la mano izquierda y que los mantengan unidos unos treinta segundos, luego deja que los separen. Sigue grabando la meditación donde dice «Sal de esa habitación, de esa casa...» (página 130) hasta el final. Vuelve a poner la cinta para el grupo. Cuando termine, todos habrán vuelto a experimentar la sensación de haber nacido en su familia. Y todos habrán hecho un ancla de este sentimiento con sus dedos de la mano izquierda. Un ancla es cualquier activador sensorial que se asocie a una experiencia del pasado. (Las viejas canciones son buenos ejemplos de anclas. Las escuchamos y las asociamos a un novio o una novia o al verano de nuestros quince años. Las expresiones faciales son anclas. Si tu padre fruncía el ceño de un modo determinado cuando te criticaba, cualquier hombre que te frunza el ceño de forma similar disparará esa vieja ancla.) Nuestras anclas más automáticas son el resultado de un trauma. En el capítulo 9 hay un ejercicio para rehacer la visión del pasado utilizando anclas.

A continuación, haz que el grupo forme un círculo con una silla en el medio. Cada miembro se situará en el centro por turnos. Cada vez que le toque a uno, *lo primero que hará será establecer sus barreras físicas.* Por ejemplo, dile al grupo la distancia que deben guardar respecto a ti y si quieres que te toquen, te acaricien o te cojan. La persona que se sitúa en el medio empieza a trabajar tocándose el pulgar y el dedo de la mano izquierda, es decir, tocando el ancla sensorial creada durante la meditación. Así llegamos a *tocar* los primeros recuerdos de la infancia. *Siempre* tenemos mayor contacto con nuestros recuerdos de lo que pensamos. *Los codependientes pensarán, por lo general, que no están haciendo bien el ejercicio.* No te compares con otros miembros del grupo. La vergüenza tóxica que creó tu codependencia ha sido consecuencia de *haberte comparado* con las imágenes que tenían tus padres de cómo debía ser un niño.

No digas cosas como «sé que lo estoy haciendo mal» o «la persona que iba delante mía empezó sollozando y yo no derramo ni una lágrima». Lo único que puedes decirte es «lo estoy haciendo *exactamente* de la forma que necesito».

Una vez que estés en el centro, que hayas establecido tus barreras físicas y tocado tu ancla, el proceso empieza.

Cada miembro de tu grupo te dirá, despacio y en tono afectuoso, una de las afirmaciones que haya escogido de la lista de la página 129. Habrá un intervalo de veinte segundos entre la frase de un miembro y otro, hasta que el turno haya dado tres vueltas. (Esto significa que algunas afirmaciones se repetirán.) Asegúrate de tener una caja de pañuelos para la persona del centro. Cuando todo el mundo haya dado tres afirmaciones, deja que la persona del centro se siente unos minutos. Después, dale unas palmaditas en el hombro y deja que se una de nuevo al grupo. *No discutas sobre el ejercicio hasta que a todos les haya tocado su turno.* Cuando todo el mundo ha acabado, deja que cada uno comparta su experiencia de haber estado en el centro. Recuerda, la experiencia de cada persona es única.

Al compartir tu experiencia, intenta centrarte en los siguientes puntos.

- ❖ ¿Qué afirmaciones escogiste para darle a la persona del centro? ¿Había un modelo? ¿Has repetido varias veces la misma afirmación? Las frases que escoges para dar son a menudo las que más necesitas escuchar.
- ❖ ¿Alguna de las afirmaciones que te dieron provocó una liberación inmediata de energía, rabia, tristeza o miedo? Por ejemplo, muchos hombres lloran cuando escuchan «Me alegro de que seas una niña». Otras personas lo hacen al oír «Tendrás todo el tiempo que necesites». Presta atención al voltaje. El voltaje, o la intensidad emocional, se da donde la energía emocional está bloqueada. Esa afirmación de alto voltaje puede ser el tipo de estímulo y cuidado que necesites en tu vida.
- ❖ Presta atención a las voces femeninas y masculinas. ¿Ha provocado una voz masculina el miedo, la rabia o la tristeza? ¿Ha provocado una femenina una emoción concreta? Esta información es importante para establecer el programa de defensa del niño interior en la tercera parte. Saber la clase específica de incentivos que necesita tu niño interior es vital para poder ofrecérselos. Cuando todo el mundo ha tenido la ocasión de compartir y comentar la experiencia, el proceso del grupo termina.

Así imagino yo que recupero a mi bebé interior.

Ahora que has recuperado tu YO recién nacido, podemos pasar a recuperar al que comienza a andar.

5
Recupera tu yo en sus primeros pasos

Gloria a Dios por las cosas moteadas…
Por los cielos de dos colores como la piel de un toro;
Por los lunares rosas de la trucha que nada;
Por las hojas de castaño incendiadas;
Por las alas de los pinzones…
Lo que sea es inconstante, pecoso
(Dios sabrá por qué.)

GERARD MANLEY HOPKINS

El que va de puntillas no puede mantenerse en pie,
El que salta a zancadas no puede caminar.

PROVERBIO CHINO

> **PRIMEROS PASOS**
> (Vínculo opuesto)
>
> **YO SOY YO**
>
> EDAD: 9-18 MESES (etapa exploratoria)
> 18 MESES - 3 AÑOS (etapa de separación)
> POLARIDAD: AUTONOMÍA frente a VERGÜENZA y DUDA
> FUERZA DEL EGO: VOLUNTAD
> PODER: PERCIBIR y HACER
> TEMA DE RELACIÓN: NACIMIENTO PSICOLÓGICO; ANTIDEPENDENCIA

Índice de sospecha

Responde sí o no a las siguientes preguntas. Lee cada pregunta, espera y medita lo que sientes. Si sientes un fuerte impulso por el sí, contesta sí; si es por el no, contesta no. Si contestas afirmativamente a alguna pregunta, puedes sospechar que tu maravilloso niño interior del pasado está herido. Hay grados de heridas. Estás en algún punto de la escala que va del uno al cien. Cuantas más preguntas sientas que la respuesta es sí, más herido está tu yo en sus primeros pasos.

	Sí	No

1. ¿Tienes problemas en saber lo que quieres? ☐ ☐
2. ¿Tienes miedo de explorar cuando vas a un sitio nuevo? ☐ ☐
3. ¿Temes probar nuevas experiencias? Si lo haces, ¿esperas a que alguien pruebe primero? ☐ ☐
4. ¿Te aterroriza la idea de que te abandonen? ☐ ☐
5. En situaciones difíciles, ¿esperas a que alguien te diga lo que debes hacer? ☐ ☐
6. Si alguien te hace una sugerencia ¿te sientes obligado a seguirla? ☐ ☐
7. ¿Te cuesta trabajo estar en tu experiencia? Por ejemplo, si estás admirando un paisaje fascinante, ¿estás preocupado por si el autobús se marcha sin ti? ☐ ☐
8. ¿Eres alarmista? ☐ ☐
9. ¿Tienes dificultades para ser espontáneo? Por ejemplo, te resultaría embarazoso cantar delante de un grupo de gente solo porque estás contento? ☐ ☐
10. ¿Tienes conflictos internos a menudo cuando tratas con gente que tiene alguna autoridad? ☐ ☐
11. ¿Utilizas a menudo interjecciones relacionadas con las defecaciones o la orina, como mierda, «me cago en…» o «me meo en…»? ☐ ☐
12. ¿Te obsesionan las nalgas de los hombres o de las mujeres? ¿Prefieres las fantasías acerca del sexo anal más que ninguna otra? ☐ ☐
13. ¿Te acusan a menudo de ser tacaño con el dinero, el amor, el mostrar tus emociones o el afecto? ☐ ☐
14. ¿Tiendes a ser un maniático de la limpieza y el orden? ☐ ☐
15. ¿Temes el enfado de la gente? ¿De ti mismo? ☐ ☐
16. ¿Harías cualquier cosa para evitar un conflicto? ☐ ☐
17. ¿Te sientes culpable cuando dices «no»? ☐ ☐
18. ¿Evitas decir «no» abiertamente pero luego te refugias en disimulos y engaños para evitar hacer lo que has dicho que harías? ☐ ☐

	Sí	No
19. ¿«Te vuelves loco» a veces y pierdes completamente el control?	❏	❏
20. ¿Eres a menudo demasiado crítico?	❏	❏
21. ¿Te muestras agradable y simpático con algunas personas y luego las criticas en cuanto se van?	❏	❏
22. Cuando logras un éxito, ¿te cuesta felicitarte o incluso creer que lo hayas conseguido?	❏	❏

Estas preguntas cubren el periodo de los primeros pasos. De la pregunta 1 a la 9, cubre la edad de nueve a dieciocho meses. Es la primera parte de la etapa y supone gatear, tocar, probar y, en general, ser curioso y estar impaciente por explorar el mundo que te rodea.

De la pregunta 10 en adelante comprenden desde los 18 meses hasta los tres años. Este periodo se denomina etapa de *separación*. Es una etapa de *anti-dependencia*, que se caracteriza por un *vínculo opuesto*. En esta vinculación el niño dirá cosas como «no», «déjame hacerlo» y «no quiero» en respuesta a las preguntas de sus padres. Desobedece, pero siempre que sus padres le vigilen. Todavía está vinculado, pero debe oponerse a sus padres para separarse y ser él mismo. Este proceso de separación viene a ser como un segundo nacimiento o un nacimiento psicológico. Señala el verdadero comienzo del YO.

Ahora empezamos el recorrido de exploración de nuestro entorno y a descubrir quiénes somos, probando nuestras fuerzas. Para el niño de nueve meses, el mundo es como un «cuerno de la abundancia» sensorial, que rebosa de cosas interesantes que descubrir. Si se ha establecido una sensación básica de confianza durante los nueve primeros meses, el niño explorará de una forma natural su entorno. Querrá, sobre todo, ver, tocar y probar.

Erik Erikson lo denomina etapa de «incorporación». El niño quiere «meterse en todo» e incorporarlo a su vida. Esta curiosidad básica, si se nutre, será la fuente de todos los riesgos y aventuras creativos del futuro.

Es un periodo de riesgo pues no saben diferenciar entre un objeto oscuro que parece interesante y un enchufe de electricidad. Por esto necesitan que se les preste mucha atención y armarse de paciencia. Los padres deben tener un buen equilibrio emocional para manejarse bien.

La exploración y la separación se intensifican a medida que el niño va adquiriendo fuerza en sus músculos. Aprende a gatear y a andar. Todo forma parte del plan de la naturaleza. Erikson califica este desarrollo muscular en términos de «aguantar» y «soltar». Todos debemos aprender a equilibrar los dos términos. Aprender a andar, a comer, a hacer sus necesidades, a jugar con juguetes, a columpiarse, a nadar y a correr, exige este equilibrio. El niño lo aprende mientras desarrolla su musculatura y su *voluntad*.

El niño muestra su fuerza de voluntad cuando puede «aguantarse» bien (cuando tienes ganas de ir al servicio y estás en la iglesia) y «soltarse» bien (cuando tu madre te pone en el orinal).

Aguantar y soltar también implica el equilibrio de las emociones. El impulso vital de los niños les lleva a ser ellos mismos, a querer hacer las cosas a su manera. Al principio no tienen este equilibrio. Su impulso hacia la autonomía es exagerado, no saben aún lo que pueden hacer y lo que no. En esta etapa tienden a ser absolutistas y pueden comportarse como pequeños «dictadores». Se cogen rabietas si no consiguen lo que quieren. Lo que necesitan son unos padres firmes, pero pacientes, que establezcan límites adecuados a su edad y dispongan de una o dos habitaciones seguras para él. Y necesitan a ambos, al padre y a la madre. A veces, manejar al niño supone un trabajo excesivo para la madre y necesita un descanso. El padre debe ayudar a la madre y establecer límites sanos. El padre es el símbolo de la individualidad; la madre, de la incorporación.

Ambos tienen que dar ejemplo de cómo expresar su enfado de forma adecuada y ser capaces de resolver los conflictos. Esto último es crucial para el establecimiento de una intimidad sana. Los niños necesitan ver cómo sus padres solucionan sus problemas; es decir, necesitan ver una relación sincera en la que los padres expresen sus sentimientos y resuelvan sus desavenencias.

Los niños necesitan manifestar su separación e investigar sus diferencias. Al principio, quieren todo lo que les resulta agradable y placentero. Al intervenir sus padres para fijar ciertos límites, se desencadena el conflicto. Pero deben aprender que *aunque se enfade con sus padres, estos seguirán estando a su lado*. Se les debe enseñar a solucionar los problemas y a que todo no puede ser como ellos quieran. Tienen que comprender que el decir no tiene sus consecuencias y que no se puede estar a todo. (No puedes decir «no, yo no voy» y luego, cuando te das cuenta de que tu familia va a ir a nadar, decir «sí».) Estas lecciones se aprenden en la etapa de los primeros pasos, según se va desarrollando el sentimiento de vergüenza y duda.

Una vergüenza sana es una sensación de tener *límites*. Nos permite ser humanos, imperfectos. No necesitamos tener mucha, solo la suficiente para saber que no somos Dios. «La vergüenza salvaguarda el espíritu», dijo Nietzsche. La duda nos impide saltar desde la ventana de un segundo piso y nos permite poner barandillas para nuestra seguridad.

La fuerza de voluntad es el objetivo de esta etapa. Nos permite desarrollar el *poder de hacer*. No podemos hacer bien las cosas sin disciplina, un equilibrio entre el aguantar y el soltar. Alguien dijo una vez que, de todas las máscaras de la libertad, la disciplina es la más misteriosa. Necesitamos disciplina para ser libres.

Sin fuerza de voluntad no tenemos disciplina. No sabemos aguantar o soltar de forma adecuada. O nos «soltamos» de modo inapropiado (actuar con desenfreno), o nos aguantamos del mismo modo (acaparar, supercontrolar, obsesionarse). Sin embargo, aquellos que aprenden a aguantar adecuadamente tienen una buena base para la fidelidad y el amor; y los que aprenden a soltar están dispuestos a lamentar las transiciones de la vida y saben cuándo avanzar.

Una de las consecuencias principales de una buena autonomía, además de una fuerza de voluntad equilibrada, es el logro de «la constancia del objeto». Esto significa que un niño de tres años debe entender que *nadie es perfecto*, ni sus padres ni él mismo. Una buena sensación de vergüenza ayuda a alcanzar este entendimiento. «Papá y mamá son humanos. No harán siempre lo que quiero ni me darán lo que deseo. Si son buenos, me darán lo que *necesito*. Cuando imponen límites, a veces me enfado, pero es la forma en que aprendo el *equilibrio*». La constancia de las cosas nos permite ver el mundo como el fenómeno *imperfecto* que es en realidad. El niño se da cuenta de que los *mismos* padres a veces le dan placer y otras se lo quitan; los padres permanecen *constantes*, incluso aunque puedan ser buenos y malos bajo el punto de vista del niño. También el niño necesita saber que tiene polaridades. Unos días está contento; otros, triste. Contento o triste, sigue siendo la misma persona. Los adultos que tienen un niño interior herido que no supo aprender esto tienden a ser inflexibles y absolutistas. Piensan en extremos de todo o nada.

Cuando los niños logran la separación, empiezan a establecer barreras. Saber lo que es mío y lo que es tuyo es esencial para constituir una buena relación. A los tres años dices muchas veces «esto es mío». Tienes que hacerlo para saber lo que te pertenece y lo que es de otros.

Trastorno del crecimiento

En esta etapa es fundamental que los padres tengan barreras bien definidas. También es importante que sean conscientes de su fuerza de voluntad. Como he señalado antes, la voluntad es una fuerza del ego que forma la base para establecer buenas barreras. Además, permite controlar tus impulsos para expresarlos cuando debes (cuando alguien coloca su maleta encima de tu sombrero) y para suprimirlos cuando corresponde (cuando te para un policía por exceso de velocidad). También te permite decir que no a ti mismo y a los demás; y, lo más importante, la voluntad descansa en una sensación sana de equilibrio. Los padres que son niños adultos no la tienen. No saben cuándo tienen que decir no, o dicen siempre que no a todo. A veces dicen sí y luego dicen que no de forma inconstante y engañosa.

A esta edad, yo resolví este problema aprendiendo a aguantar demasiado. Sometí mi sensación de autonomía convirtiéndome en un niño superobediente. Era el «pequeño ayudante» de mi madre y el «niño bueno» de mi abuela. Estaba superadaptado y mi niño se escondió.

Cuando trataba de expresar otras partes de mí mismo —enfadarme, ser revoltoso, reír y alborotar, etc.—, me avergonzaba. ¡Dejar de usar pañales se convirtió en una pesadilla! Durante años, he tenido miedo de ir al cuarto de baño, donde alguien podría saber lo que estaba haciendo. De niño, iba diciendo a mi familia, persona por persona, que no entrasen en el baño, y luego cerraba la puerta con pestillo. Esto es un comportamiento instintivo casi normal. Siempre tiraba de la cadena para que nadie me oyese orinar. ¡Hubiera alquilado una banda de música para lo otro!

Pensaba que mi cuerpo era pecaminoso, o al menos sucio. Mi tradición religiosa veía la vida como un valle de lágrimas. La vida era lo que tenías que superar para conseguir la muerte ¡Morir era lo que había que conseguir! Los hábitos negros de los curas y monjas y el confesionario oscuro para expiar la vergüenza y la culpa eran símbolos de Dios en mi entorno.

Mis padres también habían sido maltratados espiritualmente por estas tradiciones. Mi padre no tenía barreras: estaba avergonzado. Una persona con vergüenza tóxica cree que nada referente a ella misma está bien y carece de límites, lo que conlleva a la adicción. Mi padre era un adicto de muchas formas. No podía decir no. Después, cuando yo era lo bastante mayor para rebelarme, seguí sus pasos.

Mi madre estaba atada a sus obligaciones. Era una buena mujer, buena esposa y madre, porque estaba muy adaptada. El problema con el deber es que es rígido, crítico y perfeccionista. Doy gracias a Dios por mi madre, porque no hubiese sobrevivido sin su sentido del deber. «Aguantar» es mejor que «soltar» cuando estás criando a niños pequeños. No obstante, la moralidad perfeccionista y ligada al deber crea niños avergonzados.

Estar atado al deber es sentir que no tienes derecho a divertirte. La madre que lo está detesta la diversión porque hacer lo que le gusta le produce un sentimiento de culpa. El deber crea seres humanos «hacendosos». Como decía Marion Woodman: «Para el perfeccionista que se ha entrenado para *hacer*, *estar* simplemente les suena a eufemismo de dejar de existir».

El trastorno del crecimiento en este periodo es la pérdida del equilibrio. Hasta que recuperé mi niño interior herido, siempre aguanté demasiado y solté demasiado. O era un santo (célibe), estudiando para ser cura; o un alcohólico fuera de control en busca de orgías sexuales. Era bueno o malo, pero nunca las dos cosas a la vez. He conocido a mucha gente que le ocurría lo mismo. Lo que aprendí, por fin, en la terapia de la recuperación es que no soy «más bueno» de lo que soy «malo». Ser siempre un «buen chico» es inhumano, ya que es estar siempre tratando de agradar. Todavía recuerdo una de las reglas familiares a la hora de expresarse: «Si no puedes decir nada agradable, no digas nada». Esta frase la hizo famosa Tambor en *Bambi*, de Walt Disney, ¡pero Tambor era un conejo!

El trastorno del desarrollo del niño herido en esta etapa se puede resumir en lo siguiente:

- *Herida espiritual: negación del YO*. No es bueno ser tú mismo. La herida espiritual suele empezar en esta etapa.
- *Vergüenza tóxica*. Crees que lo que sientes, haces y piensas está mal. Eres imperfecto como ser humano.
- *Aceptación de comportamientos ofensivos*. La persona carente de disciplina hace lo que quiere sin importarle las consecuencias. No asume la responsabilidad de sus actos.
- *Control compulsivo*. Debido a una excesiva adaptación, tu niño intentó agradar a la gente y cuidar de ella. Aprendiste a gobernar siguiendo las reglas al pie de la letra. Eres crítico y te juzgas duramente, al igual que juzgas a los demás.
- *Adicciones*. Tu niño no sabe decir no. Eres un adicto. Te excedes con la bebida, la comida, el gastar dinero o el sexo.
- *Aislamiento*. Tu niño interior está aislado y solo. Así es la única forma en que siente que tiene alguna barrera. Nadie puede herirte si no te relacionas con nadie.
- *Falta de equilibrio: problemas de fronteras*. Debido a que tu

niño interior nunca aprendió el equilibrio entre aguantar y soltar, o bien eres tacaño con el dinero, los sentimientos, los elogios o el amor, o desenfrenado, alocado e incapaz de controlarte. Lo das todo, incluso a ti mismo. Tu falta de equilibrio te lleva a controlar en exceso a tus hijos (disciplina rígida) o a renunciar a darles ningún tipo de límites (exceso de conformidad y autorización); o bien haces una cosa y luego la otra. No hay consistencia o equilibrio en tu educación como padre. Sin buenas aptitudes de antidependencia tienes problemas serios en tus relaciones. O estás enredado, embrollado, atrapado (no puedes abandonar), o estás solo y aislado en tu relación.

Aunque a esta edad no era el momento en el que tu niño interior aceptase los papeles del sistema familiar, sí hubo entonces una cierta propensión a elegir tus papeles. Por ejemplo, como mi niño interior sufrió rabia y separación por el abandono, desarrollé una propensión a cuidar y agradar a la gente.

Interrogarse

Para conseguir datos sobre la historia de tu niño en sus primeros pasos, emplea estas preguntas como modelo.

1. ¿Quién estaba a tu lado cuando tenías dos o tres años? ¿Dónde estaba tu padre? ¿Jugaba contigo? ¿Pasaba mucho tiempo a tu lado? ¿Seguían casados tus padres? ¿Dónde estaba tu madre? ¿Era paciente contigo? ¿Dedicaba mucho tiempo a estar junto a ti? ¿Era alguno de los dos adicto?
2. ¿Cómo te castigaron tus padres? Si fue físicamente, ¿qué te hicieron? (Explícalo con detalle.) Si se trataba de castigo emocional, ¿cómo te aterrorizaron? ¿Te decían que cuando tu padre llegara a casa te pegaría o te castigaría? ¿Hacían que trajeras los cinturones, fustas, etc.?
3. ¿Tienes otros hermanos o hermanas? ¿Cómo te trataban?
4. ¿Quién estaba allí para ti? ¿Quién te cogía cuando estabas asustado o llorabas? ¿Quién imponía los límites —firmes, pero mo-

derados y cariñosos— cuando te enfadabas? ¿Quién jugaba, reía y se divertía contigo?

Escribe todo lo que puedas sobre tu infancia en esta etapa. Presta atención a todo lo que sepas ahora de los secretos de familia que no podías saber de pequeño. Por ejemplo, ¿era tu padre adicto al sexo y tenía muchas aventuras? ¿Alguno de ellos era víctima de violencia sexual, emocional o física sin tratamiento? Conozco a un hombre que descubrió a los cuarenta años que su madre había sufrido incesto físico y psíquico. Él mismo lo había «exteriorizado» sexualmente durante años. Tendía a escoger mujeres que eran víctimas de incestos. Estaba muy unido a su madre y creo que acarreaba el incesto no resuelto de ella y lo exteriorizaba.

Los *secretos de familia* son siempre acerca de la vergüenza tóxica de la misma, y necesitas entender todo lo que puedas sobre ello. Al escribir, céntrate en todas las formas en que fuiste avergonzado: todas las formas en que reprimieron tus sentimientos, necesidades y deseos. Fíjate también en la falta de disciplina que había en tu casa; si te autorizaron algo que no debían por no disciplinarte; si nadie se ocupaba demasiado en fijar tus límites; si nadie se preocupaba en enseñarte a dar y a tomar. Nadie te enseñó a responsabilizarte de tu comportamiento.

Escribe cualquier *incidente traumático* que recuerdes. Anota cada detalle concreto que puedas. Por ejemplo, si escribes acerca de cuándo te castigaron por algo que había hecho tu hermano, escribe: «Mi hermano y yo estábamos jugando con dos muñecas de trapo. Una se desgarró y se le empezó a salir el relleno. Estaban pintadas de rojo y azul, pero los colores estaban ya desvaídos. Mi hermano agarró mi muñeca y le arrancó un brazo. Inmediatamente fue a buscar a mi madre y le dijo que yo había destrozado su muñeca. Era la muñeca favorita de mi madre. Al instante me dio dos azotes, un golpe me dio en la espalda y el otro en el culo. Me dolió y corrí hasta mi habitación llorando mientras mi hermano no dejaba de reír».

Puede que no recuerdes todos los detalles, pero anota todo lo que puedas. Hay un dicho terapéutico que dice: «No puedes equivocarte con el detalle». El detalle está más cercano a la experiencia real y, por tanto, llega a afectar más a tus sentimientos verdaderos. Por ejemplo, tal vez no te afecte mucho si te digo que una mujer me contó hace poco en un curso que su padre había mantenido relaciones incestuosas con ella desde que tenía año y medio hasta los cuatro años. Puedes horrorizarte ante la *idea*, pero no tienes una respuesta emocional real. Sin embargo, si te digo que él la ponía entre sus piernas cada noche y hacía que le chupara el pene, lo que le había enseñado a hacer poniendo una tetina de biberón en él, tal vez *sientas* parte del terrible engaño y el dolor que sufrió esta mujer.

Comparte tu infancia en tus primeros pasos con un amigo

Al igual que antes, es muy importante que compartas la historia de esta etapa con alguien que te apoye. Ahora nos centraremos en el comportamiento de lo que viene a llamarse «la edad terrible» de los dos años. A los nueve meses el niño empezará a gatear y a explorar. A los dieciocho, empezará a decir no y a tener rabietas cuando no consigue lo que quiere.

El comportamiento a los dos años no tiene nada que ver con «malo» o «bueno» y aún menos con cosas míticas como el pecado original. A mí, y a otros muchos niños, me enseñaron que se nace con la mancha del pecado de los primeros padres, Adán y Eva, que por eso tenía inclinaciones perversas y egoístas, y que la disciplina y el castigo eran por mi bien (aunque no me pegaron mucho de pequeño).

Si observamos cómo juega un niño a esta edad, es imposible que pensemos que es malo y tiene inclinaciones perversas, a no ser que seamos muy estrechos de miras. El único que quiere castigarle y anularle es el niño interior herido de sus padres. Lo hace por un miedo «adaptado» al abandono o por la necesidad de vengarse (hacer a sus hijos lo que hubiera querido hacer a sus padres).

Los niños están necesitados y son inmaduros, son difíciles de controlar en esta etapa, ¡pero no son moralmente viles! Piaget ha demostrado lo que se sabe desde hace generaciones: la edad de la razón comienza en torno a los siete años. Antes de este momento no es ni siquiera posible tener una noción de una moral justa.

Explícale a quien te esté ayudando cómo maltrataron tu ser en tus primeros pasos. Déjale estar a tu lado y léele lo que has escrito. Necesitas un aliado para *legitimizar* y *validar* el daño y el dolor que sufrió tu pequeño.

Si eres un agresor, necesitas que se legitime tu propio abuso. No tenías a nadie que te pusiera límites y que te enseñara a responsabilizarte de tus actos. En realidad, un comportamiento agresivo *no es nunca justificable,* pero los agresores fueron, en la mayoría de los casos, víctimas primero. En la Tercera Parte te sugeriré formas para enseñar a tu niño interior herido algo de disciplina. Tendrás que hacer un duro esfuerzo para desarrollar tu conciencia.

Contar la historia de tus maltratos a un amigo es una forma de reducir la vergüenza tóxica. La vergüenza tóxica, como sabes, crea aislamiento y favorece el silencio. Cuanto más avergonzado esté un niño, más siente que no tiene derecho a *depender* de nadie. Como el niño herido no tuvo cubiertas sus *necesidades* y cuando más se le avergonzó era cuando más necesitado estaba, puede sentir que molesta a los demás cuando les dice que le escuchen. Tienes *todo el derecho* para dejar que la gente te quiera y cuide de ti.

Recuerda que este trabajo es por tu niño interior herido. *Escucha cómo toca tus fibras sensibles tu yo infantil.*

Siente tus sentimientos

Si tienes una fotografía de cuando tenías dos o tres años, cógela. Mira lo pequeño e inocente que eras. Luego, busca a un niño de esa edad y pasa un rato con él. Fíjate en la normalidad de esta etapa del desarrollo. Era normal que rebosases energía, que fueses revoltoso. Los niños aprenden de las cosas. Era normal que fueses curioso y que te interesases por ellas. Decías no para empezar tu propia vida. Eras inestable e inmaduro, por eso tenías rabietas. Eras una persona bella e inocente. Céntrate en lo que padeciste durante esta etapa y permite que aflore cualquier sentimiento.

Escribir cartas

Al igual que hiciste con tu ser en la primera infancia, escribe una carta para tu niño de uno a tres años. Esta carta es de tu ser adulto (en mi caso, el mago sabio y bondadoso). Una de las cartas que le escribí a mi niño dice:

```
Querido Juanito:
Sé que estás muy solo, que nunca has conse-
guido ser tú mismo. Tienes miedo de enfadarte
porque piensas que te quemarás en un gigantesco
fuego al que llaman infierno. No puedes estar
triste o asustado porque eso es ser un gallina.
Nadie sabe en realidad lo maravilloso que eres
y lo que sientes de verdad.
Vengo de tu futuro y sé mejor que nadie por
lo que has pasado. Te quiero y quiero que estés
siempre a mi lado. Te dejaré que seas tal como
eres. Te enseñaré cómo estar equilibrado y dejaré
que estés furioso, triste, enfadado o contento.
Por favor, déjame estar siempre a tu lado.
Te quiero.
                                          John
```

Cuando escribí esto, sentí la soledad y tristeza de mi niño interior.

Carta de tu niño

A continuación escribe una carta de tu niño interior cuando tenía esta edad. Recuerda que debes escribirla con la mano con la que no escribes: la izquierda si eres diestro, la derecha si eres zurdo. La siguiente carta la escribió una persona en una de mis terapias.

Después de que hayas escrito tu carta, siéntate y deja que surja cualquier sentimiento que tengas. Si estás con alguien, un amigo íntimo, una persona de apoyo o un terapeuta, pídele que te lea tus cartas en voz alta. Leerlas en alto y poder reflejarte en otra persona puede fortalecerte mucho.

> Querido Ricardo:
> Por favor, ven a buscarme.
> He estado preso en un armario 40 años.
> Te necesito.
> Ricardito

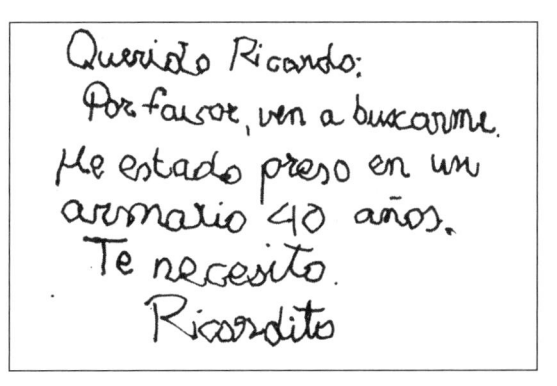

Afirmaciones

De nuevo voy a pedirte que vuelvas al pasado y que encuentres a tu niño interior durante sus primeros pasos para darle las afirmaciones que necesitaba oír. Estas son afirmaciones diferentes de las que le diste a tu bebé interior.

Esto es lo que necesitabas oír en los primeros pasos:

- Pequeño ———, está bien que seas curioso, querer, mirar, tocar y probar las cosas. Haré que tus tanteos sean seguros.
- Te quiero tal como eres pequeño ———.
- Estoy aquí para atender a tus necesidades. Tú no tienes que atender las mías.
- Está bien que cuiden de ti, pequeño ———. Está bien decir que no, pequeño ———. Me alegro de ser tú.
- Está bien para ambos que nos enfurezcamos. Resolveremos nuestros problemas.
- Está bien sentirse asustado cuando haces las cosas a tu manera.
- Está bien ponerse triste cuando no se solucionan las cosas para ti.
- No te abandonaré bajo ningún concepto.
- Puedes ser tú mismo y aun así contar con que estaré a tu lado.
- Me encanta observar cómo aprendes a caminar y a hablar. Me encanta ver cómo te independizas y empiezas a crecer.
- Te quiero y te estimo, pequeño ———.

Vuelve a leer estas afirmaciones despacio y deja que penetre su significado. Ahora estás preparado para recuperar a tu niño que aprende a andar.

Meditación del niño en sus primeros pasos

Debes tener grabada la meditación de introducción general. Si no, vuelve a la página 127 y graba el principio de la meditación hasta donde dice: «¿Qué sentías al vivir en esa casa?». (Si estás empezando a leer el libro por aquí, te ruego que leas las instrucciones de las páginas 127 y siguientes).

Ahora, añade lo siguiente a la introducción general.

> Imagina que estás caminando fuera de esa casa y que puedes ver a un niño jugando en la arena del parque... Míralo atentamente y siente qué impresión te produce... ¿De qué color son sus ojos?... ¿Y su pelo?... ¿Cómo va vestido?... Habla con él... Dile cualquier cosa que quieras decirle... Entonces déjate flotar en la arena y conviértete en ese niño... ¿Qué se siente al ser ese niño?... Levanta la vista y mira a tu adulto...
>
> Imagina a este adulto como un mago sabio y bondadoso y escucha las afirmaciones que te dice lentamente. Siéntate en sus rodillas si así te sientes más seguro.

Si estás trabajando con alguien, aquí es donde le dices las afirmaciones de la página 129. (Él está mirando a su ser adulto, pero está escuchando tu voz.) Si estás trabajando solo, graba las afirmaciones con tu propia voz. Deja una pausa de veinte segundos entre cada frase. Una vez que las hayas oído, deja que tu ser infantil sienta las emociones que surjan durante unos dos minutos, entonces continúa:

> Si sientes que quieres abrazar a tu adulto, hazlo. Al abrazarlo, siéntete a ti mismo siendo tu ser adulto otra vez. Coge en brazos a tu pequeño yo. Hazte la promesa de amar a esta parte tuya, curiosa, despreocupada y aventurera. Dile al niño: Nunca

te abandonaré... Estaré siempre a tu lado... Sé consciente de que acabas de recuperar a tu yo que empieza a andar...

Siente la sensación de *volver a casa*... Tu pequeño yo es amado, deseado, y nunca más será abandonado... Aléjate de esa casa... Avanza por la línea de la memoria... Pasa por el patio de tu escuela. Mira los juegos y el columpio... Pasa por tus sitios de reunión preferidos cuando eras adolescente... Pasa a un recuerdo de hace dos años... Toma conciencia del lugar en que estás ahora... Siente las puntas de tus pies... Muévelas... Siente cómo sube la energía por tus piernas... Siente la energía en tu pecho al tomar aliento profundamente... Haz ruido al exhalar... Siente la energía en tus brazos y dedos... Mueve tus dedos... Siente la energía en tus hombros, cuello y mandíbula... Estira los brazos... Siente tu rostro y siéntete todo nuevamente... Vuelve del todo a tu conciencia normal... y abre los ojos.

Siéntate un momento y reflexiona sobre la experiencia. Permite cualquier sensación. Si no sientes nada, también está bien. Piensa en las palabras que más te han afectado. ¿Dónde han surgido tus emociones? ¿Cómo te sientes ahora? ¿De qué eres consciente?

Anota cualquier sensación fuerte que hayas tenido o estés teniendo. Si te sientes con ganas de compartirlas con la persona que te esté ayudando, hazlo.

Trabajar en pareja

Si haces este ejercicio con un amigo, pasad un tiempo legitimando los abusos de cada uno. Estate allí como un espejo y un eco para tu compañero, confirmando sus palabras.

Haced turnos para guiaros uno a otro a través de la meditación. La única diferencia de hacerlo en parejas es que tu compañero te dice las afirmaciones en voz alta. Además, puede cogerte y acariciarte del modo en que os sintáis cómodos los dos. Para más información, lee la introducción al ejercicio en pareja de la página 132.

Trabajar en grupo

Lee las instrucciones para trabajar en grupo de la página 133. Una vez grabadas las afirmaciones de la introducción general, haz que la «voz del grupo» añada:

> Imagina que sales afuera y ves a un niño jugando en la arena del parque... Míralo atentamente y siente qué impresión te produce... ¿De qué color son sus ojos? ... ¿Y su pelo?... ¿Cómo va vestido?... Habla con él... Dile cualquier cosa que quieras decirle... Entonces déjate flotar en la arena y conviértete en ese niño... ¿Qué se siente al ser ese niño?... Levanta la vista y mira a tu ser adulto... Escucha a este adulto decirte lentamente las afirmaciones para la etapa de los primeros pasos. Siéntate en sus rodillas si esto hace que te sientas más seguro.

No grabes las afirmaciones. Dale a cada persona una copia de la lista y sigue las instrucciones de las páginas 135-137 para hacer un ancla. Sigue leyendo hasta el final de la meditación como está escrita en este capítulo. Entonces, pon la cinta otra vez y haz el trabajo de grupo en círculo con las afirmaciones, como describía en las páginas 135-137.

Date cuenta de que tu gran adulto *puede cuidar del niño pequeño herido que hay en ti.* Así es como yo he representado la recuperación de mi ser en sus primeros pasos.

Es hora de seguir adelante y traer a tu niño de preescolar a la fiesta de volver a casa de la que fuiste echado.

6
Recupera tu yo preescolar

A veces soy como el árbol que se alza sobre una tumba, un árbol grande y frondoso que acabó ese sueño concreto que el niño muerto —alrededor del cual presionan sus raíces— perdió por sus tristezas y poemas.

RAINER MARÍA RILKE

Sé fiel a ti mismo.
WILLIAM SHAKESPEARE

> **PREESCOLAR**
> (Primera identidad)
>
> SOY ALGUIEN ← HOMBRE / MUJER
>
> EDAD: 3-6 AÑOS
> POLARIDAD: INICIATIVA frente a CULPA
> FUERZA DEL EGO: PROPÓSITO
> PODER: IMAGINACIÓN y SENTIMIENTO
> TEMA DE RELACIÓN: INDEPENDENCIA

Índice de sospecha

Responde sí o no a las siguientes preguntas. Lee cada pregunta, espera y medita lo que sientes. Si sientes un fuerte impulso por el sí, contesta sí; si es por el no, contesta no. Si contestas afirmativamente a alguna pregunta, puedes sospechar que tu maravilloso niño interior del pasado está herido. Hay grados de heridas. Estás en algún punto de la escala que va del uno al cien. Cuantas más preguntas sientas que la respuesta es sí, más herido está tu yo en su etapa preescolar.

	Sí	No

1. ¿Tienes serios problemas de identidad? Para ayudarte a responder, piensa estas preguntas: ¿Quién eres? ¿Te surge una respuesta rápida? Al margen de tus tendencias sexuales, ¿sientes que eres un hombre? ¿Una mujer? ¿Dramatizas tu sexo (intentas ser macho o sexy)? ❏ ❏
2. ¿Te sientes culpable cuando haces el amor incluso si lo haces en un contexto legítimo? ❏ ❏
3. ¿Tienes dificultades en identificar lo que estás sintiendo en un momento dado? ❏ ❏
4. ¿Tienes problemas de comunicación con la gente que te relacionas (cónyuge, hijos, jefe, amigos)? ❏ ❏
5. ¿Intentas controlar tus sentimientos casi todo el tiempo? ❏ ❏
6. ¿Intentas controlar los sentimientos de los que te rodean? ❏ ❏
7. ¿Lloras cuando te enfadas? ❏ ❏
8. ¿Te enfureces cuando te asustas o te haces daño? ❏ ❏
9. ¿Tienes problemas para expresar tus sentimientos? ❏ ❏
10. ¿Piensas que si te comportases de una forma determinada podrías cambiar a otra persona? ❏ ❏
11. ¿Crees que desear o sentir algo puede hacerlo realidad? ❏ ❏
12. ¿Actúas sobre conjeturas y suposiciones como si fueran información verdadera? ❏ ❏
13. ¿Te sientes responsable de los comportamientos o sentimientos de otras personas? (Por ejemplo, ¿piensas que puedes hacer enfadar a alguien o hacer que se ponga triste?) ¿Te sientes culpable por lo que les ha sucedido a los miembros de tu familia? ❏ ❏
14. ¿Aceptas a menudo mensajes confusos y declaraciones inconsistentes sin pedir que te los aclaren? ❏ ❏
15. ¿Te sientes responsable de los problemas matrimoniales o del divorcio de tus padres? ❏ ❏
16. ¿Te esfuerzas en tener éxito para que tus padres se sientan satisfechos de sí mismos? ❏ ❏

Etapa preescolar normal

Alrededor de los tres años empezaste a preguntar por qué y a hacer miles de preguntas. Preguntabas no porque fueses tonto o por dar la lata, sino porque esto forma parte del plan biológico de un poder superior. Hacías preguntas porque tenías una energía vital que te empujaba hacia la continua expansión de la vida.

Resumiremos tu desarrollo hasta ahora: te sientes bienvenido al mundo y sabes que puedes confiar lo bastante en él como para conseguir que tus necesidades se satisfagan; también has desarrollado la fuerza de voluntad y asumido la suficiente disciplina para confiar en ti mismo. Ahora debes desarrollar el poder de imaginar quién eres y cómo quieres vivir tu vida. Saber quién eres es tener identidad, lo que implica tu sexualidad, tus pensamientos acerca de ti mismo y tus fantasías. Los niños en edad preescolar preguntan con frecuencia *por qué* porque hay mucho que comprender. Algunos de nosotros *todavía* no lo hemos comprendido.

Como resulta muy difícil este trabajo de comprender quiénes somos y lo que queremos hacer en la vida, los niños están dotados de una protección especial que les ayuda. Esta protección se llama egocentrismo. Los niños son egocéntricos por naturaleza; no son egoístas, es un hecho biológico, no una elección. Antes de los seis años son incapaces de entender el mundo desde el punto de vista de otra persona. Un preescolar puede compartir tus emociones, pero no puede ponerse en lugar de otro. La capacidad para hacer esto no se presentará hasta alrededor de los seis años.

Los preescolares poseen también mucha magia. Están ocupados en probar la realidad para separarla de la fantasía. Esta es una forma de descubrir su fuerza y averiguar cuánto poder tienen.

Los niños a esta edad son muy independientes. Hacen preguntas, forman sus creencias, imaginan el futuro y tratan de comprender cómo funciona el mundo y qué hace que las cosas sucedan. Al ir desarrollando una conciencia más sofisticada de la relación causa-efecto, aprenden a influir en las cosas. Es su tarea natural y trabajan en ella todo el tiempo.

El trabajo de los padres es enseñar a sus hijos y servirles de modelo. El modelo del padre enseña a cómo ser un hombre; el de la madre, a ser mujer. Ambos deberían ser modelo de una buena relación íntima y también de una buena sexualidad. Además, necesitan servir de modelo para adquirir buenas aptitudes comunicativas, tales como aclarar, escuchar, preguntar lo que se desea y resolver los conflictos.

Los hijos varones necesitan vincularse a sus padres. Esto solo puede darse si el padre les dedica tiempo. Para vincularse es preciso tener contacto físico e intercambio de emociones. Tener un padre es importante para una niña, pero lo es más para un hijo. Una niña ya está vinculada a su madre y necesita separarse de ella. Un niño está vinculado a su madre, pero no del mismo modo, debido al tabú del incesto. Un niño debe protegerse para no ser portador de la destacada sexualidad proyectada por su madre.

El niño pequeño, al vincularse a su padre, quiere parecerse a él. Empieza a imitar su comportamiento y a decirle a todo el mundo que cuando sea mayor será como él. Esto puede exteriorizarlo simbólicamente jugando a ser padre. Algunos niños tienen sus héroes a los que admiran y emulan. Los míos eran jugadores de béisbol. Coleccionaba cromos y me vestía con el uniforme de mi equipo favorito. Mi posesión más preciada era una pelota de béisbol con un autógrafo. Del mismo modo, las niñas empiezan a imitar el comportamiento de sus madres. Juegan a ser mamás con sus muñecas, las llevan en cochecitos y les preparan el biberón. También les encanta ser coquetas vistiéndose de mayor y maquillándose.

Una predisposición biológica a la homosexualidad puede empezar a aparecer en este periodo. Quiero constatar que cada vez parece más evidente que la homosexualidad es una tendencia innata, no un trastorno patológico o del desarrollo. (En los años que llevo haciendo terapia, no he encontrado a ningún homosexual, hombre o mujer, que no tuviese claro desde edad temprana su orientación sexual.) De lo que trato en este libro es del niño herido de todas las personas. La mayoría de los homosexuales cargan con un exceso de culpa debido a la práctica tan extendida de avergonzar cruelmente a los niños que no muestran los rasgos y comportamientos tradicionales. Si eres un hombre o una mujer homosexual, tu preescolar interior herido necesita escuchar que es perfectamente válido ser quien eres.

Fuerza del ego del preescolar

Erikson habla de la fuerza del ego de la edad preescolar como *propósito*. Cree que esa fuerza del propósito surge de un concepto de identidad. Si el desarrollo anterior a la edad preescolar ha sido adecuado, un niño puede decir: «Puedo confiar en el mundo y en mí mismo. Soy único y especial. Soy un niño/a. Puedo empezar a imaginar mi futuro aunque no tengo que saber exactamente lo que quiero hacer».

El poder viene de tener una identidad: el poder de iniciar y de elegir. Un preescolar sano piensa: «Puedo ser yo y tengo toda la vida por delante. Puedo jugar como mamá o como papá. Puedo soñar que soy un hombre como mi padre o una mujer como mi madre. Puedo soñar con ser un adulto y crear mi propia vida».

Trastorno del desarrollo

Un trastorno del desarrollo en esta etapa demuestra las consecuencias a largo plazo de la disfunción familiar. Los niños observan a los padres para conseguir modelos adecuados para su comportamiento adulto. Si los padres son niños adultos codependientes y avergonzados, a sus hijos les será imposible formar buenas relaciones íntimas.

Los niños adultos, que enterraron hace mucho tiempo su auténtico yo, no pueden darse *ellos mismos* a su pareja porque no tienen un yo que dar. Cuando se casan, eligen a una persona que sea una proyección de sus padres, alguien que posea sus aspectos positivos y negativos y que complemente sus papeles del sistema familiar.

Un Héroe Cuidador se casa a menudo con una Víctima, para que cada uno pueda hacer su papel. Cada parte pone muchísima estima en la otra. Esto se ve más claramente cuando intentan separarse. Uno de ellos, o los dos, puede querer suicidarse alegando que no sabe vivir sin el otro. Con frecuencia, un niño adulto que teme que la gente le absorba o anule su personalidad se casa con otro niño adulto con problemas de abandono. Si el que tiene miedo de que le abandonen se acerca afectivamente al otro, este se aleja. Tras un periodo de separación, la persona que teme que le absorban se encuentra lo bastante sola como para permitir que el otro se acerque otra vez. Este, recordando la última separación, se vuelve posesivo al poco tiempo y absorbe a su pareja, haciendo que se aleje de nuevo. Esta dinámica de vaivén continúa a lo largo del matrimonio. Cada uno origina la respuesta del otro.

¿Recuerdas el dibujo de los dos niños adultos que eran como unos niños de tres años con 90 y 60 kilos respectivamente? Tú y yo éramos el niño de cinco años y 29 kilos. Lo que tenemos que recordar es que eso es *exactamente lo mismo que les pasó a nuestros padres*. Cuando el niño herido de papá y mamá se da cuenta de que su pareja no va a ser su ansiado padre se vuelcan en sus hijos para que les proporcionen lo que sus padres no le dieron.

Veamos el caso de la familia Lavender. Bronco Lavender es un viajante de comercio. Además, es adicto al sexo. Casi nunca está en casa, pero cuando está pretende tener una relación muy íntima con su esposa. Gloria —nombre que le puso su padre, pastor protestante también adicto al sexo, en honor a la «gloria» del Señor— es una codependiente y mantiene una aventura con su profesor de Biblia. Bronco y Gloria tienen tres hijos, dos varones, de dieciséis y trece años, y una niña de once. El mayor es un atleta formidable. Es todo un héroe en el colegio y es el ojo derecho de su padre. Desde los doce hasta los catorce años, violaba a su hermana con frecuencia. Esta tiene un serio problema de obesidad y su madre la sermonea constantemente. La primera vez que los vi fue cuando me trajeron a su hija para tratar su obesidad. El hijo menor es la niña de los ojos de su madre. Es artístico, poco deportista y muy religioso, lo que le encanta a su madre. A su padre no le gusta y se mete con él llamándole mariquita y memo. Es la cabeza de turco de su padre. A continuación presento un diagrama de la familia Lavender.

Ninguno de la familia tiene una verdadera identidad. Los padres son ambos víctimas de incesto psíquico. Los dos eran cónyuges sustitutos: Bronco para su madre, Gloria para su padre. El padre de Bronco era alcohólico y le abandonó a los tres años. Bronco era el orgullo y la alegría de su madre. Lo hacían todo juntos. Con frecuencia su madre se vestía delante suyo y entraba al baño cuando se estaba bañando. «Hizo de mí su vida», me dijo Bronco con lágrimas en los ojos. Su madre ya murió y Bronco se lamenta a menudo del hecho de que «ya no quedan mujeres buenas».

DISFUNCIÓN DE LA INTIMIDAD

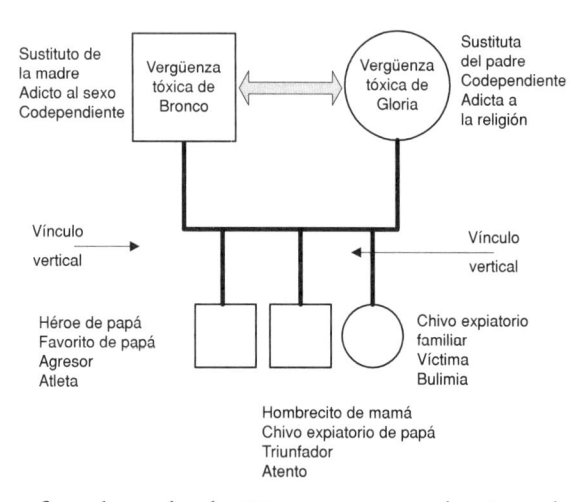

Sustituto de la madre
Adicto al sexo
Codependiente

Vergüenza tóxica de Bronco

Vergüenza tóxica de Gloria

Sustituta del padre
Codependiente
Adicta a la religión

Vínculo vertical

Vínculo vertical

Héroe de papá
Favorito de papá
Agresor
Atleta

Chivo expiatorio familiar
Víctima
Bulimia

Hombrecito de mamá
Chivo expiatorio de papá
Triunfador
Atento

Gloria fue el regalo de Dios para su padre. Los domingos se ponía al lado del púlpito durante el sermón. Su madre era una hipocondríaca y casi siempre estaba enferma. Entonces Gloria preparaba la comida y lavaba y era de verdad una bendición para su padre. Durmieron juntos hasta que cumplió once años y, aunque nunca tuvo contacto sexual con él, era su cónyuge sustituto.

Bronco y Gloria eran utilizados para llenar la soledad de las vidas de sus padres. Piensa en *cómo se siente* una persona cuando la utilizan. Utilizar es abusar y provoca una rabia y un dolor que perduran. Bronco y Gloria idealizaban a sus padres, los idolatraban y consideraban que eran unos santos. Los dos vivían en el engaño y la negación. No tenían conciencia de su propio yo. ¿Cómo podrían? No tenían a nadie que se ocupara *de ellos* y no había forma de que pudieran ser como eran. Tuvieron que ocuparse de las necesidades y la soledad de sus padres. Esto es abuso sexual psíquico.

Bronco y Gloria acarrearon sus heridas espirituales durante su matrimonio y continuaron con las mismas dinámicas disfuncionales en su nueva familia. Bronco exteriorizaba su abuso sexual abusando de una mujer tras otra (las amaba y luego las abandonaba). Cada vez que rechazaba a una mujer, ganaba una victoria simbólica sobre el control de su madre. Por supuesto, esto era inconsciente. Él no sabía siquiera que sentía rencor por su madre, porque la había idealizado. Gloria estaba destrozada por los remordimientos que sentía por su relación extramatrimonial. Hice que viera que su padre la había utilizado y que, al parecer, utilizaba a otras mujeres en la iglesia. Ella utilizaba su religiosidad para encubrir su profundo rencor y su tristeza. Además, abusaba (incesto psíquico) de su hijo menor. Era su «hombrecito sensible», discutían de la Biblia, daban largos paseos los domingos por la tarde reflexionando sobre la gloria de la palabra de Dios. Su hijo llenaba el vacío del niño herido de Gloria, a la vez que su hijo mayor cuidaba de la vergüenza y el dolor de su padre. La hija comía para llenar el vacío del rencor, el dolor y la soledad de cada miembro de la familia. Era de la que se preocupaban Bronco y Gloria: el «problema familiar», el «paciente identificado» que me trajeron en un principio para que la «arreglara».

La familia Lavender ofrecía buen aspecto el domingo en la iglesia. Nadie hubiera adivinado la profundidad del sufrimiento que habitaba en ellos. Ningún miembro de la familia tenía una identidad propia, ya que ninguno había conseguido cubrir las necesidades de su desarrollo en la etapa preescolar.

Los Lavender ofrecen un ejemplo de cómo las heridas espirituales pueden ser la causa de la disfunción de la intimidad en el matrimonio. Cuando son los hijos los que llenan el vacío de las vidas de sus padres, este vínculo vertical o intergeneracional anómalo destruye la identidad sexual de los hijos. El vínculo vertical es muy diferente al de padre/hijo, madre/hija que describíamos antes. Este vínculo provoca una confusión de papeles: el hijo o la hija ocupan indebidamente el lugar del progenitor de sexo contrario en el sistema familiar.

Bronco y Gloria Lavender fracasaron al crear el entorno necesario para que un niño piense, sienta e imagine. Los hijos, al estar comprometidos en atender al matrimonio de sus padres, están manteniendo unida a la familia, por lo que no les es posible cubrir las necesidades de ser independientes, curiosos, de probar su individualidad, de hacer preguntas y pensar acerca de las cosas, que debían desarrollar en esta etapa. Como todas las familias disfuncionales, los Lavender eran codependientes. Cada uno estaba dirigido desde el exterior; ninguno tenía tiempo de prestar atención a sus propias señales internas.

De algún modo, y en diferentes grados, todas las familias disfuncionales transgreden la conciencia del yo de sus hijos. La disfunción puede ser una adicción a los fármacos, al trabajo o a la violencia. En cada caso, uno de los padres está inmerso en su propia disfunción y el otro es codependientemente adicto a él. Así, los niños se encuentran emocionalmente abandonados. Para empeorar las cosas, se encuentran atrapados en la necesidad, abierta o encubierta, de mantener el equilibrio débil y precario de la familia. En las familias disfuncionales, *nadie consigue ser quien es. Todos están al servicio de las necesidades del sistema.*

La consecuencia más común de esto es que los miembros de estas familias están atrapados en sus papeles inflexibles. Estos papeles son como los guiones de una obra de teatro: dictan cómo debe comportarse una persona y lo que *puede o no puede* sentir. Las confusiones de papeles más corrientes en la etapa preescolar son: Hiperresponsable, Triunfador, Rebelde, Perdedor, Complaciente (agradable, dulce con la gente), Cuidador y Agresor.

Esta falta de identidad personal es la razón de que las familias disfuncionales estén dominadas por un sentimiento de culpa antinatural. El sentimiento normal de culpa es el guardián de la conciencia. Desarrolla una sensación sana de vergüenza; es la dimensión moral de la vergüenza. La vergüenza del preescolar es anterior a la moral y, la mayoría de las veces, es preverbal. No hay moralidad hasta que no se tiene una noción de los valores que se han asumido. Los valores son el resultado de pensar y sentir, y presuponen que uno ha desarrollado alguna noción de conciencia. Al final de la etapa preescolar, los niños poseen los gérmenes de un verdadero concepto moral, una conciencia en ciernes.

En familias disfuncionales es imposible que los hijos desarrollen una buena conciencia o una sana noción de culpa. La falta de individualidad les impide sentir que tienen derecho a una vida propia, por lo que desarrollan un sentimiento *antinatural* de culpa. Esto anuncia la muerte del yo psicológico. Ese sentimiento de culpa es una forma de poder en una situación de indefensión. Dice que eres el responsable de los sentimientos y el comportamiento de otras personas; puede incluso decir que tu comportamiento ha hecho enfermar a alguien, como cuando un padre dice: «¡Mirad lo que habéis hecho, chicos, habéis puesto enferma a vuestra madre!». El resultado es un enorme sentido de la responsabilidad. La culpa antinatural es una de las formas más dañinas en que se ha herido tu niño interior a esta edad.

Interrogarse

Escribir tu historia empieza a resultar más fácil según vas avanzando a través de las etapas del desarrollo, pero la mayoría de la gente no tiene aún muchos recuerdos de antes de los siete u ocho años. Hasta esa edad, todavía pensabas mágica, ilógica y egocéntricamente. Pensar de este modo es como tener la conciencia alterada. Aun así, trata de recordar todo lo que puedas. Normalmente destacan los sucesos traumáticos. Eran los que más amenazaban tu existencia y, por tanto, dejaron huellas más marcadas. Escribe todo lo que recuerdes de tus agresiones traumáticas durante este periodo, dando toda clase de detalles.

También escribe todo lo que puedas sobre tu familia. ¿Qué hacía tu padre? ¿Y tu madre? ¿Qué sabes o intuyes que ocurría en su matrimonio? Presta mucha atención a los presentimientos que tengas sobre tu familia. Imagina que esas suposiciones sean verdad y comprueba si ayudan a comprender mejor a tu familia.

Un paciente mío tenía el presentimiento de que su abuela había sido violada por su padre. Había crecido en una granja, siendo hija única entre siete hermanos varones. Mi paciente nunca la había oído hablar de su padre. Su abuela sufría agorafobia y era bastante neurótica. Parecía odiar a los hombres y había inculcado este odio a sus tres hijas, una de las cuales era la madre de mi paciente. Este tenía todos los síntomas emocionales de una víctima del incesto. Sexualmente, representaba el papel de seductor, «matando» a las mujeres con su encanto. Les enviaba poemas y les hacía buenos regalos, pero cuando las mujeres se tragaban el anzuelo y sucumbían a sus encantos, las dejaba en un arrebato de cólera.

Aunque no tenía pruebas de que su abuela hubiese sido violada, escribió la historia de su familia como si así fuera y vio que muchas cosas encajaban y cobraban sentido.

Cuando escribas la historia de tu niño herido durante su etapa preescolar, pregúntate quién estaba a tu lado, con qué papel te identificabas más, quién fue el primero en enseñarte cómo ser un hombre o una mujer y quién te enseñó lo que era el sexo, el amor, la intimidad.

Agresiones de los hermanos

No hemos hablado del abuso por parte de los hermanos mayores, pero puede tener un efecto importante —aunque a menudo ignorado— sobre el desarrollo. Tal vez tengas un hermano/a que te atormentó; o tal vez tiranizase algún niño del vecindario. Las burlas pueden llegar a ser denigrantes y, si son continuas, convertirse en una pesadilla.

Comparte tu niño interior
en edad preescolar con un amigo

Escribe todo lo que recuerdes sobre tu preescolar interior. Utiliza los mismos métodos que describíamos en los capítulos 4 y 5.

Céntrate especialmente en cualquier incidente de agresión que puedas recordar. Utiliza los puntos siguientes como posibles fuentes de sentimientos dolorosos:

- ❖ Juegos sexuales con amigos de la misma edad.
- ❖ Incesto físico o emocional.
- ❖ Hacerte callar por pedir información.
- ❖ Modelos pobres para la intimidad.
- ❖ Hacerte sentir culpable.
- ❖ Falta de información sobre los sentimientos.

Siente los sentimientos

Busca una fotografía de cuando tenías esta edad. Mírala y deja que aflore cualquier sentimiento que tengas. Si no tienes foto, pasa un rato con niños preescolares. Observa lo maravillosos que son e imagínate a uno de ellos tomando las responsabilidades de un cónyuge o padeciendo relaciones incestuosas. Imagínate que se aplastasen su vitalidad y su curiosidad. Todavía puedes tener una muñeca vieja, un juguete o un osito de peluche de cuando eras pequeño. Observa si todavía conserva tu energía. Deja que la energía te guíe hacia cualquier sensación que surja.

Escribir cartas

Para esta etapa del desarrollo te voy a pedir que escribas tres cartas. La primera es de tu adulto a tu niño de preescolar. De nuevo, dile que quieres estar con él y que estás ansioso por darle la atención y la orientación que necesita. Dile que puede hacerte todas las preguntas que quiera y, sobre todo, dile que le quieres y le valoras.

La segunda y la tercera carta son de tu preescolar herido. Recuerda que debes escribirlas con la mano contraria a la que sueles hacerlo. La primera carta debe remitirse a tus padres. Esta carta consta de dos párrafos, uno para tu madre, otro para tu padre. Deja que tu niño herido les diga lo que quería y necesitaba que le diesen y que nunca obtuvo. No es una carta para culpar a nadie, es una expresión de esa pérdida. Un hombre en uno de los cursos escribió:

> Queridos mamá y papá:
>
> Papá, necesitaba que me protegieras. Estaba asustado todo el tiempo. Necesitaba que jugases conmigo. Me habría gustado que hubiésemos ido a pescar, que me hubieses enseñado cosas. Me hubiese gustado que no estuvieses bebiendo todo el tiempo.
>
> Mamá, necesitaba que me elogiases, que me dijeses que me querías. Ojalá no hubiese tenido que cuidar de ti. Necesitaba que me cuidasen a mí.
>
> Os quiere.
>
> Robbie

Es muy importante que leas la carta en voz alta a la persona que te esté ayudando.

La segunda carta de tu niño interior va dirigida a tu yo adulto. Es la respuesta a la carta que le escribiste antes. Esta carta te puede sorprender ya que afecta al deseo de tu niño interior de tener un aliado. Escríbela con la mano menos fuerte y, si quieres, léela a la persona que te está apoyando, a tu compañero o al grupo.

Si estás trabajando con un compañero, cada uno debe leer su carta al otro. Después de que oigas su carta, déjale saber lo que sientes. Si estás enfadado, díselo; si sientes miedo, díselo también. Puede que el sentimiento se refiera más a ti que a él, pero es una respuesta sincera. Dale una respuesta respecto a los sentimientos que observes en él. Por ejemplo, podrías decir: «He visto tu tristeza. Tenías lágrimas en los ojos y los labios apretados». Intenta no decir cosas como: «Chico, estabas resentido». En vez de poner etiquetas o interpretar, dile lo que *has visto y oído* que ha hecho que llegues a la conclusión de que estaba resentido. También puedes decirle lo espantoso que debe haber sido que le descuidasen o maltratasen de la forma que lo hicieron. Esto le ayuda a legitimar y a validar su dolor. Cuando una persona ha trabajado, pasa el turno a otra.

Si haces estos ejercicios con un grupo, turnaos para leer las cartas y dejad que cada persona dé su respuesta.

Papeles del sistema familiar disfuncional

Identifica y anota los papeles que tu preescolar herido eligió para que se le tuviese en cuenta en tu familia. Los míos fueron: Héroe, Triunfador, Cuidador y Complaciente. Tus papeles desempeñan tu función en el drama familiar.

Pregúntate qué sentimientos tuviste que reprimir para desempeñarlos. Los guiones exigen interpretar los papeles de cierta forma. Algunos sentimientos se ajustan al guión y otros están prohibidos. Los míos me exigían estar animado, sonreír, parecer contento..., y me prohibían asustarme, estar triste y enfadarme. Yo solo importaba mientras fuera un Héroe y triunfara. No podía ser mediocre y necesitar ayuda. Tenía que ser fuerte. Si no actuaba, me sentía despojado del poder de obrar. Por supuesto, me volví adicto al «hacer».

Es importante sentir las consecuencias perjudiciales que tienen tus papeles. Te han costado la pérdida de tu auténtico yo infantil. Mientras continúes desempeñando esos papeles, seguirás herido espiritualmente; puedes acabar tus días sin saber quién eres.

Para recuperar tu niño de preescolar herido, debes abandonar los papeles inflexibles de tu sistema familiar, que no te han hecho sentir nunca que importabas y que no ayudaban a nadie más de la familia. Piénsalo, ¿Ha habido alguien en tu familia a quien le haya ayudado que desempeñases esas funciones? Tan solo cierra los ojos e imagina que no puedes desempeñar tu papel principal nunca más. ¿Qué se *siente* al dejarlo?

Piensa en tres comportamientos nuevos que puedas usar para dejar el papel de Cuidador. Por ejemplo, puedes decir no cuando alguien te pida ayuda; puedes pedir a alguien que te ayude a hacer algo por puro gusto; o puedes pensar en un problema que tengas ahora y pedir a alguien que tenga experiencia en ese campo que te ayude. Esto te ayudará a cambiar el papel de tu niño adaptado herido y a conectar con tu auténtico yo, al que tal vez le guste ayudar a los demás. Una vez abandonado el papel rígido, puedes empezar a ayudar a otra gente porque te apetezca, no porque *tengas que* hacerlo para sentirte querido y estimado.

Analiza el resto de tus papeles. Conecta con los sentimientos que abandonaste para interpretarlos, y estarás recuperando los sentimientos reales de tu preescolar herido.

Ejercicio

Apunta las formas en que el enredo del sistema familiar haya tenido consecuencias perjudiciales en tu vida. Conecta con los sentimientos que has perdido a causa de tu papel primordial. Compártelos con tu persona de apoyo, tu compañero o tu grupo. Los papeles que desempeñamos ayudan mucho a llegar al dolor original. Una vez que hayas establecido tu papel, descubrirás los sentimientos que tuviste que reprimir. Estos sentimientos *son* tu dolor original. Al haberse invertido el papel dentro de los vínculos intergeneracionales, tuviste que abandonar tu infancia.

Afirmaciones

Las afirmaciones para el niño herido en esta etapa son:

- ❖ Pequeño ———, me encanta verte crecer.
- ❖ Estaré a tu lado para que compruebes tus barreras y descubras tus límites.
- ❖ Está bien que pienses por ti mismo. Puedes pensar en tus sentimientos y tener sentimientos sobre lo que estás pensando.
- ❖ Me gusta tu energía vital. Me gusta tu curiosidad por el sexo.
- ❖ Está bien que descubras la diferencia entre niños y niñas.
- ❖ Estableceré límites para ayudarte a descubrir quién eres.
- ❖ Me gustas tal como eres, pequeño ———.
- ❖ Está bien que seas diferente, que tengas tus propios puntos de vista acerca de las cosas.
- ❖ Está bien imaginar cosas sin temer que se conviertan en realidad. Te enseñaré a separar la fantasía de lo real.
- ❖ Me gusta que seas un niño/a.

- ❖ Me gusta que seas homosexual, aunque a tus padres no les guste.
- ❖ Está bien que llores, aunque te estés haciendo mayor.
- ❖ Es bueno para ti descubrir las consecuencias de tu comportamiento.
- ❖ Puedes pedir lo que quieras.
- ❖ Puedes preguntar si dudas de algo.
- ❖ No eres responsable del matrimonio de tus padres.
- ❖ No eres responsable de tu padre.
- ❖ No eres responsable de tu madre.
- ❖ No eres responsable de los problemas familiares.
- ❖ No eres responsable del divorcio de tus padres.
- ❖ Está bien que averigües quién eres.

Meditación del preescolar

Utiliza la introducción general de la página 127. Tras la frase: «¿Qué *sentías* al vivir en esa casa?» añade lo siguiente, haciendo una pausa de veinte segundos en cada intervalo.

> Ahora observa a tu niño interior cuando tenía cinco años más o menos... Imagina que se ha salido de la casa y que puedes verlo sentado en el jardín. Acércate a él y salúdale... ¿Cómo va vestido?... ¿Tiene una muñeca, un peluche, una pala o algún juguete con el que esté jugando?... Pregúntale cuál es su juguete preferido... Pregúntale si tiene algún animal doméstico... Dile que vienes de su futuro y que estás aquí para estar a su lado siempre que te necesite... Ahora pasa a convertirte en tu niño interior... Levanta la vista hacia tu ser adulto (el mago sabio y bondadoso)... Mira tu rostro amable y cariñoso... Escucha a tu ser adulto decirle a tu pequeño que venga a sentarse en tus piernas si lo deseas... Está bien si no quieres... Ahora escucha a tu ser mayor decirte las afirmaciones despacio y suavemente...

Graba las afirmaciones de la página anterior. Cuando llegues a la última, haz una pausa de un minuto.

Deja que el niño sienta lo que siente… Ahora, muy despacio, ve convirtiéndote en tu ser adulto otra vez… Dile a tu niño interior que estás aquí ahora y que hablarás mucho con él. Dile que eres la única persona que nunca perderá y que nunca le abandonarás… Despídete por ahora y empieza a avanzar por la línea de la memoria. Pasa por tu cine y por tu puesto de helados preferidos… Pasa por tu colegio… Pasa por el patio del instituto… Siente cómo llegas al presente… Siente tus pies… Mueve los dedos de los pies… Siente subir la energía por tu cuerpo… Siente tus manos… Agita tus dedos… Siente subir la energía por la parte superior de tu cuerpo… Toma aliento profundamente… Haz ruido mientras exhalas… Siente la energía en tu rostro… Nota el sitio en el que estás sentado… Tu ropa sobre el cuerpo… Ahora abre los ojos lentamente… Siéntate por un minuto y siente cualquier sensación que experimentes.

Si te apetece, comparte la meditación con quien te apoye.

Trabajar en pareja

Trabaja con tu compañero igual que antes (véanse las instrucciones de la página 132). Cada persona lee la meditación al otro, diciendo las afirmaciones en voz alta. Acompañad la meditación con cuantas caricias y contactos físicos hagan que os sintáis seguros.

Trabajar en grupo

Al igual que los ejercicios en grupo anteriores, se dan las afirmaciones por turnos (véanse las instrucciones de la página 133). La persona del grupo seleccionada para grabar la meditación debe añadir ahora el material de esta parte hasta la frase: «Levanta la vista hacia tu yo adulto (el mago sabio y bondadoso)… Mira tu rostro amable y cariñoso…».

Entonces graba las instrucciones para hacer un ancla y termina la meditación comenzando por la frase: «Despídete por ahora y empieza a avanzar por la línea de la memoria».

Recuerda que es importante que cada persona del grupo haga el trabajo antes de hablar y discutir la experiencia.

Ahora has recuperado tu preescolar herido. Date cuenta de que tu ser grande puede cuidar de ese preescolar.

Si, tras haber hecho alguno de estos ejercicios, sientes una sensación de pánico, reafírmale a tu niño interior que tú estás ahí por él. Cuando sentimos por primera vez los viejos sentimientos estancados, sentimos ansiedad. Nos resultan extraños; a veces, abrumadores e inmanejables. Dile a tu niño interior que no lo vas a abandonar y que vas a descubrir todas las formas posibles de amarlo y ayudarle a que consiga satisfacer sus necesidades.

Esta es mi idea de cómo es mi niño de preescolar recuperado:

Al ir conociéndonos mejor, estoy descubriendo que no es solo un niño necesitado, sino también un montón de diversión a mi alrededor.

7
Recupera tu yo escolar

La visión del mundo de cada persona es tan única como sus huellas dactilares. No hay dos personas parecidas. No hay dos personas que entiendan la misma frase de la misma manera... Por tanto, al tratar con la gente, intenta no adaptarla a tu idea de cómo debería ser...

MILTON ERICKSON

Eché fuera a mi hermano... Se lo di a la gente de piel oscura que pasaba... Le enseñaron a llevar el pelo largo, a deslizarse desnudo, bebiendo agua con sus manos, a domar caballos, a seguir las huellas casi imperceptibles por las hierbas acostadas... Llevé a mi hermano a la otra orilla del río, luego volví a nado, dejando a mi hermano solo en la orilla. En la calle Sesenta y Seis me di cuenta de que mi hermano se había ido. Me senté y lloré.

ROBERT BLY (Sueño con mi hermano)

> **EDAD ESCOLAR**
> (Periodo latente)
>
> **SOY CAPAZ**
>
> EDAD: DE LOS 6 AÑOS A LA PUBERTAD
> POLARIDAD: APLICACIÓN frente a INFERIORIDAD
> FUERZA DEL EGO: COMPETENCIA
> PODER: CONOCER, APRENDER
> TEMA DE RELACIÓN: INTERDEPENDENCIA, COOPERACIÓN

Índice de sospecha

Contesta sí o no a las siguientes preguntas. Lee cada una, espera y medita sobre lo que sientes. Si tienes una fuerte inclinación por el sí, contesta sí; si es por el no, contesta no. Si contestas afirmativamente, puedes sospechar que tu maravilloso niño interior en edad escolar está herido. Hay grados de heridas. Estás en algún punto de la escala que va del uno al cien. Cuantas más preguntas sientas que la respuesta es sí, más herido está tu niño interior.

	Sí	No

1. ¿Te comparas a menudo con los demás y piensas que eres inferior? ☐ ☐
2. ¿Desearías tener más amigos íntimos de ambos sexos? ☐ ☐
3. ¿Te sientes con frecuencia incómodo en situaciones sociales? ☐ ☐
4. ¿Te sientes incómodo en un grupo? ¿Te sientes más a gusto cuando estás solo? ☐ ☐
5. ¿Te han dicho que eres demasiado competitivo? ¿Te parece que debes ganar? ☐ ☐
6. ¿Tienes conflictos frecuentes con la gente con la que trabajas? ☐ ☐
7. En negociaciones, ¿cedes totalmente o insistes en hacer las cosas a tu manera? ☐ ☐
8. ¿Te enorgulleces de ser estricto y literal, siguiendo la ley al pie de la letra? ☐ ☐
9. ¿Eres muy indeciso? ☐ ☐
10. ¿Tienes problemas en terminar lo que empiezas? ☐ ☐
11. ¿Crees que deberías saber cómo hacer las cosas sin indicaciones? ☐ ☐
12. ¿Tienes miedo de equivocarte? ¿Te sientes humillado cuando ves tus errores? ☐ ☐
13. ¿Eres irritable y crítico con los demás? ☐ ☐
14. ¿Eres deficiente en las aptitudes básicas (leer, hablar, escribir o cálculos básicos)? ☐ ☐
15. ¿Pasas mucho tiempo obsesionándote y/o analizando lo que alguien te ha dicho? ☐ ☐
16. ¿Te sientes feo e inferior? ¿Tratas de ocultarlo con la indumentaria o maquillajes? ☐ ☐
17. ¿Mientes a menudo? ☐ ☐
18. ¿Piensas que, hagas lo que hagas, no está lo suficientemente bien? ☐ ☐

Etapa escolar normal

Cuando empezaste el colegio, dejaste el sistema familiar y entraste en una nueva etapa de socialización y de adquisición de destrezas. Al empezar a tomar conciencia de tu poder, te estás preparando para salir al mundo. El colegio se convertiría en tu entorno principal durante, al menos, los próximos doce años. A la edad escolar se la ha llamado periodo latente, por la ausencia de una potente energía sexual, que empezará a surgir en la pubertad.

Durante esta edad, el ritmo biológico del niño señala la etapa para aprender el siguiente conjunto de aptitudes para su supervivencia. El niño debe aprender ahora todo lo que pueda para prepararse para la vida adulta. Las aptitudes más importantes que tiene que aprender son las que se refieren a la socialización: cooperación, interdependencia y un buen concepto de la competición.

La preparación para el trabajo exige aptitudes académicas, como la lectura, la escritura y la aritmética. Pero estas capacidades no deberían ser más importantes que conocerse, amarse y valorarse a sí mismo. Una buena autoestima es fundamental para un buen aprendizaje.

La adquisición de destrezas en la escuela nos ayudó a pensar libre y espontáneamente en nuestro futuro y a *verificar* nuestra conciencia del yo. Si aprendimos las materias y las incorporamos, sentimos una nueva sensación de poder; nos sentimos *aplicados* y *competentes*. Estas eran las fuerzas del ego que necesitábamos desarrollar en la escuela. Si somos competentes, podemos ser aplicados y hacernos un sitio en el mundo. El logro de los objetivos de la edad escolar nos da una sensación nueva de poder y de esperanza: «Como soy capaz, puedo ser lo que elija».

Esta edad debería ser un tiempo de juego y de trabajo. El juego es una parte crucial del desarrollo. Los niños aprenden imitando y adaptándose. La *adaptación* implica actuaciones simbólicas. Jugar a las casitas o a papás y a mamás son partes importantes del desarrollo mental del niño. Para el niño, el juego es un asunto muy serio.

Pensamiento lógico-concreto

A la edad de siete u ocho años los niños son capaces de pensar con lógica, pero todavía es un tipo de pensamiento concreto. Hasta la pubertad no serán capaces de abstraer y de albergar proposiciones contrarias a los hechos. Solo entonces el niño empezará a idealizar e idolatrar, ya que la idealización requiere hipótesis contrarias a la realidad.

El pensamiento de los niños de esta edad es lógico-concreto. ¿Te acuerdas de cuando aprendiste el Juramento de Lealtad? Decías palabras que no comprendías, al igual que cuando aprendías tus oraciones: «Padre Nuestro que estás en los Cielos, *Santificado* sea tu nombre. No nos dejes caer en la tentación…». Sus pensamientos también son egocéntricos, lo que se expresa en cosas como en coger a sus padres en una falta o pensar que son más guapos que ellos. Este «concepto cognitivo» es el núcleo de muchos fenómenos interesantes. En esta edad piensan a menudo que son adoptados (fantasía del huérfano). Si son más guapos que sus padres, es que deben de haber venido de otra parte. Sus chistes tratan, con frecuencia, de adultos estúpidos. La historia de Peter Pan atrae a los niños de esta edad, en parte porque sus personajes nunca van a crecer y a convertirse en adultos tontos.

Un aspecto importante del egocentrismo infantil es la creencia de que *los adultos son benévolos*. Los niños hacen sus hipótesis y las mantienen bajo cualquier circunstancia. Recuerdo una vez que un grupo de administradores de un colegio de educación básica me pidieron ayuda. Les sorprendió que los alumnos de sexto protestaran por la expulsión de un profesor; lo más curioso era que a los niños no les gustaba ese profesor. Creo que se trataba de un ejemplo de la suposición egocéntrica de los niños de que un profesor, al ser un adulto, no podía ser malo. Esto explica por qué el niño herido en la edad escolar sigue defendiendo a sus padres, profesores y agresores. A algunos niños se les ha traumatizado tanto que al final comprenden que algo les pasa a sus adultos agresores. Pero son una excepción.

Tu niño interior en edad escolar era alegre, juguetón y encantador, le gustaba relacionarse con sus amigos y tenía curiosidad y ansias de aprender.

Trastorno del crecimiento

Si esto último es verdad, ¿por qué entonces hay tantos niños que detestan el colegio y que lo encuentran aburrido, triste y coercitivo? Una de las razones es que la educación es, con frecuencia, una fuente de herida espiritual. En la mayoría de las escuelas se agrupa a los niños por edad, dada la suposición de que todos los niños de diez años tienen el mismo grado de madurez. Esto es totalmente falso. Tu niño interior pudo herirse solo por estar en un nivel inadecuado para su edad. Las escuelas y prisiones son los únicos sitios en el mundo donde *el tiempo es más importante que el trabajo que hay que hacer*. Si tú y yo partimos hacia las Bermudas a la vez y yo llego una hora antes que tú, no quiere decir que vayas a perderte las Bermudas. En los colegios, si no aprendes geometría a la misma velocidad que los otros niños de tu edad, suspendes. Para mí, esta asignatura no es una destreza primordial —yo casi nunca *geometro*—, pero aquí el problema reside en que pueden castigar a tu niño interior por ser inmaduro.

El sistema de niveles es vergonzante y angustioso. Presiona constantemente al niño para memorizar y aprobar. Es perfeccionista y mide a los seres humanos de forma espiritualmente perjudicial. Como en todos los sistemas perfeccionistas, *nunca puedes estar a la altura*. Esto crea vergüenza tóxica, que da la sensación de imperfección. Después de todo, si tú eres tú y no hay nadie como tú, ¿con quién te estamos comparando? Todos los sistemas perfeccionistas nos comparan con un producto surgido de las proyecciones mentales de otra persona.

El fracaso escolar causa un profundo dolor a los niños y les hace sentirse inferiores, lo que crea una herida en su esencia: «No soy bueno». Si van bien en la escuela, esto también crea problemas. Todo se convierte en un Sobresaliente potencial; todo se centra alrededor del resultado.

Nuestro sistema escolar, como nuestro sistema familiar, también es disfuncional. No proporciona entornos que reafirmen *quiénes somos*. No nos trata como el individuo único que somos. Como decía Milton Erickson: «No hay dos personas que entiendan la misma frase del mismo modo». El peso de someterse al sistema perfeccionista escolar aplastó a tu niño interior. O perdiste la esperanza de tus oportunidades de éxito, o has sido absorbido por el conformismo y te robaron el alma en el proceso. Robert Bly, un poeta profundamente emotivo, escribe sobre la pérdida de su hermano. En el poema citado al principio de este capítulo, el hermano de Bly es su niño interior espontáneo, la parte que quiere «llevar el pelo largo y beber agua con sus manos». Esta es la parte que perdió cuando fue a la escuela.

Las escuelas recompensan el conformismo y la memorización más que la creatividad y la unicidad. Muchos de los que nos adaptamos a ser estudiantes brillantes nunca desarrollamos una verdadera noción de competencia. Me pasé la mayor parte de mi vida intentando curar la herida en mi esencia actuando y realizando cosas. No importa el número de sobresalientes que saqué, ya que no hicieron nada para curar esta herida: en lo más profundo, mi niño herido se seguía sintiendo solo e inadecuado.

Muchos de nosotros nunca aprendimos a manejarnos en sociedad porque estábamos demasiado ocupados en conseguir sobresalientes en todo. Tampoco nos divertíamos en el colegio porque era como una olla a presión llena de exigencias estresantes. Además, teníamos una doble opresión ya que sabíamos que las buenas calificaciones no tenían la aprobación de nuestros compañeros.

Hoy, los aspectos más creativos de mi vida son divertidos y curiosos. Me divierto escribiendo este libro. Me he divertido dando conferencias, aprendiendo y haciendo series de televisión en estos últimos años. La mayor parte de lo que hago ahora es producto del *aprendizaje fortuito*, motivado por el simple deseo o necesidad de saber algo, y resulta excitante y maravilloso. Esta es la forma natural de aprender de tu niño maravilloso. Empezamos este aprendizaje fortuito de pequeños, al gatear, explorando con curiosidad el mundo. Después, a la mayoría de nosotros nos cogieron por sorpresa, nos sometieron y nos obligaron a aprender cosas que nos aburrían.

Por desgracia, los grandes avances en la reforma de la educación, iniciados hace unos veinte años y que tuve ocasión de comprobar siendo profesor de instituto, no ayudan *ahora* a nuestros niños interiores heridos en edad escolar.

Aunque hay muchos profesores creativos, con iniciativa y que animan a sus alumnos, sigue habiendo muchísimos inflexibles, irritables y abusivos. Lo sé bien: he trabajado con muchos. Estos profesores proyectan su niño herido en sus estudiantes. Tu niño interior puede haber sido víctima de esto. Es probable que tuvieras otros niños con los que legitimar tu dolor, pero eran incapaces de cambiar nada. En algunos casos, tus compañeros de curso eran los agresores y los niños de esta edad pueden ser muy crueles. Lee, por ejemplo, *El señor de las moscas,* de William Golding.

Hace poco encontré a un amigo del colegio que no había visto desde hacía cuarenta años. Pasamos dos días estupendos poniéndonos al corriente de nuestras vidas. Poco a poco iba recordando fragmentos de los tormentos de su infancia. Tenía unas notas estupendas, pero llevaba gafas y no tenía una complexión atlética. Su vida, en la escuela, era una tortura continua por parte de los niños mayores. Cada día era un infierno. A veces se escondía en la sacristía de la iglesia y rogaba a Jesús que le ayudara a comprender por qué le pegaban, le ridiculizaban y le hacían sufrir tanto, cuando él solo pretendía formar parte del grupo. Lloré al escuchar su relato y me sentí avergonzado porque *yo era su amigo solo si no había nadie más alrededor.* Era tanta la humillación de que era objeto por parte del grupo, que no podía arriesgarme a ser su amigo por miedo a que me persiguieran a mí. Él quería mi amistad. Era doloroso. Me alegra decir que lo superó todo bastante bien, pero no sin que quedaran algunas cicatrices profundas en su niño interior.

Gracias a esta conversación empecé a acordarme de otras víctimas de la humillación cruel del grupo. Las niñas gordas, los niños con nariz prominente, aquellos con alguna tara física, los que no hacían deporte. Los ficheros de mi consulta están llenos de hombres y mujeres que cargaron con una *vergüenza física o cultural toda su vida*. Su maravillosa «esencia» fue rechazada por ser extranjeros. Les atormentaban porque se trababan al hablar o eran chabacanos o vestían pobremente. Los niños mismos se medían con el patrón físico y cultural perfeccionista.

Ningún escolar es de verdad feo, aunque algunos parezcan desgarbados y torpes. Solo son algo rudos y merecen nuestro respeto y ayuda para desarrollar sus fuerzas.

Interrogarse

En este momento, es probable que ya te hayas acostumbrado a escribir tu propia historia. Por cierto, si estás trabajando en una etapa determinada y te viene a la memoria algo de una etapa previa, eso es estupendo. Apúntalo y consigue validarlo lo antes posible. Una vez que has empezado este tipo de trabajo, es muy normal que surjan recuerdos de vez en cuando. Cuanta más relación tengas con tu niño interior, más entrarás en el estado alterado que fue tu infancia. Al volver a entrar en ese estado de conciencia, empiezas a recordar más cosas.

Empezando la etapa escolar, por lo general, los recuerdos son más vívidos. Ahora escribe el relato de tu niño interior en edad escolar. Recuerda que este periodo abarca desde los seis años hasta el comienzo de la pubertad que, generalmente, llega cuando estamos en el octavo curso. Con la pubertad, surgirá una capacidad mental sofisticada y nueva por completo. (Hablaremos de ella en el próximo capítulo.) Como modelo a seguir, puedes analizar tu edad escolar año por año, utilizando los apartados que siguen a continuación si crees que son apropiados para ti.

Personas adultas significantes

Además de los padres, hay que incluir a los profesores, sacerdotes y niños mayores. Escribe el nombre de cada uno y comenta si fue alentador o perjudicial espiritualmente. Alentador significa que estaba a tu lado y te valoraba por ti mismo, que estimulaba tu *yo*. La gente que era perjudicial espiritualmente eran los que te avergonzaban.

Hitos

Escribe tres de los acontecimientos más significativos de cada año. Por ejemplo, yo escribí:

6 años: Empecé el primer curso.
　　　　Me hice pis encima y todos se rieron de mí.
　　　　Mi padre pasaba más tiempo en casa que nunca.
7 años: Pasé al segundo curso.
　　　　Me regalaron un tocadiscos por Navidad.
　　　　Papá tuvo un accidente en el coche del abuelo.

Sigue así hasta llegar a los trece años. Habrás notado que los seis y siete años no fueron muy traumáticos para mí. Incluye cualquier recuerdo que se te presente.

Episodios traumáticos

Estos fueron las experiencias de tu vida que te causaron las heridas espirituales más intensas. Por ejemplo, cuando tenía nueve años, mi padre abandonó por primera vez a mi madre. Luego, con el paso de los años, vinieron otras muchas separaciones, cada vez más prolongadas.

Tal vez hayas recordado durante años algún suceso que parece bastante trivial; no sabes bien por qué lo recuerdas, pero siempre lo haces. Esto puede significar que en cierta medida esté implicado algún suceso desagradable. Por ejemplo, yo siempre recordaba un incidente que sucedió cuando yo tenía cinco años. Un vecino adolescente hizo que mi hermana, que entonces tenía seis años, tocara su pene. De alguna forma supe (sin saber realmente) que estaba presenciando algo muy malo. No era lo mismo que los juegos sexuales que tuve dos años más tarde con mis dos amigas del vecindario. Nosotros teníamos la misma edad y el juego era más bien simbólico. Lo que le pasó a mi hermana se trataba de un acoso sexual de verdad. Ahora comprendo por qué me obsesionaba el recuerdo.

Comparte la historia de tu niño escolar con una persona que te apoye

Lee la historia a un amigo, cónyuge, persona de apoyo o terapeuta. Date el tiempo suficiente para ponerte en contacto con los agravios de este periodo. Céntrate en especial en el sistema escolar mismo como algo perjudicial espiritualmente. Aporta datos concretos sobre cómo fuiste incapaz de ser tú mismo en el colegio. *Graba cualquier abuso que hayas recibido por parte de los profesores o de otros niños.*

Siente los sentimientos

Consigue fotos tuyas de cuando estabas en el colegio. Lo ideal sería que tuvieses una foto de cada año. Tal vez tienes una foto de toda la clase de algunos de los cursos. Compara tus fotos con las cosas que has escrito de esa edad. Por ejemplo, yo me di cuenta de que la expresión de mi cara cambiaba a través de varias fotos. A veces puedes observar el dolor y la tristeza en tu rostro en una época determinada de tu vida. Tus fotos pueden ayudarte a conectar con tu dolor emocional reprimido o mostrarte que a menudo tienes un rostro inexpresivo y vacío. A los siete u ocho años habías empezado ya a desarrollar tus defensas del ego más sofisticadas. Habías aprendido a entrar en tu mente y bloquear tus emociones, pasadas y presentes.

Escribe una fábula o un cuento de hadas

En esta etapa del desarrollo me gusta introducir un nuevo ejercicio de escritura muy eficaz: la fábula o el cuento de nuestra infancia. (Si el ejercicio de escribir cartas que hemos hecho antes funciona especialmente bien para ti, continúa empleándolo. Como en los capítulos anteriores, escribe tres cartas: una a tu niño en edad escolar, una para ti de tu niño y otra a tus padres y profesores diciéndoles lo que necesitabas de ellos y lo que no conseguiste.)

Tu fábula puede centrarse en un suceso ocurrido durante estos años, o en un suceso anterior que te afectase profundamente. Lo bueno de los cuentos es que eluden tu cerebro racional. Tu historia puede estar protagonizada por animales (mamá osa y papá oso), dioses, reyes o reinas. Tu relato debe constar de dos partes. La primera debe comenzar con el «érase una vez» y describir los acontecimientos escogidos, centrándote en cómo crearon la herida espiritual. La segunda parte debería comenzar con «y cuando él/ella se hizo mayor...» y debe centrarse en los efectos nocivos posteriores de la herida espiritual.

No te preocupes si no puedes pensar en un hecho traumático que destaque en tu vida. Puedes haber tenido una infancia con depresión o ansiedad crónica, o haber estado desatendido desde el principio.

Como habrás adivinado, la parábola del «Duende bondadoso», al final de la Primera Parte, es una adaptación de una fábula que escribí sobre mí mismo. He aquí otro ejemplo de uno de los participantes de mi curso.

Estos son los hechos de la vida de este hombre. Su padre era rico y, durante una borrachera, dejó embarazada a su madre. Su abuelo materno le amenazó con llevarle a juicio si no se casaba con su madre. Seis meses después de haberse casado, su padre se divorció. Fue generoso con la pensión que dejó a su madre y, como parte del acuerdo, le pidió que se fuera a vivir a otra ciudad.

La madre, que tenía solo diecisiete años, empezaba a tener problemas de drogadicción. También era adicta al sexo. Contrató a una mujer mayor del campo para que se ocupara de su hijo. Ella le abandonaba durante meses enteros. Al final, se casó y se mudó de casa, abandonando del todo a su hijo.

Este hombre fue maltratado física, sexual y emocionalmente por la mujer del campo. Fracasó en el colegio y se escapó de casa a los dieciséis años. De ahí en adelante, su vida fue un sinfín de trabajos mediocres y de relaciones tormentosas con las mujeres.

Esta es la historia que escribió:

> Érase una vez un rey poderoso llamado Juan. Se casó con una campesina que se llamaba Gretchen. Se casó porque una noche que estaba borracho hizo el amor con ella y la dejó embarazada.

Como era un matrimonio deshonroso, mantenía escondida a Gretchen hasta que, al final, la envió al exilio a una isla lejana.

El niño que salió de este matrimonio también se llamaba Juan. Su madre, que quería mantener el amor del rey Juan, pensó que tal vez le dejaría volver cuando viera al pequeño príncipe y supiera que ella le había puesto el nombre del rey. Así que visitó al rey para mostrarle a su hijo.

El rey Juan se puso furioso. Sabía que el príncipe era de sangre real, pero odiaba a Gretchen porque le recordaba su deshonra. El rey decretó que Gretchen y Juanito fueran enviados a un país extranjero al otro lado del océano, a cientos de millas de distancia. A Gretchen le pagaron generosamente y le hicieron jurar que nunca revelaría a Juanito el secreto de su nacimiento.

Gretchen odiaba a Juanito. Le impedía hacer lo que deseaba. Ella quería beber e irse de juerga con hombres. Culpaba a su hijo de su exilio y, al final, pagó a una vieja campesina para que cuidara de él. La vieja le pegaba y apenas le daba de comer.

Aunque era un príncipe de sangre real, Juanito pensaba que era el hijo bastardo de esa mujer pobre y vieja. Los demás niños se burlaban de él por los harapos con que iba vestido a la escuela. Suspendía porque le asustaba contestar a las preguntas del maestro. No tenía tiempo de estudiar, pues siempre estaba ocupado con las faenas de la casa.

Cuando creció, se escapó. No tenía dinero y, como había abandonado la escuela, el único trabajo que pudo conseguir era barrer el suelo de la tienda de un mercader. Tuvo varias novias, pero todas le rechazaron. Cada mujer que encontraba le criticaba y humillaba...

Una vez que has escrito tu historia, es muy importante que se la leas a la persona que te está ayudando. Esta historia puede ayudarte a que conectes con tus sentimientos de abandono. También te puede ayudar a ver la conexión entre las necesidades de que dependía tu desarrollo que no se cubrieron y la consiguiente historia de tu vida.

Curamos nuestra vergüenza tóxica cuando comprendemos que los problemas de nuestro «niño adulto» derivan de lo que *nos sucedió* y no de *quiénes somos realmente*. Exteriorizar nuestras necesidades no cubiertas de la infancia nos ayuda a reducir la vergüenza tóxica.

Si estás trabajando con un compañero, turnaos en la lectura. Cuando te lea su historia, dale una respuesta sincera. Cógelo y acarícialo si lo consideras apropiado. Si trabajas con un grupo, deja que cada persona lea su relato a los demás. Cuando termine, haz que cierre los ojos mientras el grupo le da una repuesta sentida y sincera.

Papeles del sistema familiar disfuncional

Piensa en cualquiera de los papeles nuevos que te tocó desempeñar durante los años de colegio y trabaja con ellos como hiciste en el capítulo 6, página 171. Te aconsejo que te centres en los papeles de los vínculos intergeneracionales porque te apartaron de un modelo de papel sexual sano. Los roles que surgen a menudo en este período son: el Hombrecito de mamá, el Sustituto del Cónyuge de mamá, la Hermana confidente de mamá (Mejor Amiga), la Mamá de mamá, la Princesita de papá (Muñeca), el Sustituto del Cónyuge de papá, el Mejor Amigo de papá, el Papá de papá. Es importante darse cuenta de que los papeles del Sustituto del Cónyuge y los de los Padres de los padres no se limitan a los vínculos de sexo opuesto. En todos los casos *el niño está cuidando de los padres*. Esto significa una inversión del orden de la naturaleza.

Fijémonos en las *consecuencias perjudiciales que han tenido estos papeles en la vida*. Recuerdo a Jimmy, cuyo padre alcohólico abandonó a la familia cuando él tenía seis años y su madre veintiséis. Ella no tenía preparación profesional y tenía dos hijos más. Jimmy, que era el mediano pero el mayor de los varones, trabajó desde los siete años en las cosas más inverosímiles. Fue una ayuda fundamental para su madre. Se sentaba a su lado durante horas, consolándola cuando lloraba, y se lamentaba de la vida que llevaba. La consideraba una santa y haría cualquier cosa por ella. Jimmy no se daba cuenta de que cuando él lloraba su madre le regañaba o le distraía sacando sus sentimientos. Le decía que tenía un abuelo maravilloso y lo afortunado que era de vivir en una casa con abundante comida. ¡Con los niños que morían de hambre en África!

A los veintiún años ingresó en una orden budista Zen y se hizo monje célibe. Su madre estaba orgullosa de él y le visitaba a menudo. Al cabo de unos años, Jimmy dejó el monasterio y tuvo una serie de relaciones amorosas. Siempre encontraba mujeres necesitadas para las que era una especie de salvador. A los cuarenta y cinco años se casó con una muchacha de veintiséis que había sido abandonada con tres hijos.

El matrimonio fue un desastre. Era un cúmulo de conflictos y Jimmy odiaba a sus hijastros. Pronto tuvo una aventura, que dio inicio a una vida sexual desenfrenada durante más de diez años. Por fin, su mujer se divorció.

La historia de Jimmy es típica de muchos hijos que desempeñan el papel de Sustituto del Cónyuge. Con frecuencia entran en religión o llevan una vida espiritual y célibe. Así, permanecen fieles a su madre. Otros son incapaces de comprometerse con una sola mujer. Como están comprometidos con su madre, comprometerse con otra equivaldría a adulterio emocional. A estos hombres se les ha llamado «chicos voladores», pues siempre emprenden el vuelo ante un compromiso. Son como Peter Pan: no han crecido (nunca abandonaron de verdad a su madre).

Jimmy vino a verme a los cincuenta y un años, amargado y solo. Su papel de Sustituto del Cónyuge le salió caro. Sentía que solo importaba si cuidaba de mujeres necesitadas como su madre. En lo más hondo de su ser, jamás se sintió unido a ellas. Nunca se le había amado, nunca se le reconoció su auténtico yo (su niño herido).

En el capítulo 12, presento un ejercicio para romper con esos papeles confusos.

Afirmaciones
Estas son afirmaciones para tu niño en edad:

- Pequeño ———, puedes ser tú mismo en la escuela. Puedes defenderte y yo te apoyaré.
- Está bien que aprendas a manejarte.
- Está bien que recapacites sobre las cosas y que las pongas a prueba antes de hacerlas tuyas.
- Puedes confiar en tus opiniones; solo debes asumir las consecuencias de tu elección.
- Puedes hacer las cosas a tu manera y está bien no estar de acuerdo.
- Puedes confiar en tus sentimientos. Si te asustas, dímelo.
- Está bien tener miedo. Podemos hablar de ello.
- Puedes escoger a tus propios amigos.
- Puedes vestirte como se visten tus amigos o como a ti te parezca.
- Mereces tener las cosas que deseas.
- Estoy deseando estar a tu lado.
- Te quiero, pequeño ———.

Meditación de la edad escolar

Añade lo siguiente a la introducción general. Haz una pausa de veinte segundos en cada intervalo.

¿Cómo se vivía en tu casa tu primer día de colegio?... ¿Recuerdas la primera vez en tu vida que fuiste al colegio?... ¿Recuerdas el primer día de clase de algún curso?... ¿Te preparaban el almuerzo del recreo?... ¿Tenías cartera para los libros?... ¿Cómo ibas al colegio?... ¿Tenías miedo de ir?... ¿Había algún chico gamberro que te asustara?... ¿Quién era tu profesor preferido?... ¿Tu profesor era hombre o mujer?... Imagina el patio del recreo… Observa a tu ser escolar en el patio… ¿Qué está haciendo?… ¿Cómo va vestido?… Avanza hacia él e imagina que te conviertes en él… Ahora eres un joven colegial que mira a tu ser adulto… Te ves a ti mismo como un mago sabio y bondadoso… Escucha la voz de tu adulto… Escucha su voz diciéndote palabras tiernas y cálidas…

Si estás solo: Graba las afirmaciones del niño herido en edad escolar.
Si estás con un compañero: Dile las afirmaciones a tu compañero.
En un grupo: Detente aquí y haz un ancla.
Solo o con un compañero: Después de terminar con las afirmaciones, la meditación continúa.

Déjate sentir lo que sientas. Despídete de tu bondadoso mago y abrázalo si lo deseas… Lentamente vuelve a convertirte en tu yo adulto de nuevo… Dile a tu niño interior que estarás aquí con él desde ahora… Dile que puede contar contigo…

En grupos: Después de haber hecho el ancla, añade lo que viene a continuación. Este final es para todos, ya trabajes solo, con un compañero o en grupo. Haz una pausa de diez segundos en cada intervalo.

Empieza a caminar en el tiempo… Ves tu instituto… ¿De qué color es?… Ves a tu mejor amigo del instituto… Escuchas tu canción favorita de la adolescencia… Sigue avanzando en el tiempo hasta tu primera vida adulta… Ves la casa en la que vives ahora… Ves tu habitación… Sé consciente del lugar en que te encuentras ahora… Mueve las puntas de los pies… Siente la energía subir por tus piernas… Toma aliento profundamente… Haz ruido al exhalar… Mueve tus dedos… Siente que estás presente, el cuerpo y la mente conscientes… Abre los ojos.

Si estás solo, reflexiona sobre la experiencia. Escribe cómo te has sentido. Si estás con un amigo, cuéntale cómo fue la experiencia para ti. Si trabajas en grupo, turnaos en contar lo que ha supuesto para cada uno la experiencia.

8
Cómo sobreponerse: una nueva adolescencia

> Lo que hago soy yo: por eso vine.
> GERALD MANLEY HOPKINS

> Me desperté y estaba en el bosque, lejos del castillo. El tren recorre a toda velocidad la solitaria Lousiana en la noche... Cuando miro atrás, hay un punto muerto en el vagón. Hay una parte de mi padre que sigo sin ver. No puedo recordar años de mi infancia. Algunas de mis partes no las puedo encontrar ahora... ¿Queda lo suficiente en mí para ser honesto?... ¡Con qué fuerza siento la atracción de mis padres! Camino adelante y atrás, mirando al viejo embarcadero. Ranas nocturnas anuncian el croar del planeta girando.
> ROBERT BLY (*Ranas nocturnas*)

> **ADOLESCENCIA**
> (Regeneración)
>
> **SOY MI ÚNICO YO**
>
> EDAD: 13-26 AÑOS
> POLARIDAD: IDENTIDAD frente a CONFUSIÓN
> FUERZA DEL EGO: FIDELIDAD
> PODER: DE REGENERACIÓN
> TEMA DE RELACIÓN: INDEPENDENCIA DE LA FAMILIA

Índice de sospecha

Contesta sí o no a las siguientes preguntas. Lee cada una, espera y medita sobre lo que sientes. Si tienes una fuerte inclinación por el sí, contesta sí; si es por el no, contesta no. Si respondes afirmativamente, puedes sospechar que se ha herido en el pasado tu maravilloso adolescente interior. Hay grados de heridas. Estás en algún punto de la escala que va del uno al cien. Cuantas más preguntas sientas que la respuesta es sí, más se hirió tu yo adolescente.

		Sí	No
1.	¿Aún tienes problemas con la autoridad paterna?	❏	❏
2.	¿No estás seguro de quién eres en realidad?	❏	❏
3.	¿Piensas que eres desleal?	❏	❏
4.	¿Continúas experimentando con trabajos, sin sentir nunca que has encontrado tu hueco?	❏	❏
5.	¿Estás comprometido con un grupo o causa?	❏	❏
6.	¿Te sientes superior a otros porque tu estilo de vida es excéntrico y no conformista?	❏	❏
7.	¿Has llegado alguna vez a una convicción religiosa por ti mismo?	❏	❏
8.	¿Tienes algún amigo íntimo de tu sexo?	❏	❏
9.	¿Tienes algún amigo del sexo contrario?	❏	❏
10.	¿Eres un soñador? ¿Prefieres leer novelas antes que hacer cosas en tu vida?	❏	❏
11.	¿Te ha dicho alguien que debes madurar?	❏	❏
12.	¿Eres un conformista nato?	❏	❏
13.	¿Te has cuestionado alguna vez la religión de tu juventud?	❏	❏
14.	¿Sigues ciegamente algún tipo de héroe?	❏	❏
15.	¿Hablas mucho de las grandes cosas que vas a hacer, pero en realidad nunca las haces?	❏	❏
16.	¿Crees que nadie ha tenido que pasar por las cosas que has pasado, o que nadie podría entender de verdad tu sufrimiento?	❏	❏

Etapa adolescente normal

Con la llegada de la pubertad, la infancia toca a su fin. Es el comienzo del primer ciclo de trece años. Como dije antes, el libro de Pam Levin Ciclos de poder decía que evolucionábamos cíclicamente. La vida es un proceso que implica la recurrencia de ciertos temas y pautas. Cada nuevo ciclo es un momento de crisis, y cada crisis es un momento en el que se incrementa la vulnerabilidad y también se intensifica el potencial. Si este desafío crítico se supera, viene una regeneración en la cual se *reforma* el pasado.

Una buena consecución de los objetivos críticos de la adolescencia depende de las fuerzas del ego desarrolladas en el infancia. Pero el cometido de la adolescencia, que es el establecimiento de una *identidad consciente*, es, como señaló Erik Erikson, «más que la suma de ... las identidades infantiles». La identidad del adolescente es una *identidad reformada*. Para lograrla, debemos integrar todas nuestras capacidades genéticas y las fuerzas y aptitudes del ego, cultivadas anteriormente gracias a las oportunidades ofrecidas por los papeles sociales que nos ha tocado desempeñar en nuestra cultura. Erikson define esta nueva identidad del ego como:

> ... la confianza derivada que la homogeneidad y la continuidad internas [tu YO, según mis palabras] prepararon en el pasado tiene su paralelo en la homogeneidad y continuidad internas de lo que uno significa para los demás, como se demuestra en la promesa tangible de hacer «carrera».

Esto significa que la conciencia del yo del niño interior debe afirmarse de dos formas. Una afirmación viene de reflejarse en otra persona relevante en una relación afectiva (intimidad). La segunda afirmación vendrá de una profesión significativa que ensalce la *esencia* de la persona. Los dos pilares de la identidad adulta son los dos famosos signos de madurez de los que hablaba Freud: *amor* y *trabajo*.

Un niño herido puede ser una fuerza devastadora de contaminación durante la adolescencia. Incluso una persona con un niño interior sano tendrá aún que «volver a luchar muchas de las batallas de sus primeros años». Ya la adolescencia normal es uno de los periodos más tormentosos del ciclo vital.

¿Qué rasgos caracterizan a un adolescente?

Ambivalencia
Distanciamiento de los padres
Ocupación
La identidad del ego
Exploración sexual
Soledad
Conceptualización
Egocentrismo
Narcisismo
Tendencias comunicativas
Experimentación

Ambivalencia

La ambivalencia la describió magníficamente J. D. Salinger en *El guardián en el centeno*. El protagonista, Holden Caulfield, un muchacho de dieciséis años, quería ser mayor. Se imaginaba bebiendo, yendo con chicas, siendo un gángster... Al mismo tiempo le asustaba la vida de adulto y se imaginaba siendo el protector de su hermana pequeña, Phoebe, y de sus amigos preadolescentes. Estar con niños más pequeños (y protegerlos) le evitaba tener que enfrentarse al mundo adulto. La mitad del pelo de Holden es gris. Está viviendo entre dos mundos, la infancia y la madurez. La ambivalencia es el ir y venir entre esos dos mundos.

También se atribuye a la ambivalencia los trastornos emocionales y los cambios de humor de la adolescencia.

Según Ana Freud, es normal que un adolescente aborrezca la presencia de sus padres un día y al día siguiente quieran tener una charla íntima con ellos.

Distanciamiento de los padres

El distanciamiento de los padres es una parte normal de la adolescencia. Para poder marcharse un día de casa, tienen que hacer que los padres les resulten poco atractivos. Theodore Lidz, psicólogo de Yale, ha subrayado el hecho de que «el conflicto generacional es inherente a la vida en sociedad». Ochocientos años antes de Cristo, Hesíodo estaba preocupado por la juventud de la época y se preguntaba qué iba a ocurrirle a la siguiente generación. ¡Ayer, en el supermercado, escuché a una señora decir lo mismo!

El grupo de amigos es el vehículo por el que los adolescentes se distancian de sus padres. Me gusta denominar a esto *la paternidad de la pandilla* puesto que el grupo viene a ser un nuevo padre. Esta paternidad es muy rígida y está sujeta a reglas. Por ejemplo, en mi tiempo, el «tupé» era el peinado de moda. Mi pandilla se vestía con pantalones hechos a medida con las costuras por fuera y con bolsillos de pistola. A los chicos que no se vestían como nosotros los considerábamos unos anticuados y nos reíamos de ellos.

Ocupación

Muchos estudios han demostrado que la principal preocupación de los adolescentes es la profesión. ¿Qué clase de trabajo haré? ¿Dónde gastaré mis energías? ¿Cómo cuidaré de mí mismo? ¿Qué voy a ser cuando crezca?

La misma energía vital nos lleva a considerar la clase de trabajo que haremos en la vida. Las elecciones difieren según las culturas y las generaciones. En otro tiempo, las opciones estaban muy limitadas y bastante determinadas con anterioridad. La vida era más simple entonces.

La identidad del ego

Ya he dado la definición de Erikson de la identidad del ego. Las preguntas de «quién soy» y «hacia dónde voy» son el resultado de las capacidades mentales del adolescente.

Exploración sexual

Con la aparición de las características sexuales secundarias, se presenta una energía nueva, fuerte. Esta energía es el impulso vital que expande la vida. «La vida perdura por sí misma», decía Nietzsche. La sexualidad es una fuerza que preserva la especie. Sin el impulso sexual, las especies se extinguirían en unos cien años.

Los adolescentes exploran su sexualidad. La primera masturbación abre la válvula. Las advertencias de ceguera, verrugas en las manos o posible caída del pene eran nimiedades comparadas con esa sensación. Además, ¡quién necesitaba ver: podías hacerlo a oscuras! Otras formas de exploración suelen ser la masturbación mutua, caricias con el sexo contrario y, al final, la unión sexual.

Explorar nuestros órganos sexuales es fundamental para adquirir una buena identidad. El sexo es quien somos más que algo que tenemos. Lo primero que conocemos de una persona es su sexo.

Soledad

La adolescencia siempre ha sido un tiempo solitario. Independientemente del número de amigos que se tengan, se siente un vacío interno. El joven todavía no sabe quién es, ni sabe con certeza hacia dónde se dirige. Al haber aparecido hace poco la capacidad del pensamiento abstracto, el futuro (una hipótesis) viene a ser un problema *por primera vez en la vida de una persona*. Según contempla el problema, el adolescente experimenta una sensación de ausencia. Si tiene un niño herido, esa sensación se intensifica.

La nueva estructura cognoscitiva del adolescente le permite, además, reflexionar sobre el yo (ser autoconsciente). Pueden pensar sobre los pensamientos, por eso pueden preguntarse «¿Quién soy?». Pasan a ser conscientes de sí mismos. La autoconciencia aumenta por la emergencia de las características secundarias sexuales. Las nuevas sensaciones que se experimentan son poderosas; los cambios del cuerpo embarazosos. Uno se siente extraño e incómodo.

Conceptualización

La capacidad de pensar en términos abstractos, lógicos, surge con la pubertad y nos lleva más allá del pensamiento literal y concreto del niño en edad escolar. Lo que empieza a hacer un adolescente, y que no puede hacer un preadolescente, es albergar proposiciones *contrarias a los hechos*. Pensar en el futuro requiere la capacidad de albergar una proposición contraria a los hechos. ¿Quién soy y adónde voy? ¿Qué posibilidades tengo? En la adolescencia, pensar en la identidad es pensar en la posibilidad. «Supongamos que llego a ser médico…, abogado…, cura…». Cada una de estas suposiciones implica la formulación de una hipótesis que no se atiene a los hechos.

Otra manifestación de esta nueva estructura cognitiva es la idealización. Los adolescentes son soñadores. Soñar e idealizar crean modelos que nos estimulan. También se sienten atraídos por ídolos, que suelen ser estrellas de cine o de rock, aunque a veces también son políticos o intelectuales los que motivan la carrera del adolescente. Los jóvenes son religiosos por naturaleza y la adolescencia es el momento de mayor predisposición religiosa. A veces, la obsesión principal de la adolescencia es un ídolo espiritual.

Esta idealización o idolatración puede enfocarse hacia un culto o algún tipo de causa. Los Hare Krishnas, la Guardia Roja china, la movilización de las masas de adolescentes hitlerianos, etc., atestiguan la forma en que se puede motivar a los adolescentes para que se comprometan con una causa, ya sea positiva o negativa. Este compromiso es la base de una fuerza del ego que Erikson llama fidelidad. Y es una fuerza importante del adulto.

Egocentrismo

A diferencia del egocentrismo de etapas anteriores, los adolescentes ya son capaces del todo de adoptar el punto de vista de otra persona. Su egocentrismo consiste en creer que sus padres están tan obsesionados con ellos como ellos lo están. Son paranoicos por naturaleza. Interpretan una mirada casual como un juicio valorativo mordaz. Pensemos en una escena típica. A la pequeña Shirley le acaba de dar un desplante el chico que idolatraba. Llega a casa deprimida y se siente rechazada. Su madre le dice: «Hola, cariño, ¿qué tal va todo?», y Shirley sale corriendo hacia su habitación gritando: «¿Es que nunca me vas a dejar en paz?». David Elkind acuñó dos frases que caracterizan esta cualidad egocéntrica del pensamiento adolescente: «la audiencia imaginaria» y «la fábula personal». Ambas son formas grandiosas de pensamiento. Shirley *piensa* que su madre vio de verdad la escena del rechazo anterior y presenció la humillación. El adolescente tiene una conciencia de sí mismo muy aguda debido a la creencia de que «todo el mundo me está mirando». Si está traumatizado, se intensifica dolorosamente esta conciencia de sí mismo.

La fábula personal consiste en creer que la vida de uno es *completamente única*. «Nadie ha sufrido nunca como yo», se dice el adolescente, «nadie me comprende», «nadie me quiere», «nadie ha tenido que soportar a unos padres como los míos». ¿Recuerda la fantasía de Tom Sawyer en la que aparecía moribundo? Tom ve a su tío y a otras personas reunidas alrededor de su lecho de muerte. Todos están llorando. Al final han comprendido la persona única y maravillosa que era. Esta fábula termina por lo general cuando la persona establece una intimidad real. Las confidencias mutuas que se dan en una relación íntima ayudan en realidad a ver qué ordinaria es la propia experiencia.

Narcisismo

Los adolescentes son narcisistas. Se obsesionan por su imagen y pueden pasarse horas ante el espejo. Esto nace de su conciencia de sí mismos y es también una repetición del ciclo de sus necesidades narcisistas anteriores.

Tendencias comunicativas

En *El guardián entre el centeno*, Holden siempre está «dando un telefonazo» a alguien. Tiene una necesidad imperiosa de hablar. La conciencia de sí mismo y la soledad de esta etapa lleva a los adolescentes a querer comunicarse. Hablar incesantemente a un amigo es una forma de sentirse amados y conectados. Puedo recordar muy bien cuando conducía con mi hija en su adolescencia. Iba gritando excitada los nombres de los chicos y chicas que veíamos al pasar.

Experimentación

Los adolescentes experimentan mucho: ideas, estilos, papeles y comportamientos. A menudo los experimentos son lo contrario al estilo y a los valores de sus padres. Si una madre piensa que «la limpieza es lo primordial», puede que su hija reafirme su identidad volviéndose una *hippy* de pelo largo, que no se baña con frecuencia y camina descalza. Si un padre es un triunfador adicto al trabajo, puede que su hijo sea un holgazán. Si los padres son ateos, su hija puede tener una identidad volviéndose muy religiosa, o viceversa.

Experimentar es una forma de ampliar horizontes, de probar otras formas de comportarse antes de que quede definida la identidad. Para resumir, la adolescencia es una integración y una reforma de las etapas anteriores de la infancia. Es un compendio de todas las fuerzas del ego. Por esta reforma, empieza a surgir una nueva identidad.

Trastorno del crecimiento

En el mejor de los casos, la adolescencia es el periodo más tormentoso del ciclo vital. Anna Freud decía que lo que es normal en la adolescencia podría considerarse neurótico en cualquier otro momento. Si esto es así cuando todas las etapas infantiles anteriores se han resuelto de una manera natural y sana, imagina los problemas que resultan de un niño interior herido de gravedad. Muchos de nosotros no nos los tenemos que imaginar, los vivimos.

En mi caso, la ambivalencia pasó a convertirse en un comportamiento maníaco-depresivo. Las actuaciones salvajes y promiscuas dieron lugar a la depresión aguda. Me distancié juntándome con muchos chicos que provenían de hogares destruidos. Nos rebelábamos contra la educación católica estricta bebiendo y frecuentando prostitutas. Mi predisposición genética al alcoholismo se disparó al instante. A partir de los trece años, bebía hasta perder el conocimiento y empecé a tener problemas con el alcohol.

El peligro que Erikson señala en la adolescencia es la difusión de papeles. Experimentar con demasiados papeles hace que el adolescente pierda el contexto en el que se sintetizan sus fuerzas del ego.

En esta época, yo me sentía totalmente confuso y solo. No tenía un padre contra el que rebelarme o al que usar como modelo de comportamiento. Escogía a antihéroes como modelos. Esta es la dinámica que subyace tras lo que se ha llamado «identidad negativa». Yo no sabía quién era y, por tanto, me identificaba con lo que no era. Yo era diferente, no como todos los «gregarios» que poblaban la sociedad. Mis amigos ridiculizaban y se reían de cualquiera que no fuera como nosotros, que era casi todo el mundo. La gente con una identidad negativa se retira y se queda al margen de la vida, riéndose de todos.

En realidad, estaba asustado de la vida. (Esto le ha sucedido a todas las personas con identidad negativa que he conocido y con las que he trabajado.) Al tener unas fuerzas del ego débiles o inexistentes, no había forma de sobreponerme. Emborracharme era para mí una forma de sentirme mayor y poderoso. Mi vacío interior me llevaba a cambiar de estado de ánimo de cualquier forma que pudiera.

En la adolescencia empezamos a exteriorizar nuestro dolor original y las necesidades insatisfechas de la infancia. La violencia de la delincuencia juvenil da fe de la rabia indiscriminada de su niño interior dolido y solitario. La delincuencia es una forma de recuperar lo que se perdió en la infancia. Las drogas atenúan el dolor de la soledad de la familia disfuncional.

Los adolescentes exteriorizan con frecuencia los secretos nunca dichos de la familia. La exteriorización sexual es natural durante este tiempo en que emerge la energía sexual. Una represión estricta de la sexualidad por parte de la madre puede desembocar en una temprana promiscuidad en su hija. Las aventuras secretas del padre puede exteriorizarlas su hijo. La disfunción de la intimidad de los padres, con su rencor y su soledad, puede exteriorizarse en los fracasos escolares.

Los adolescentes son a menudo los chivos expiatorios de la familia. Pasan a ser «los pacientes identificados», pero en realidad son el soporte que mantiene a la familia. Cuando dirigía un programa sobre el abuso de las drogas en Los Ángeles, nunca encontré a ningún adolescente con problemas de drogas cuyos padres tuvieran un matrimonio que funcionase. Los padres acarrean un padecimiento multigeneracional. Sus matrimonios fueron matrimonios de niños adultos que intentaban meter en terapia a sus hijos. Cuando la mayoría de los adolescentes exteriorizan, está relacionado con las familias disfuncionales a las que pertenecen.

También está el problema de haber desatendido las necesidades de que dependía el desarrollo. La adolescencia es la etapa en la que empieza a determinarse la identidad personal. Los niños de las familias disfuncionales seguramente no podrán determinar su identidad, ya que no tienen conciencia del YO al empezar su adolescencia.

Mi familia estaba atrapada en una red debido al alcoholismo de mi padre y a su posterior abandono. Nuestro enredo se asemejaba a este esquema.

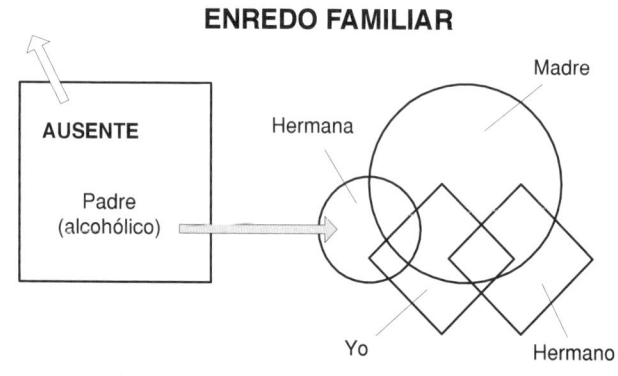

ENREDO FAMILIAR

Como puedes observar, ninguno de nosotros tenía un yo completo. Cada uno de nosotros era parte de otro. Cuando alguno sentía algo, los otros lo sentían también.

Si mi madre estaba triste, todos lo estábamos; si estaba enfadada, nosotros también e intentábamos que dejara de estarlo. Yo tenía muy poca base para crear mi propia identidad.

Cuanto mayor sea la difusión de los papeles que desempeñamos, más se incrementa el aislamiento y el vacío. *El papel principal desempeñado en el sistema familiar hasta ese momento pasa a ser la forma más asequible de tener una identidad.* A los veintiún años estaba totalmente confundido. Me aterraba mi sexualidad y me sentía vacío, inseguro, asustado y enfadado. Me abrumaba la idea del porvenir. Me acuerdo de vagar por la ciudad preguntándome cómo todos los hombres que veía tenían trabajo, casa, coche y demás. Estando avergonzado en lo más profundo, me sentía incapaz de conseguirlo algún día, por lo que recurría a los papeles que me habían asignado en mi familia.

Seguí siendo una Estrella. Era el presidente de la clase, editaba el periódico del colegio y obtenía excelentes calificaciones. Además de todo esto, seguía con mi alcoholismo y mi pandilla de «chicos sin padre». Pero el papel más significativo era el de Cuidador. Esa era la forma en la que sentía que importaba. Cuando mi padre nos dejó, me convertí en el Hombrecito de la casa. Era el Papaíto de mi hermano. Ocupándome de las personas, importaba. Resolví mi problema de identidad convirtiéndome en sacerdote, un sacerdote célibe. Vestirme con la sotana negra y el collarín me dio una identidad enseguida. De repente era el «Padre» John y era el «cuidador de almas». Era el trabajo más noble que nadie pudiera hacer, el trabajo de Dios. El celibato era el precio que tenía que pagar.

Al escoger el sacerdocio, estaba haciendo algo que mi familia, mi religión y mis profesores (ellos mismos eran monjas y curas) alababan. Era un sacrificio noble y una señal de generosidad y bondad. De paso, solucionó mis miedos profesionales y mantuvo mis papeles en la familia. Era Héroe y Cuidador y, casándome con la Santa Madre Iglesia, nunca tendría que abandonar a mi madre. Bajo esta falsa identidad, permanecía un niño pequeño solitario, confuso y aterrorizado.

Interrogarse

No saber quién eres es la peor tragedia de todas. Los papeles inflexibles del sistema familiar, determinados durante la adolescencia, vienen a ser la identidad de la que eres más consciente. De hecho, esos papeles pasan a ser adicciones. Desempeñando ese papel, sientes que importas. Salirte de él tocaría la honda reserva de vergüenza tóxica que oprime tu dolor original, cuyo núcleo es tu herida espiritual. Cuando perdiste tu YO, perdiste tu importancia.

Cuando escribas la historia de tu adolescencia, céntrate en cómo la contaminó tu niño herido. Explica tus traumas, las novias/os que nunca llegaron, la soledad, las presiones y rechazos de tu grupo de amigos, el dolor por tu familia...

Comparte la historia de tu adolescencia con otra persona que te apoye

Tu ser adolescente es la forma que adoptó el niño herido para comenzar su vida adulta. Recuerda que los papeles que has desempeñado son las metáforas que marcaron la historia de tu niño herido. Necesitas legitimar tu dolor por haber tomado la decisión que tomaste, la mejor que tenías a tu alcance.

Siente los sentimientos

Para curar a tu adolescente, necesitas abandonar el hogar e integrar las fases de tu desarrollo. Te sugiero que hagas una gran fiesta de bienvenida con tu adolescente como invitado. Yo utilizo la siguiente meditación para lograrlo.

Meditación de la vuelta a casa

Grábala en tu magnetófono. Haz una pausa de veinte segundos en cada intervalo.

> Cierra los ojos y concéntrate en tu respiración... Al inspirar, mete suavemente el estómago; al exhalar, sácalo. Inhala contando hasta cuatro, mantén la respiración hasta contar cuatro y suéltala contando hasta ocho... Hazlo varias veces... Inhala contando hasta cuatro, mantén otros cuatro y exhala contando hasta dieciséis... Luego, inhala hasta contar cuatro, mantén la respiración otros cuatro y ve soltando el aire hasta contar treinta y dos... Repítelo tres veces... Ahora vuelve a tu respiración normal... Piensa en el número 3 mientras expulsas el aire... Míralo, píntalo con el dedo o escucha «tres» en tu mente... Ahora el número 2... Ahora el 1... Ahora ves que el 1 se convierte en una puerta... Abres la puerta y entras en un largo corredor con puertas a los lados... A tu izquierda hay una puerta que pone Año pasado... Abre la puerta y mira adentro. Ves una escena agra-

dable del año pasado… Cierra esa puerta y dirígete a la de la derecha… Abres la puerta y ves a tu adolescente allí de pie… Abrázale. Dile que sabes por lo que ha tenido que pasar…

Dile que es hora de que deje el hogar y que estás a su lado para apoyarle… Dile que debéis ir juntos y recoger las otras partes de ti mismo: tu ser recién nacido, en sus primeros pasos, en edad preescolar y escolar… Junto con tu adolescente, caminas hasta el final del corredor y abre la puerta… Miras el interior y ves la primera casa donde vivías que recuerdas… Entra en ella y busca la habitación donde reside tu yo recién nacido… Haz que tu adolescente lo coja en brazos… Ahora regresa al corredor y abre la primera puerta a tu izquierda; verás a tu yo que ya empieza a caminar… Cógelo de la mano y regresa al corredor… Abre la puerta de la derecha y ves a tu yo en edad preescolar… Obsérvalo… ¿Qué lleva puesto? Lo coges de la mano y sales de la habitación. Ahora encuentras a tu yo en edad escolar… ¿Cómo va vestido?… Pídele que coja a tu adolescente de la mano y salís de la casa… Ahora estás al lado de tu yo adolescente… ¿Quién tiene a tu yo recién nacido?… Tu yo en edad escolar está cogido del brazo de tu adolescente… Tú llevas de la mano a tu yo que empieza a andar y a tu preescolar… Ahora, ves cómo tu recién nacido se convierte en tu yo en los primeros pasos… Ahora este se convierte en tu yo preescolar… Ahora tu preescolar se convierte en tu yo en edad escolar… Y este se convierte en tu yo adolescente… Tú y tu adolescente permanecéis uno al lado del otro… Ahora ves a tus padres salir de la casa donde vivías cuando eras un adolescente… Les decís adiós… Diles que todos vosotros os marcháis ahora… Diles que sabes que han hecho por ti todo lo que han podido… Míralos como las personas heridas que son en realidad… Perdónales por abandonarte… Diles que a partir de ahora vas a cuidar de ti mismo… Empieza a alejarte de la casa… Sigue mirando por encima del hombro… Mira cómo se van haciendo cada vez más pequeños… Hasta que están fuera del alcance de la vista… Mira hacia delante y ves a tu amante/cónyuge/amigo esperándote… Si tienes un terapeuta, lo ves ahí también… Si trabajas con un grupo de apoyo, también están ahí... Si crees en un poder supremo, está igualmente ahí... Abrázalos a todos... Sabes que tienes un apoyo... Que no estás solo... Sabes que tienes o puedes crear una nueva familia de afiliación... Ahora deja que tu adolescente se convierta en ti... Escoge una edad de la infancia y mira al niño que llevas dentro a esa edad... Dile que le defenderás... Que serás su nuevo padre, alentador y cariñoso... Dile que sabes mejor que nadie lo que ha tenido que pasar, las angustias y padecimientos que ha sufrido... Dile que de todas las personas que conozca, tú serás la única que jamás perderá... Asegúrale que le dedicarás tu tiempo y que pasarás un rato con él todos los días... Dile que lo amas de todo corazón...

Asómate al horizonte de tu mente... Ves el número 3... Sientes las puntas de tus pies... Muévelos... Ves el número 2... Sientes la energía subir por tus piernas hasta la parte superior de tu cuerpo... Sientes la energía en tus brazos... Mueve tus manos... Siente la energía entrar en tu cabeza y en tu cerebro... Ahora ves el número 1 y vas abriendo los ojos muy despacio y te estiras.

En este momento has recuperado tu sistema familiar interior completo. ¡Has vuelto a casa! Este es mi regreso*.

---

* Repetimos que para esta meditación se puede emplear el disco de Daniel Kobialka *Going Home*. *(Nota del Editor.)*

Perdón

El proceso de recuperar a tu niño interior herido es un proceso de perdón. El perdón nos permite *dar como antes*. Cura el pasado y libera nuestras energías de cara al presente.

Perdonar no es un proceso sentimental o superficial. Se nos hizo daño de verdad y hace falta que lo legitimemos y lo validemos. Cuando reconocemos el perjuicio que nos han hecho, desmitificamos a nuestros padres, los vemos como los seres humanos heridos que en realidad son. Nos damos cuenta de que eran niños adultos que exteriorizaban sus propias contaminaciones. Como dice Sam Keen:

> Cuando desmitifiqué mi pasado y reconocí el carácter ambivalente y trágico de toda acción humana, descubrí una nueva libertad para cambiar el significado de lo que había sido... Solo el perdón me permitió aceptar mi pasado y liberarme de sus destructivas heridas... Juicio, perdón y gratitud realizan la alquimia que transforma el pasado, de la fatalidad a la fortuna, y hace que pase de ser una víctima, por causas sobre las que no tenía ningún control, a ser un participante de un pasado que reformo continuamente.

El trabajo de duelo tiene que hacerse. Fritz Perls ha dicho que «nada cambia hasta que llega a ser lo que es». Solo desmitificando a nuestros padres llegamos a comprender el daño real que nos han hecho. Comprender esto nos permite poseer los sentimientos de haber sido maltratados. Sentir los sentimientos es el trabajo del dolor original. Una vez que hayamos conectado y expresado esos sentimientos, quedamos libres para seguir nuestro camino. Como ya no acarreamos los problemas no resueltos del pasado, ya no seguimos contaminando el presente. Nuestra energía queda disponible para fortalecer nuestras vidas. Podemos vivir en el ahora y construir el futuro.

El perdón nos permite dejar a nuestros padres. Nuestro dolor bloqueado ocasionó profundos resentimientos que nos mantienen vinculados a ellos. Los resentimientos hacen que suframos los mismos sentimientos una y otra vez. El pago por esto de nuestro niño herido es que *nunca nos tenemos que separar de nuestros padres.* Mientras gastemos nuestra energía en odiarlos en secreto, seguiremos atados a ellos y esto evita que maduremos. El perdón cura nuestros resentimientos y nos capacita para separar nuestro maravilloso niño de las voces injuriantes de la figura de los padres que hemos internalizado. El perdón es la forma de abandonar el hogar de forma interna.

Una vez que hemos recuperado nuestro niño herido, debemos tomar una decisión acerca de nuestros padres reales, si todavía viven. ¿Qué tipo de relación tendremos con ellos? Para aquellos cuyos padres siguen siendo *agresores*, la decisión debería ser *mantenerse alejado de ellos. ¡Te recomiendo que los dejes a su suerte!* Sé de muchos casos en que los padres siguen maltratando a sus niños adultos.

Si tus padres rehúyen tomar ninguna responsabilidad ante su propio niño interior herido, debes recordarles que *tu obligación principal es tu propia vida. No has venido a este mundo a cuidar de tus padres*. No estoy refiriéndome aquí a los padres enfermos o incapacitados, sino a los que se niegan a responsabilizarse de su propia herida. Cada uno debe decidir las barreras que quiere tener con sus padres. Recuerda que tu niño confía en ti y espera que le protejas.

Para la mayoría de la gente, la recuperación de su niño herido *crea un contexto para una relación nueva y enriquecedora con sus padres reales*. Siendo el nuevo padre de tu niño interior, le ayudarás a completar el pasado y a llenar el vacío de su psique. Cuando el niño sienta su esperanza, autonomía, propósito, iniciativa y competencia nuevas, podrá establecer su propia identidad. Entonces podrá tener una buena relación con sus padres.

Tercera Parte

Defiende a tu niño herido

> Quiero que imagines qué harías si te encontrases con ese niño real en la situación original... ¿Qué es lo razonable y comprensible que puedes hacer por un niño que está confuso y enfadado? Te sientas y hablas con él. Le escuchas. Averiguas qué es lo que le pasa, le ayudas a entender, le consuelas, le coges en brazos. Luego, juegas un poco con él, le explicas cosas, le cuentas un cuento. Esto es terapia en el mejor y más antiguo sentido de la palabra: nada fantástico, solo amabilidad y paciencia.
>
> Ron Kurtz

Introducción

Ahora que has recuperado tu niño herido, necesitas defenderlo. Le protegerás y lucharás por él. Tu niño herido necesita alguien con poder que le proteja. Contigo como padre protector y estimulante, tu niño interior puede comenzar el proceso curativo. Defender a tu niño interior es una forma de convertirte en un nuevo padre para ti mismo y permite que el niño haga los ejercicios correctivos que te reintegrarán a tu verdadero yo. Los permisos y la protección que debes dar a tu niño interior forman la esencia de tus *experiencias correctoras*.

El trabajo del dolor original era necesario para conectar con tu auténtico yo, tu niño maravilloso y natural; pero, incluso después de haberlo recuperado, queda trabajo por hacer. Como detuvieron a tu niño maravilloso en las primeras etapas del desarrollo, no ha tenido la posibilidad de aprender las cosas que necesitaba saber en cada fase del desarrollo. La mayoría de los problemas del niño interior herido son consecuencia de esas carencias de aprendizaje. Ahora, podemos reparar esas carencias.

La experiencia correctiva es un modo de reeducación. Mientras defiendes a tu niño interior, le estimularás y educarás, lo que implica una buena disciplina. *Disciplina* significa enseñar y aprender. Debes enseñar al niño interior las cosas que no aprendió en el momento y en el orden adecuados. Solo a través de esa disciplina puede aflorar con plenitud nuestro maravilloso niño.

9
Utiliza a tu adulto como nueva fuente de poder

Estas son las «tres P» de la terapia: poder, permiso y protección.

ERIC BERNE

Para que puedas defender a tu niño herido, debe confiar en ti para desobedecer las reglas con que se educó. Debes dejar que el niño sea *quien es* y desobedezca las reglas y creencias vergonzosas de sus padres. Tales reglas y creencias están muy arraigadas: si el niño las desobedece, corre el riesgo de que le castiguen y le abandonen, lo que le aterra.

Como tu adulto le da permiso para desobedecerlas, tu niño debe creer que tú tienes el *poder* suficiente para ir en contra de tus padres. Esta fuerza es lo que Eric Berne llama *poder*, la primera «P» en el cambio terapéutico. Me gusta aparecer ante mi niño interior como un mago sabio y amable porque los magos tienen mucho poder para los niños. Cuando soy un viejo mago, mi niño entiende mi poder. Antes sugerí que pensaras en lo que hubiera sucedido si tu yo adulto hubiera estado presente en los momentos más traumáticos y dolorosos de la infancia. Tu niño interior te hubiera visto como un dios poderoso. Si has hecho el trabajo de recuperar a tu niño herido, confiará y creerá en tu poder. Sin embargo, debes dejar que conozca mejor tu fuerza y tu poder. El siguiente ejercicio te ayudará a ello.

Lista de poder

Haz una lista de diez cosas que posees o que eres capaz de hacer y que no tenías o no podías hacer de pequeño. Ejemplos:

1. Tener un coche.
2. Conducir un coche.
3. Tener una cuenta en un banco.
4. Tener dinero de verdad en él.
5. Comprar todos los dulces y helados que quiera.
6. Comprarme cosas interesantes.
7. Tener mi propia casa, apartamento, etc.
8. Hacer lo que me apetezca.
9. Ir al cine sin tener que pedir permiso.
10. Comprar un animal doméstico si quiero.

Ahora cierra los ojos e imagínate a tu niño interior. (Deja que aparezca a la edad que sea.) Cuando le veas (le oigas, le sientas), léele tu lista. ¡Se impresionará!

Pide perdón

Otra forma de consolidar la confianza y de demostrar tu poder con el niño interior es pedirle perdón por haberle desatendido estos años. Una forma de hacerlo es a través de una carta. La mía era así:

> Querido Juanito:
> Quiero decirte que te quiero tal como eres. Me siento mal por la forma en que me he desentendido de ti desde mi adolescencia hasta ahora. He bebido hasta caer enfermo, hasta ser incapaz de recordar nada. He arriesgado tu preciosa existencia una y otra vez. Tú lo sufriste como niño y es terrible habértelo vuelto a hacer. También he trasnochado yendo de fiesta en fiesta, y no te he dado tu merecido descanso. Después, he trabajado sin descanso durante

horas y horas y no te dejaba jugar... Considerándolo bien, he sido totalmente insensible a ti. Te quiero y te prometo que te dedicaré mi tiempo y mi atención. Quiero ser tu defensor. Por favor, déjame estar siempre a tu lado.
Te quiero.

John

Después, con la mano con la que no sueles escribir, escribe la respuesta de tu niño interior:

Querido John:
¡Te perdono! Por favor, no me dejes nunca mas. Te quiero.   Juanito

Desde el momento en que has recuperado a tu niño interior, es *imprescindible* que siempre le digas la verdad. También necesita escuchar que tú vas a estar a su lado. Como dice Ron Kurtz:

> El niño no necesita dar golpes en la cama..., asustarse y chillar. El niño necesita algo mucho más simple. Necesita que estés a su lado...

Estar a su lado significa dedicarle tu tiempo y prestarle atención. No sirve de nada estar con él porque pienses que es tu obligación y porque haga que tú te sientas bien por cuidar de él. Debes escuchar sus necesidades y responder a ellas. Él necesita saber que te importa.

Habla a tu niño de tu Poder Supremo

Otra potente fuente de poder para tu niño es que le hables acerca de tu Poder Supremo, si reconoces la existencia de alguno. Intento que mi niño sepa que me siento seguro y protegido porque creo que hay algo más grande que yo, al que llamo Dios.

La mayoría de los niños son creyentes por naturaleza, no tienen problema con el concepto de Dios. A mi niño le digo que Dios me ha mostrado como es. Vino al mundo en forma de un hombre llamado Jesús. Jesús me dice que Dios es mi madre y mi padre, que puedo tener una relación amistosa con Él, que me ha hecho como soy y quiere que crezca y expanda mi YO. Me dice que no juzgue a los demás y que los perdone. Jesús modeló su propio YO, por eso dijo: «Yo soy la verdad». Era la verdad de sí mismo. Me gusta Jesús porque puedo hablar con él y pedirle favores. En ocasiones me da lo que pido graciosamente. Me ama tal y como soy. También Dios, mi poder supremo me ama como soy. En realidad, mi YO es como el YO de Dios. Cuando de verdad *soy*, me parezco a Dios. Quiero que mi niño sepa que Dios nos ama y siempre nos *protegerá* y *estará* con nosotros. De hecho, el otro nombre de Jesús es Emanuel, que significa «Dios está con nosotros». Es un poder más grande que nosotros dos al que siempre puedo recurrir.

Ofrécete una nueva infancia

Otra forma eficaz de utilizar tu poder como adulto es un método que se llama «cambiar tu historia personal». Este método fue desarrollado por Richard Bandler y John Grinder y sus colegas como parte de un modelo llamado Programación Neuro-Lingüística (PNL) yo lo he utilizado durante los últimos ocho años y es muy efectivo siempre que la persona haya realizado el trabajo del dolor original. Si el trauma sigue sin resolverse, este método puede producir otro desajuste mental. Leslie Bandler, otra fundadora de este programa, lo ha atestiguado en su magnífico libro *El cautivo emocional,* en el que confiesa que tuvo graves problemas psíquicos pese a conocer y utilizar técnicas muy sofisticadas de la Programación Neuro-Lingüística.

La técnica de cambiar tu historia personal resulta excelente para modificar escenas traumáticas concretas de la infancia. Estas se suelen convertir en lo que Silvan Tomkins llama «escenas remodeladoras o dominantes», el filtro que da forma a nuestra historia del desarrollo. Anclan el dolor y la emoción que no hemos podido expresar y se van repitiendo a lo largo de nuestras vidas.

Esta técnica también funciona con modelos más generalizados, como el no sentirse querido como niño. El cambio de la historia personal se basa en la premisa cibernética de que nuestro cerebro y nuestro sistema central nervioso no saben la diferencia entre la experiencia real y la imaginaria, si esta última es lo suficientemente vívida y detallada. Como señaló Leslie Bandler:

> La tremenda eficacia de cambiar la historia se descubrió al prestar atención a cómo las personas podían distorsionar su experiencia generada internamente y entonces actuar según esa distorsión, olvidando que la habían creado ellas en primer lugar.

La gente imagina a menudo cosas que pueden ocurrir en el futuro y se asusta de las imágenes que crea. Como también mostró Leslie Bandler, los celos son un buen ejemplo:

> … los celos son un sentimiento que casi siempre se genera como consecuencia de que la persona construye imágenes de su amado/a con otra persona y se siente mal como respuesta a la imagen que ella misma ha creado.

La persona se siente mal y actúa sobre ese sentimiento como si fuera de verdad un *hecho*.

Si consideramos el poder de una fantasía sexual, una persona puede crear una imagen de una pareja o escena sexual y excitarse psicológicamente gracias a ella.

La técnica del cambio de historia utiliza el mismo proceso de forma deliberada. Emplea el poder de las experiencias adultas para cambiar las huellas internas del pasado. Vamos a ver varios ejemplos.

Recién nacido

Recuerda el trabajo de la Segunda Parte del libro. ¿Cuáles fueron tus problemas de recién nacido? ¿Escuchaste el tipo de afirmaciones que necesitabas oír? ¿Se colmaron tus necesidades de afecto? Si no es así, piensa en algunos recursos de la experiencia de tu adulto que te hubieran ayudado de recién nacido. Por ejemplo, piensa en el momento en que experimentaste que eras bienvenido. Tal vez cuando te encontraste con algún viejo amigo. Recuerda la alegría que había en sus ojos cuando te vio. O podrías recordar una fiesta sorpresa que se dio en tu honor y donde eras el centro de atención.

Yo, al hacer el cambio de mi historia, cierro los ojos y retrocedo hasta 1963, cuando fui elegido «hombre del año» al término de mi primer año en el seminario. Puedo verme allí de pie, escuchando los aplausos y viendo las caras iluminadas y sonrientes de las cincuenta personas que se congregaban en el recinto cuando me nombraron. Veo la cara del padre Mally y la de John Farrell, mi mejor amigo. Mientras siento esto, toco con el pulgar un dedo de la mano derecha y lo mantengo así por treinta segundos. Después, lo suelto y relajo la mano derecha. *Con esto he hecho un ancla de la experiencia de bienvenida.* Aquellos que trabajéis en grupo, haced el mismo tipo de anclas que vimos al hacer las meditaciones de recuperación en la Segunda Parte. Si eres zurdo, haz tu ancla de recurso con tu mano izquierda.

Anclas

Unir dos dedos de la mano derecha es un ancla cinética o activadora. Nuestras vidas están llenas de viejas anclas, que son el resultado de la experiencia impresa en las neuronas. Ya he hablado de la fisiología del cerebro en relación a la experiencia traumática. Cuanto más traumática sea, más fuerte es la improntación. Cuando una nueva experiencia se parece a un trauma anterior, se accionan las primitivas emociones y *se dispara el ancla original.*

Toda nuestra experiencia sensorial se codifica de este modo. Tenemos anclas visuales. Por ejemplo, alguien te mira de un modo que te recuerda al modo en que solía mirarte tu padre justo antes de pegarte. Esto podría activar una respuesta emocional muy fuerte, incluso aunque no seas consciente de esa conexión. Las anclas también pueden ser auditivas, olfativas o gustativas. Un tono de voz, un cierto olor, o una comida concreta pueden activar viejas memorias, con sus consiguientes emociones. Las canciones tal vez sean las anclas auditivas más potentes. Seguro que alguna vez has ido en coche escuchando la radio y de repente has recordado una persona o una escena lejana. Nuestras vidas son una acumulación de esas huellas ancladas, tanto agradables como dolorosas.

Podemos cambiar los recuerdos penosos de la infancia asociándolos con experiencias fortalecedoras de nuestra vida adulta. Si no conseguiste satisfacer tus necesidades infantiles, si eres un Hijo Perdido, *puedes darte una nueva infancia.* Esto lo puedes lograr anclando las experiencias reales que tengan que ver con las fuerzas que tienes ahora. Una vez ancladas esas fuerzas, entonces anclamos los sentimientos que perdimos en la infancia. Entonces activamos las dos anclas simultáneamente para *cambiar de verdad tu experiencia infantil.* Estos son los pasos que debemos dar:

Primer paso

Piensa en tres sensaciones positivas que hayas tenido en tu madurez y que no tuviste en la infancia. Las mías son:

- ❖ La sensación de *ser bienvenido.*
- ❖ La sensación de que *me mimasen y abrazasen.*
- ❖ La sensación de que *alguien me aceptase de forma incondicional.*

Segundo paso

Cierra los ojos y recuerda la experiencia A. Tienes que imaginarte que estás allí de verdad, observando con tus ojos, sintiendo tus sentimientos, etc. Cuando puedas sentir la alegría de *ser bienvenido,* forma un ancla cinética con tu dedo y tu pulgar. Mantenla unos treinta segundos y luego suéltala. Abre los ojos y fíjate en algo a tu alrededor. Espera unos minutos y después comienza con la experiencia B. Áncla la *exactamente* igual que la experiencia A.

A esto se le llama *recargar* el ancla: intensifica el poder del ancla de recurso, incrementa el voltaje. Abre los ojos y quédate unos minutos fijándote en algún objeto de la habitación. Luego, vuélvelos a cerrar y haz la experiencia C. Áncla la igual que la A y la B.

Ahora has anclado tus recursos positivos de adulto. Llamaremos a esto ancla Y.

Tercer paso

Ahora necesitas anclar los sentimientos de la infancia. Vuelve a la meditación del capítulo 4. Sigue esa meditación hasta que eres el bebé que está en la cuna. Ancla la sensación de estar solo y de no ser querido. Esta es tu ancla negativa. Fórmala con la mano izquierda si eres diestro y con la derecha si eres zurdo. Esta será el ancla X.

Cuarto paso

Ahora vas a tomar las fuerzas que has anclado en el segundo paso y vas a traerlas hasta tu infancia. Esto se hace tocando las anclas X e Y a la vez. Al cogerlas, déjate sentir bienvenido al mundo, siente el calor de un abrazo. Cuando estés lleno de calor y fuerza, libera las dos anclas y abre los ojos. Experimenta la sensación positiva de la estima.

Quinto paso

Medita esta experiencia unos diez minutos e intenta asimilarla. Has defendido a tu recién nacido interior. Has mezclado tus huellas neurológicas más tempranas con otras posteriores más estimulantes. En adelante, cuando se presente una nueva situación y se activen los recuerdos de tu primera infancia, experimentarás la nueva sensación XY. La antigua sensación X también se activará, pero no será la dominante. Desde ahora, cuando surjan tus carencias de la primera infancia, tendrás más de una alternativa.

Sexto paso

Los colegas de la Programación Neuro-Lingüística denominan a este paso el *paseo por el futuro*. Consiste en imaginar un momento en el futuro en que te enfrentes a una nueva situación que activará las necesidades de tu recién nacido. Por ejemplo, ir a una fiesta donde no conoces a nadie o empezar un nuevo trabajo. Entonces formas el ancla Y (tu ancla positiva), y te imaginas en la nueva situación. Observa, escucha y siente que manejas bien la situación. Luego vuelve a atravesar la misma escena imaginaria sin el ancla positiva. El paseo por el futuro viene a ser un *ensayo general positivo*. Los que tenemos un niño herido solemos hacer ensayos generales negativos, creamos imágenes catastróficas de peligro y rechazo. El paseo por el futuro nos ofrece una vía de remodelar nuestras expectativas internas.

La misma técnica de cambiar la historia puede utilizarse para curar los recuerdos de nuestra infancia en los primeros pasos, en edad preescolar y escolar. Es importante darse cuenta de que acontecimientos traumáticos diferentes pueden exigir distintos recursos de tu adulto. Por ejemplo, cuando era un niño de preescolar golpeé a un chico con un bate. Me incitaron a actuar como un salvaje otros chicos. El padre del chico al que pegué era luchador profesional. Aquella noche vino a mi casa a reñirme. Oí cómo chillaba a mi padre diciéndole que me deberían dar unos azotes con el cinturón. Recuerdo que me escondí en el sótano de lo asustado que estaba.

Este recuerdo es muy diferente al de estar solo con mi madre el día de mi cumpleaños. Estaba muy triste. No sabía dónde estaba mi padre y le echaba de menos.

Cada uno de estos recuerdos necesita el ancla de una fuerza diferente.

Aquí presento algunos ejemplos de cambiar la historia en cada etapa de mi infancia.

Primeros pasos

No recuerdo ningún acontecimiento traumático concreto durante estos años, pero cuando miro al Índice de Sospecha para esta edad, sé que no se cubrieron mis necesidades en los primeros pasos. Por tanto, me gusta trabajar sobre la etapa de desarrollo entera.

1. Pienso en un momento de mi vida en que:
    A) He dicho que no haría algo.
    B) He querido algo y lo he perseguido.
    C) He expresado mi descontento.

2. Utilizando cada una de estas experiencias, formo un ancla «recargada».
3. Formo un ancla de una escena imaginaria en la que se me pegó por ser curioso y tocar las cosas excitantes que había en el comedor. Cuando me dijeron que parase contesté: «No, no quiero». Y entonces me dieron unos azotes.
4. Activando las dos anclas a la vez, rehago la escena. Digo que no quiero, expreso mi enfado y sigo explorando y tocando todo lo que quiero.
5. Reflexiono sobre mis problemas en torno a la independencia en esta edad y pienso en cómo esas carencias afectan a mi vida actual.
6. Me imagino a mí mismo en un futuro, echando un vistazo en una tienda de deportes. Toco todo lo que despierta mi imaginación y digo que no cada vez que el dependiente intenta ayudarme.

Preescolar

En este periodo trabajo en la escena del niño al que pegué y del miedo que sentía hacia su padre.

1. Pienso en las fuerzas que mi potente adulto tiene ahora y que, si las hubiera tenido entonces, hubiera sido capaz de manejar la situación de forma menos traumática. Por ejemplo, podría:
   A) Llamar a la policía.
   B) Pedir ayuda a Dios.
   C) Asumir la responsabilidad de haberle pegado y disculparme.
2. Activo un ancla compuesta de A, B y C como recurso positivo.
3. Anclo la escena de esconderme en el sótano preso de terror cuando vino el padre del niño a regañarme.
4. Activo las dos anclas y rehago la escena hasta que me siento mejor.
5. Reflexiono sobre el impacto de esa escena en mi vida (tengo un miedo anormal a los hombres pendencieros).
6. Imagino una escena futura en el que me enfrento con éxito a un «luchador».

Edad escolar

Durante los años de colegio mi familia se fue desintegrando poco a poco. Hay muchos sucesos traumáticos sobre los que podría trabajar, pero elegiré el día de Navidad de cuando tenía once años. Mi padre había llegado borracho. Yo esperaba con ansiedad que toda la familia se reuniera. Se suponía que mi padre iba a llegar a la una de la tarde y habíamos planeado ir a buscar un árbol de Navidad por la tarde y decorarlo esa noche antes de ir a la Misa del Gallo. Mi padre no llegó a casa hasta las ocho y media. Estaba tan borracho que se tambaleaba. Yo me había ido enfadando cada vez más a medida que pasaba la tarde. También me asustaba mucho mi padre cuando se emborrachaba, no porque fuera violento, sino porque era impredecible. Me encerré en mi habitación, me metí en la cama y me cubrí la cabeza con las mantas, negándome a hablar con nadie.

1. Pienso en las fuerzas que tengo de adulto y que me hubiesen ayudado a manejar la situación de un modo diferente. Por ejemplo, ahora puedo enfadarme mucho, pero lo hago de manera que mantengo el respeto que debo a los demás. Soy fuerte físicamente e independiente; puedo abandonar una situación dolorosa de la que no soy responsable. Ahora puedo expresarme con claridad y puedo decir las cosas que necesito decir. Para hacer el ejercicio de cambiar de historia, pienso en un momento en que:
    A) Expresé mi enfado de forma directa y eficaz.
    B) Dejé una situación dolorosa.
    C) Estaba hablando con una autoridad de modo coherente y preciso.
2. Hago un ancla recargada que incluya esas tres experiencias.
3. Anclo la escena original: mi retirada ante la borrachera de mi padre el día de Navidad.
4. Activo las dos anclas simultáneamente y rehago la escena. Salgo de la habitación y me enfrento a mi padre. Digo: «Papá, siento que estés enfermo; sé que debes estar solo y avergonzado, pero

no te permitiré que sigas arruinando mis vacaciones y mi infancia. No voy a seguir aquí padeciendo. Me voy a casa de un amigo a pasar la Navidad. No dejaré que me humilles nunca más». Observa que no imagino la respuesta de mi padre. Cuando rehagas una escena semejante, céntrate en tu comportamiento y en tu estado interno. No puedes cambiar a otra persona.
5. Reflexiono sobre cómo esa escena ha dominado porciones de mi comportamiento interpersonal posterior. Soy consciente de cuántas veces he llegado a una secuencia de rabia/abandono debido a esta vieja ancla. Estoy contento de cambiar este lejano recuerdo.
6. Pienso en una situación en el futuro que exija que exprese mi enfado. Represento la escena con mi ancla positiva y luego otra vez sin ella. Me alegra hacerme valer y mantener mi postura.

Cuando enseño el método de cambiar la historia surgen, por lo general, muchas preguntas.

¿Qué pasa si no siento de verdad un cambio después de trabajar en una escena?

Tal vez necesites trabajar sobre la misma varias veces. Yo he realizado la escena del día de Navidad media docena de veces y otras hasta una docena. Recuerda que las anclas originales son muy poderosas. Para contrarrestarlas, necesitas anclas nuevas muy bien formadas.

¿Cómo puedo formar anclas de recurso mejores?

Las anclas de recurso son la clave para hacer un trabajo efectivo, aunque conseguirlas requiere tiempo y práctica. Las condiciones para ello son:

1. **Acceso de gran intensidad.** Las mejores anclas se hacen cuando experimentas el recurso positivo de forma más intensa. Los recuerdos se experimentan de dos maneras: asociados y disociados. Los asociados ocurren cuando estás experimen-

tando el recuerdo; los disociados, cuando estás observando este recuerdo. Haz este experimento: cierra los ojos e imagina que estás en medio de la selva. Ves a un tigre que sale de la maleza y se dirige hacia ti. Ves una enorme boa a tu izquierda a punto de atacarte… Ahora entra en tu cuerpo e introdúcete en la imagen. Mira tus botas y tus pantalones caqui. Alza la vista y mira al tigre que viene rugiendo hacia ti. Al echar a correr, ves la boa a tu izquierda a punto de atacarte… Ahora abre los ojos.

Compara lo que has sentido en los dos ejercicios. El primero era una experiencia interna disociada. y la intensidad de la sensación es, por lo general, muy baja; el segundo lo era asociada y su intensidad es mucho más fuerte.

Ahora haz las anclas bien formadas que necesites para trabajar con memorias asociadas. Necesitas la máxima energía para combatir la vieja ancla.

2. **Aplicación oportuna.** El ancla de recurso necesita estar establecida cuando la energía está a la máxima potencia. Hacerlo bien lleva práctica. Yo mantengo mis anclas de treinta segundos a un minuto para anclar el mayor voltaje posible.

3. **Duplicación.** Por fortuna, puedes comprobar tus anclas. Si has hecho una buena, puedes explotarla en cualquier momento. Cuando juntas tu dedo y tu pulgar sientes cómo la energía empieza a circular. Siempre espero unos cinco minutos antes de comprobar mis anclas de recurso. Si no son lo suficientemente potentes, las rehago. De hecho, es una regla que tengo: comprobar siempre mis anclas de recurso para asegurarme de que están bien formadas.

¿Qué ocurre con el ancla de recurso una vez que ha sido utilizada para derrumbar el ancla vieja?

El ancla siempre estará ahí de forma diluida, pero es preciso restablecerla si quieres utilizarla para otro caso. Puedes formarlas de varias maneras, tocando cualquier otra parte de tu cuerpo. Yo utilizo mis dedos porque son hábiles.

Hay un ejercicio que te ayudará a determinar lo bien que has cambiado esa pieza del pasado de tu historia personal (o sea, si has derrumbado esa ancla vieja). Este ejercicio supone comprobar el ancla negativa X. Cierra los ojos y concéntrate un par de minutos en tu respiración. Entonces forma, muy despacio, tu ancla con la mano izquierda. Presta mucha atención a lo que sientes y experimentas. Si has realizado el ejercicio de cambiar la historia bien, la experiencia negativa debería ser diferente. Por lo general, *no se aprecia una diferencia muy marcada*. Es solo una sensación menos intensa. Esto es lo que espero en realidad de la técnica de cambiar la historia: una disminución de la intensidad. Todas nuestras experiencias humanas *son útiles en algún contexto*. Es prudente abstenernos de enfadarnos o retirarnos cuando un borracho violento o alguien agresivo está furioso contigo. El trabajo de defender y guiar a tu niño interior no es borrar nada de su experiencia, sino darle algunas *alternativas* más flexibles. Cambiar la historia lo permite. Permite que tu adulto proteja a tu niño interior mientras experimenta otra opción, con lo que suaviza la rigidez de la experiencia original.

Hacer un ancla de seguridad

Otra forma en que puedes utilizar el poder de tu ser adulto para defender a tu niño interior es hacer un ancla de seguridad. Para ello tienes que pensar en dos o tres experiencias en tu vida donde te has sentido más seguro. Si tienes problemas para hacerlo, puedes imaginar una escena de total seguridad. Las tres experiencias que utilicé para formar mi ancla fueron:

- ❖ Una vez en el monasterio, donde me sentí unido por completo a Dios.
- ❖ El recuerdo de un abrazo intenso de alguien que, en ese momento, me quería de forma incondicional.
- ❖ El recuerdo de estar arropado en mi suave edredón, despertando tras diez horas de sueño y sin tener obligaciones ni responsabilidades que cumplir (no tenía nada que *hacer* ni ningún sitio al que *ir*).

Haz un ancla de tus tres experiencias de seguridad. Puedes utilizar más si quieres. Yo tomo esta ancla como un ancla *permanente*. Estuve trabajando treinta minutos diarios durante una semana para hacer la mía. Es muy eficaz. En cualquier momento en el que mi niño interior se siente asustado, yo lanzo el ancla. ¡Es maravilloso! Me saca de cualquier estado de temor. Los sentimientos de temor intentan volver, pero el ancla interrumpe la «espiral de terror». Me da algunos momentos de seguridad y descanso. A veces alivia por completo los temores de mi niño.

Deja que tu adulto encuentre nuevos padres para tu niño interior

Otra forma de proteger a tu niño interior es dejar que tu adulto encuentre nuevas fuentes de estímulo para él. Yo las denomino nuevos padres y madres. Lo importante aquí es que dejes que *tu adulto* las encuentre, no tu niño. Cuando tu niño herido es el que elige, hace que vuelvas a experimentar tu abandono. El niño herido quiere a sus padres de verdad para que le amen de un modo incondicional. Para él, lo lógico es encontrar adultos que tengan los rasgos positivos y negativos de los padres que le abandonaron. Por supuesto, esto conduce a una gran decepción. El niño interior considera al adulto sustituto del padre como un dios, y esto es algo que el adulto no puede cumplir. Como ser humano, no puede satisfacer las expectativas fantásticas del niño, por lo que este se siente abandonado. El niño interior debe saber *que la infancia ha terminado* y que tú *no puedes volver atrás y tener de verdad nuevos padres*. Tienes que lamentar la pérdida de tu infancia y de tus padres reales. El niño debe saber que *tú como adulto* harás el papel del padre que necesita. No obstante, el adulto que hay en ti puede encontrar a gente que eduque y estimule tu crecimiento. Por ejemplo, el poeta Robert Bly es uno de mis nuevos padres. Es sugerente y perspicaz. Llega hasta mi niño maravilloso y me estimula para pensar y sentir. Es sensible y me conmueve e, incluso si no lo conozco personalmente, le amo y le abrazo como a un padre. Un sacerdote llamado David es otro de mis padres. Me tuvo una gran estima en mis últimos días en el seminario.

Yo me quería marchar, pero sentía que sería un fracaso si lo hacía. Estaba confuso y deprimido. El padre David fue mi consejero espiritual y no importaba cuánto me despreciara a mí mismo que él, con amabilidad, se centraba en mis fuerzas y en mi valía como persona. Un clérigo de la Iglesia Episcopal, el padre Charles Wyatt Brown, es también uno de mis padres. Me aceptó de forma incondicional cuando acababa de empezar a trabajar como profesor.

Tengo, además, padres intelectuales como San Agustín, Santo Tomás de Aquino, el filósofo francés Jacques Maritain, Dostoievski, Kierkegaard, Nietzsche y Kafka. (A decir verdad, mi niño tolera a medias a nuestros padres intelectuales. Me ha confiado que son padres estimulantes para nosotros, pero piensa que son ¡terriblemente aburridos!)

He encontrado muchas madres para mi niño interior y para mí. Virginia Satir, la magnífica terapeuta que trabaja con los sistemas familiares, es una de ellas. Lo mismo que la hermana Mary Huberta, quien se tomó un interés especial por mí en la escuela elemental. Yo sabía que importaba para ella. Todavía nos escribimos. Tengo una antigua amiga que siempre será una de mis madres. En mi búsqueda espiritual, Santa Teresa, la pequeña flor, fue para mí un modelo del estímulo maternal. He tenido también un estímulo muy poderoso de María, la madre de Jesús, que ha sido mi verdadera madre celestial.

Dios es mi padre principal. Jesús es tanto mi padre como mi hermano. Él me hizo ver cómo Dios, mi padre, me ama sin condiciones. Me he sentido sanar al leer las historias de la Biblia del hijo pródigo y del pastor que va en busca de la oveja descarriada. En esta historia, el pastor deja a todo el rebaño y sale a buscar a la oveja perdida. Ningún pastor en su *sano* juicio lo haría. Su rebaño representa su riqueza terrenal y arriesgarse a perder todo el rebaño por encontrar a una oveja perdida sería frívolo e irresponsable. Lo que la historia quiere decir es que el amor que Dios nos tiene llega a ese extremo. Mi niño interior se siente como la oveja descarriada algunas veces y se alegra cuando le enseño que nuestro Padre Celestial nos ama y nos protege.

En la actualidad, tengo cuatro amigos íntimos. Son mis hermanos en el sentido verdadero de la palabra. A menudo, son también mis padres. En muchas ocasiones, George, Johnny, Michael y Kip han estimulado a mi niño asustado y avergonzado. Me han fortalecido al amarme sin condiciones. Mi niño y yo sabemos que están ahí para lo que necesitemos. Hace poco, he añadido a Pat a la lista. Ambos hemos publicado grandes éxitos de ventas. Él entiende ciertos problemas que otros no pueden compartir. De alguna manera, el adulto puede tomar lo que consigue de otros adultos y dejar que esto eduque al niño interior.

A no ser que recuperemos y defendamos a nuestro niño interior, su necesidad lo consumirá todo. Los niños necesitan a sus padres todo el tiempo, son insaciables. Si dejamos que nuestro niño lleve las riendas, volveremos locos a nuestros amigos y amantes con nuestra necesidad. Una vez que hayamos hecho el trabajo del dolor original, podremos confiar en nuestro adulto para conseguir los estímulos que necesitamos de otras personas.

Por muchas razones, mi último cumpleaños fue un momento especialmente solitario. Mi amigo Johnny fue sensible a mi estado de ánimo. Sabe que me apasiona el golf, así que tenía preparado un palo hecho a mi medida. Normalmente mis amigos y yo no nos hacemos regalos de cumpleaños. El regalo de Johnny tuvo un valor especial e inapreciable para mí. Mi adulto lo aceptó como un acto de paternalismo. Con ese regalo, Johnny estaba siendo un padre para mí.

10
Da nuevos permisos a tu niño interior

> Cuando pensamos en el bienestar de nuestros hijos, planeamos darles lo que nosotros no tuvimos... Entonces, cuando llega el primer hijo nos enfrentamos con la realidad de que ser padres es mucho más que un sueño dorado... A veces nos encontramos haciendo cosas que juramos que nunca haríamos... o nos damos por vencidos... Tenemos que aprender aptitudes, a menudo muchas aptitudes, que no aprendimos en nuestras familias de origen.
>
> JEAN ILLSLEY CLARKE Y CONNIE DAWSON

> Nuestro propio niño interior tiene que disciplinarse para liberar su tremendo poder espiritual.
>
> MARION WOODMAN

Una vez que empiezas a defender a tu niño herido, te enfrentas con otro dilema. Como la mayoría de nosotros provenimos de familias disfuncionales, *no sabemos* ser unos padres estimulantes para nuestro niño. Nuestro niño herido es pueril, muy disciplinado o indisciplinado. Debemos ofrecer una buena disciplina si queremos que nuestro niño herido se cure. Tu niño necesita asumir nuevas reglas que le permitan crecer y prosperar; y tu adulto necesita reunir nueva información acerca de lo que constituye una buena disciplina y aprender nuevas aptitudes para relacionarse con tu niño herido. Usarás el poder de tu adulto para darle a tu niño interior nuevos permisos. Necesita permiso para romper con las viejas reglas familiares, permiso de ser su auténtico yo y permiso para jugar.

Disciplina estimulante

Alguien dijo una vez: «De todas las máscaras de la libertad, la disciplina es la más impenetrable». Estoy de acuerdo con ello. Sin disciplina nuestro niño interior no puede ser verdaderamente libre. M. Scott Peck tiene cosas importantes que decir a este respecto. Afirma que la disciplina es un conjunto de técnicas engranadas para aliviar el inevitable sufrimiento de la vida. Esto no tiene nada que ver con lo que aprendí de pequeño. En el fondo de mi subconsciente, disciplina significa castigo y sufrimiento. Para Peck, la buena disciplina es un conjunto de enseñanzas y reglas acerca de cómo vivir de modo más agradable. Estas reglas ensalzan nuestra existencia y protegen nuestro YO. Veamos una serie de reglas estimulantes que puedes enseñar a tu maravilloso niño interior.

1. Está bien sentir lo que sientes. Los sentimientos no son buenos o malos, son. No hay nadie que pueda decirte lo que *deberías* sentir. Es bueno y necesario hablar de lo que sientes.
2. Está bien querer lo que quieres. No hay nada que debas o no debas querer. Si eres consciente de tu energía, querrás expandirte y crecer. Está bien y es necesario conseguir que se satisfagan tus necesidades. Es bueno pedir lo que quieres.
3. Está bien ver y oír lo que ves y oyes. Todo lo que hayas visto u oído es lo que has visto u oído.
4. Está bien y es necesario tener diversiones y juegos. Está bien divertirse con juegos sexuales.
5. Es importante decir siempre la verdad. Esto atenuará el sufrimiento. Mentir distorsiona la realidad. Todas las formas de pensamiento distorsionado deben corregirse.

6. Es importante conocer nuestros límites y *retrasar* el premio. Así sufriremos menos en la vida.
7. Es crucial desarrollar un sentido de la responsabilidad equilibrado. Esto significa aceptar las consecuencias de lo que haces y no asumir las consecuencias de lo que hacen los demás.
8. Está bien cometer errores. Los errores son nuestros profesores: nos enseñan a aprender.
9. Se deben respetar y valorar los sentimientos, necesidades y deseos de los demás. Quebrantarlos conduce a la culpa.
10. Está bien tener problemas. Hay que resolverlos. Está bien estar en conflicto. Hay que resolverlo.

Comentemos brevemente cada una de estas reglas.

Primera regla

Tu niño herido teme romper con las viejas reglas familiares de *no hablar*, o con la regla que dice que mostrar los sentimientos es signo de debilidad. Debes procurar darle alguna orientación en este aspecto. Dale permiso para sentir lo que sienta y enséñale que los sentimientos no son buenos o malos; pero debes de tener algunas normas claras acerca de los sentimientos que exprese. En algunas ocasiones no es aconsejable o adecuado expresarlos. Por ejemplo, no animes a tu niño interior a expresar sus sentimientos cuando el policía te pone una multa. Casi nunca es apropiado que expreses a tus padres los sentimientos de sentirte abandonado. Necesitas expresarlos de la forma que describía en la Segunda Parte del libro.

Tu niño interior también debe saber la diferencia entre *expresar* un sentimiento y *actuar* según él. Por ejemplo, el enfado es un sentimiento perfectamente válido. Indica que ha habido, o va a haber, una violación de nuestras necesidades básicas. Expresar el enfado es válido en esta situación, pero lo que no es válido es pegar, maldecir, gritar o ponerse a romper cosas.

Debes crear un entorno seguro en el que tu niño pueda expresar con libertad sus sentimientos. Por esto, tal vez necesites unirte a un grupo de apoyo que esté trabajando en problemas similares.

Además, debes enseñar a tu niño interior que tus sentimientos son parte de tu poder personal. Son el combustible psíquico que hace que te muevas para conseguir cubrir tus necesidades. Te indican cuando hay peligro, cuando te están violentando y cuando has perdido algo valioso.

Segunda regla

Esta regla contrarresta la vergüenza tóxica que tu niño interior herido siente acerca de sus necesidades y deseos. ¿Recuerdas el dibujo de nuestros padres de ochenta kilos y tres años? Como niños adultos nunca consiguieron satisfacer sus necesidades o deseos, cuando tú estabas necesitado o querías algo, ellos se enfadaban y te avergonzaban.

Tu niño no cree que tiene derecho a querer cualquier cosa. Tú puedes defenderlo escuchando lo que quiere o necesita. Si no puedes dárselo, puedes escuchar y permitirle quererlo. Sin deseo, nuestra energía vital se aplasta.

Tercera regla

Esta regla contrarresta el engaño y la mentira que existen en las familias disfuncionales. La pequeña Judy vuelve a casa un día después de la escuela y *ve* a su madre llorando. Ella le pregunta: «¿Qué te pasa, mamá?», y su madre le dice: «Nada. ¡Vete afuera a jugar!». El pequeño Farquhar ve un día por la mañana temprano a su padre tumbado al lado del coche en el garaje. Curioso y confuso, corre a preguntar a su madre por qué papá está durmiendo en el garaje; su madre le responde que su padre necesita dormir en el suelo de cemento porque tiene «dolor de espalda». El pequeño Billy *escucha* discutir a sus padres. Se ha despertado con el jaleo y va hasta su dormitorio a preguntarles qué ocurre. «Nada, vuélvete a dormir. Has debido soñarlo».

Los niños que reciben respuestas así restan confianza a sus percepciones y es difícil vivir la realidad sin esos datos. Los niños tienen muy desarrollada la capacidad sensorial, por eso necesitamos la experiencia de nuestro niño interior. Para conseguirla, debemos permitir que nuestro niño interior mire, oiga, toque y explore el mundo.

Cuarta regla

Esta se refiere al juego y a la diversión. Jugar es una forma de ser. Me he acostumbrado a programar el tiempo de juego. Durante esos momentos puedo jugar al golf, ir a pescar o *no hacer nada*. Me gusta ir a sitios y vagar por ahí. Vagar y no tener nada que hacer son formas adultas de juego. Nuestras necesidades del ser se cubren cuando permitimos que juegue nuestro niño interior.

Otra forma maravillosa de juego para adultos es el juego sexual. La mejor forma de juego sexual es cuando nuestros adultos acompañan a nuestros padres hasta la puerta, la cierran y dejan que nuestros niños naturales se lancen al ataque. Al niño interior le encanta tocar, probar, oler, ver y hablar durante el juego sexual. Le gusta estar tiempo explorando, sobre todo si le han enseñado que el sexo era pecado y que estaba prohibido mirar. Es muy importante dejar que tu niño juegue y retoce. Tu adulto tiene que fijar los límites morales en los que crees, pero, dentro de esos límites, es bueno tener un montón de juego sexual en tu vida.

Quinta regla

Esta regla puede ser la más importante de todas. Tu niño interior ha aprendido a adaptarse para sobrevivir. En las familias disfuncionales existen muchas mentiras. El engaño y la negación que rodean a la familia es una mentira. Los falsos papeles que desempeñan los miembros de la familia son mentiras. Para esconder los aspectos desagradables de la vida familiar se necesita mentir. Esto se convierte en una forma de vida dentro de estas familias, por lo que a tu niño le será difícil desaprenderlo.

Tu niño herido, además, tiene formas de pensar que no se atañen a la realidad y que distorsionan la verdad. Todos los niños piensan de un modo mágico y absolutista y debemos enfrentarnos a ello.

Por otro lado, tu niño interior también está avergonzado en su esencia. Este pensamiento que se basa en la vergüenza tiene que corregirse. Veamos algunas de las distorsiones más comunes del pensamiento que hay que vigilar cuando dialoguemos con nuestro niño interior:

Pensamiento polarizado. El niño herido percibe todo en extremos. O blanco, o negro; no hay término medio. Las cosas y las personas son buenas o malas. Piensa que si alguien no quiere estar con él cada minuto del día, esa persona no le quiere de verdad. Es un pensamiento absolutista, consecuencia de la escasa resolución de la constancia del objeto en la etapa de sus primeros pasos. Absolutizar conduce a la desesperanza. Debes enseñarle que todos somos buenos y malos y que no existen absolutos.

Pensamiento catastrófico. El niño interior herido de tus padres enseñó al tuyo a pensar de forma alarmista y catastrófica. La carga de criarte era a menudo excesiva para que tus padres (niños-adultos) la soportasen. Te inquietaban, preocupaban y te sugestionaban con la retahíla de sus ansiedades y angustias. Cuando necesitabas la seguridad de experimentar y explorar, te asustaban con gritos de «atención», «cuidado», «para», «no» y «venga». No es de extrañar que tu niño sea hipervigilante: le enseñaron que el mundo es un lugar terrible y peligroso. Tú puedes defenderlo dándole permiso para aventurarse y probar las cosas, asegurándole que eso está bien y que tú estás ahí para vigilarlo.

Universalizar. Tu niño herido tiende a hacer generalizaciones aplastantes de incidentes aislados. Si tu novio dice que le gustaría quedarse en casa esa noche para leer, a tu niño interior le parece que la relación toca a su fin. Si alguien te rechaza una cita, tu niño interior concluye: «*Nunca* conseguiré otra. Nadie querrá salir nunca conmigo». Si estás aprendiendo esquí acuático y la primera vez no consigues mantenerte sobre los esquíes, tu niño interior concluye que *jamás* aprenderás a esquiar. Puedes defender a tu niño enfrentándote y corrigiendo esta universalización. Una forma de hacerlo es exagerando palabras como *todo, nunca, nadie, siempre, jamás,* etc. Cuando el niño diga cosas como: «*Nadie* me presta *nunca* atención», tú respondes: «¿Quieres decir que *ni una sola* persona en el mundo entero *jamás, jamás, jamás* te ha mirado o ha hablado contigo?». Enséñale a usar en su lugar palabras como *a menudo, tal vez, a veces...* Las palabras anclan tus experiencias. Nos hipnotizamos literalmente con las palabras. Nuestro niño se asusta al tergiversar el sentido de las palabras. Pero las palabras utilizadas de forma precisa son nuestro vehículo para ser confiados y sinceros. Nuestro niño debe aprender a ser sincero.

Leer el pensamiento. Esto es una forma de magia. Los niños son mágicos por naturaleza, y cuando los padres dicen cosas como «sé lo que estás pensando», refuerzan la magia del niño. Los niños cuyas sensaciones están reprimidas confían más y más en la magia. Tu niño interior podría decirte cosas como: «sé que mi jefe está a punto de despedirme. Lo veo en el modo en que me mira». Leer el pensamiento proviene de las proyecciones del niño herido. Supongamos que a tu niño le disgusta alguien, pero tus padres te regañan si expresas tu desagrado. La sensación de disgusto queda entonces escondida y reprimida. Es importante que te enfrentes al niño cuando lee el pensamiento. El mundo tiene ya bastantes amenazas reales como para fabricar más. Enséñale a comprobar las cosas, dale permiso para hacer las preguntas que quiera. Sinceridad y veracidad crean confianza, y la confianza engendra amor e intimidad. Cada vez que tu niño interior intenta mentir, exagerar o distorsionar la realidad con absolutismo y magia, debes corregirlo. El amor y la disciplina reducen el dolor que producen la mentira y la distorsión.

Sexta regla

La sexta regla está relacionada con la necesidad voraz del niño interior. Todos los niños quieren lo que quieren *cuando* lo quieren. No toleran la frustración y el retraso. Parte del desarrollo es aprender a retrasar el premio, lo que ayuda a reducir el sufrimiento y las dificultades de la vida. Comer demasiado, por ejemplo, da dolor de estómago; gastar todo tu dinero de una vez te deja sin ahorros.

Cuando a un niño se le ha desatendido y se ha visto privado de sus necesidades, le cuesta mucho más retrasar las gratificaciones. Nuestro niño interior herido cree que hay una gran escasez de amor, comida, caricias y diversión. Por tanto, siempre que surja la oportunidad de tener esas cosas, el niño se pasa de la raya.

Durante años me ponía más comida en el plato de la que podía comer. No obstante, me la comía toda. También me compraba muchas cosas que no necesitaba solo porque tenía dinero. Las apilaba en mi habitación hasta que rebosaba de trastos. Asimismo, me sentía celoso de cualquier otro terapeuta o conferenciante que tuviera éxito, como si no hubiera suficiente gente a la que ayudar o hubiera una cantidad limitada de amor y admiración. Todo esto era la efusión de mi niño herido. Pensaba que nunca conseguiría mi parte de las cosas y, por tanto, haría bien en conseguir todo lo que pudiera mientras tuviera la oportunidad. Sus excesos me han hecho mucho daño con el tiempo.

Ahora defiendo a mi niño interior cuidándolo mucho. Le prometo cosas maravillosas y *siempre mantengo mis promesas*. Debes cumplir siempre tus promesas si quieres ganarte la confianza de tu niño interior. Al darle a mi niño interior un montón de cosas buenas, le estoy enseñando. Todavía toma las riendas de vez en cuando, pero es mucho mejor de lo que solía ser. Le estoy demostrando que podemos obtener *más* placer si retrasamos el premio.

Hace poco hice un experimento con él. Le encantan las golosinas, los postres, los helados, etc. Le dejé que comiera todos los dulces que quisiera durante una semana. Evaluamos los resultados de cómo nos sentíamos al final del plazo. Nos sentíamos fatal, habíamos ganado dos kilos y medio y mi barriga se salía de los pantalones, que me quedaban apretados. Entonces le prohibí que tomara ningún dulce en los seis días siguientes. Hicimos ejercicio lo más a menudo posible y el domingo le dejé que tomara algún dulce. Luego, evaluamos cómo nos sentíamos: mejor, mucho mejor. En realidad, no comimos muchos dulces el domingo.

Esta dieta no tiene el apoyo del Colegio de Médicos o de los expertos en nutrición, pero demostré a Juanito que es *más placentero* retrasar el premio que atiborrarse.

Séptima regla

La regla número siete es la clave de la felicidad. Gran parte del sufrimiento humano proviene de que el niño herido asume demasiada responsabilidad o rechaza aceptar la suficiente.

Necesitas hacer frente a las consecuencias de tu comportamiento. Al recuperar a tu niño interior has empezado a *ser responsable*. La mayoría de las respuestas del niño interior no son verdaderas; más bien son reacciones ancladas y exageradas. Una verdadera respuesta es consecuencia de los verdaderos sentimientos de uno y de una decisión consciente. Para conseguir darla, debemos estar en contacto con nuestros sentimientos, necesidades y deseos. Los adultos con un niño herido son, de algún modo, ajenos a todo esto.

Defender a tu niño interior es enseñarle a actuar más que a reaccionar. Para emprender una acción tienes que ser *capaz de responder*. La *capacidad de respuesta* viene cuando controlas la vida de tu niño interior más que ninguna otra influencia que tenga a su alrededor.

La mejor ilustración que conozco de la importancia de asumir esta responsabilidad es una relación íntima. La intimidad puede darse porque todos tenemos un niño interior maravilloso y vulnerable. Dos enamorados vuelven a representar la simbiosis del primer vínculo entre madre e hijo. Esencialmente, se funden el uno en el otro. Sienten una sensación omnipotente de identidad y poder. Cada uno comparte su *ser más vulnerable* y profundo con el otro.

Esta vulnerabilidad causa en la gente miedo a las relaciones íntimas y, al final, puede destruir la intimidad. Esta destrucción de la intimidad en una relación sucede cuando una de las partes se niega a asumir la responsabilidad de su propio niño vulnerable. Vamos a ver qué es lo que pasa cuando dos niños adultos se enamoran. Sus niños heridos están contentos. Cada uno ve en su pareja las cualidades positivas y negativas de sus padres de origen; cada uno cree que por fin se atenderán las necesidades insatisfechas de sus niños; cada parte sobrevalora el poder y la valía de la otra. Cada niño herido considera al otro como su padre o madre original. Al poco tiempo de casarse, comenzarán a hacerse exigencias el uno al otro. Estas exigencias disfrazan, ante todo, las expectativas *inconscientes* que surgen del ansia y del vacío del niño herido de cada uno. La naturaleza aborrece el vacío y el impulso vital empuja al niño herido a terminar lo inacabado. Busca el estímulo paternal que nunca tuvo, pero que aún ansia. Un miembro de la pareja puede incluso provocar al otro para que actúe como su padre/madre original. A veces puede *distorsionar* lo que hace su pareja, de modo que se parezca a uno de sus padres. Si consideramos todo esto, vemos que no es una situación muy agradable. Es el equivalente a que dos niños de cuatro años se casen e intenten asumir las responsabilidades de los adultos.

Si has recuperado a tu niño, tienes una oportunidad. Defendiéndolo, *asumes la responsabilidad de su vulnerabilidad*. Cuando te comprometes a hacer de padre de tu niño, te salvaguardas de vincularte a alguien con la esperanza de que será el padre que perdiste. *La intimidad funciona si cada miembro de la pareja asume la responsabilidad de su propio niño vulnerable*. No funcionará si intentas hacer que tu pareja te dé lo que tus padres no te dieron.

Octava regla

Esta regla es una forma de enseñar a tu niño un buen sentido de la vergüenza. La vergüenza tóxica nos fuerza a ser más que humanos (perfectos) o menos (unos patanes). La vergüenza sana nos permite cometer errores, que son parte integral del ser humano. Los errores sirven de avisos, gracias a los cuales podemos aprender lecciones para toda la vida. Al tener permiso para cometer faltas, el niño puede ser más espontáneo. Vivir en el temor a cometer una falta es como ir andando sobre huevos y vivir una existencia precavida y superficial. Si tu niño cree que debe medir cada palabra de modo que nunca diga lo que no deba, puede que tampoco diga lo que deba. Tal vez nunca te pida ayuda, ni te cuente lo que le duele, ni te diga que te quiere.

Novena regla

Es la regla de oro. Te dice que enseñes a tu niño interior a amar, valorar y respetar a los demás como te amas, valoras y respetas a ti mismo. También hace que tu niño sepa que si viola esta regla, tendrá que aceptar las consecuencias. Nuestro niño herido debe de tener claros los conceptos de responsabilidad y culpa. La culpa sana es la vergüenza moral. Nos dice cuándo hemos quebrantado nuestros valores y los de los demás y que debemos pagar un precio por ello. Esta culpa es la base de la buena conciencia que nuestro niño necesita. El comportamiento agresor que veíamos antes ocurre principalmente porque el niño herido no ha desarrollado su propia conciencia. En el caso de un niño maltratado que se identifica con el agresor, el niño tiene el sistema de valores deformado de su agresor. En el caso de prepotencia debido a la indulgencia y sumisión de sus padres, el niño cree que las reglas convencionales para la gente normal no se aplican a él: él es «especial» y esto le da permiso para estar por encima de las reglas.

Décima regla

La regla número diez permite a tu niño saber que la vida se fragua con problemas. Por eso, con frecuencia el niño interior está resentido por los problemas y disgustos. «No es justo», se queja. Como terapeuta he escuchado en numerosas ocasiones la frase: «No puedo creer que esto me haya pasado». ¡Como si los problemas y las contrariedades fueran una mala pasada que nos jugase algún espíritu cósmico sádico! Los problemas son parte de la vida de cada persona. Como dijo M. Scott Peck: «La forma de manejar los problemas de la vida es resolviéndolos». De hecho, la forma en que manejamos nuestros problemas y disgustos determina la calidad de nuestras vidas. Una vez oí decir a Terry Gorski, un terapeuta de Chicago, que «crecer es pasar de un conjunto de problemas a otro conjunto mejor de problemas». Yo lo creo así y ha sido del todo verdad en mi vida. Cada nuevo acontecimiento trae nuevos problemas.

Debemos enseñar a nuestro niño interior que los problemas son normales y que debemos aceptarlos, al igual que debemos enseñarle que el conflicto es inevitable en las relaciones humanas. Así, la intimidad es imposible sin una relación que tenga la capacidad para el conflicto. Tenemos que enseñar a nuestro niño interior cómo luchar y resolver los conflictos. Hablaremos más sobre ello en el capítulo 12.

Estas nuevas reglas dan permiso a tu niño interior para que rompa las viejas. Una vez que se hayan asumido, son una segunda naturaleza para el niño y favorecerán el amor a sí mismo y la curación de la herida espiritual.

Permiso para ser tú mismo

Tu niño interior necesita tu aprobación incondicional para ser él mismo. La disciplina estimulante que acabo de describir facilitará el camino hacia esta restitución de sí mismo. Otra forma de ayudarle es dándole permiso para abandonar el papel — o los papeles— inflexible que desempeñó para equilibrar el sistema familiar y para sentir que importaba. Hemos hablado suficientemente de los papeles y de cómo se establecían en los sistemas familiares disfuncionales. Empezaste a permitir que abandonara esos papeles cuando recuperabas tu yo en la edad de sus primeros pasos y tu yo preescolar. Haz que esas secciones te sirvan como modelo para todos tus papeles del falso yo.

Abandona los papeles del falso yo
PRIMER PASO

Lo primero que necesitas es tener una idea clara de los papeles desempeñados en tu familia. ¿Cómo aprendiste a importar como niño? ¿Qué has hecho para mantener a tu familia unida y cuidar de sus necesidades? Algunos de los papeles más comunes son: Héroe, Estrella, Triunfador, Hombrecito de mamá, Cónyuge Sustituto del padre o la madre, Princesita de papá, Colega de papá, Amiga confidente de mamá, Cuidador de mamá o papá, Mamá de mamá, Papá de papá, Apaciguador, Mediador, Sacrificado, Chivo expiatorio, Rebelde, Perdedor, Niño Problemático, Niño Perdido, Víctima, etc. Los papeles son inagotables, pero todos cumplen la misma función: mantener el equilibrio del sistema familiar, paralizarlo y protegerlo de cualquier posibilidad de cambio. Cada papel permite además a la persona desempeñarlo de forma que oculte su vergüenza tóxica; provee de estructura y definición; y prescribe un conjunto de comportamientos y emociones. Al desempeñar nuestros papeles, nuestro auténtico yo pasa a ser más y más inconsciente. Como he mencionado antes, con los años nos volvemos *adictos* a nuestros roles.

Defender a nuestro niño interior es permitirle que elija las partes de los papeles que quiera mantener y olvidar el resto. Es importante que le expliques con claridad que esos papeles *no han funcionado de verdad*. Yo le pregunté a mi niño interior: «¿Haber sido Estrella, Triunfador y Cuidador ha salvado en realidad a alguien de tu familia?». La respuesta inmediata fue que no. Después seguí: «¿Haber sido Estrella, Triunfador y Cuidador te ha dado una sensación duradera de paz interior?». Y, de nuevo, la respuesta fue no; todavía se siente vacío, solo y depresivo la mayor parte del tiempo. Lo siguiente que le pregunté fue qué emociones tuvo que reprimir para ser una Estrella, un Triunfador y un Cuidador. Me dijo que no podía asustarse o estar enfadado, tenía que ser siempre fuerte, alegre y positivo. Bajo los papeles de superhombre había un niñito asustado, avergonzado y solitario.

SEGUNDO PASO

Ahora estás preparado para dejar que tu niño sienta los sentimientos que le prohibían sus papeles. Dile que está bien estar triste, asustado, solo o enfadado. Has realizado ya mucho de este trabajo en la Segunda Parte, pero como tu niño interior es un nuevo campeón, tienes que hacerle saber que tiene permiso para sentir los sentimientos específicos que sus papeles inflexibles le prohibieron. Esto le da permiso para ser él mismo.

Es muy importante que le protejas durante este paso, ya que los sentimientos pueden ser temibles cuando empiezan a aflorar. Tu niño interior puede agobiarse con facilidad. Tienes que ir despacio y darle muchísimos ánimos. Siempre que cambiemos los viejos modelos familiares, nos sentiremos extraños (literalmente «desfamiliarizados»). No nos sentimos «en casa» con el nuevo comportamiento. Experimentar nuevas emociones le resultará extraño, puede que incluso loco, a tu niño interior. Sé paciente con él. No se arriesgará a experimentar esos nuevos sentimientos a no ser que se sienta absolutamente seguro.

TERCER PASO

Para explorar tu nueva libertad, necesitas encontrar comportamientos que te permitan experimentar tu yo en otro contexto. Por ejemplo, yo le pregunté a la parte creativa de mi adulto qué tres cosas podía hacer para salirme del papel de Estrella y de Triunfador. Pídele a tu adulto creativo que decida *tres comportamientos concretos*. El mío me dijo esto:

- ❖ Ir a un seminario o curso donde nadie me conozca y concentrarme en el curso. Lo hice al asistir al curso de Programación Neuro-Lingüística.
- ❖ Hacer un trabajo mediocre en alguna cosa. Lo hice con un artículo que escribí en un periódico.
- ❖ Apoyar a alguien para que sea el centro de atención. Lo hice compartiendo el podio con un colega. El foco le iluminaba a él.

Estas fueron buenas experiencias nuevas para mí. Aprendí lo que se sentía siendo parte de un grupo más que la Estrella. Me permití escoger lo no perfecto. Me divertí desempeñando el papel de apoyo para otra persona. A mi niño interior le gustó hacer estas cosas. Estaba cansado de tener siempre que hacer de Estrella y de Triunfador.

Dar el paso que sigue con mi papel de Cuidador fue incluso más importante porque era la forma más significativa en que sentía que importaba. Al modificar esto tuve también más miedo. La primera vez que trabajé en ello surgieron estos nuevos comportamientos:

- ❖ Acorté las horas de consulta de cincuenta a cuarenta horas a la semana.
- ❖ Cambié mi número de teléfono personal (se lo estaba dando a mis pacientes) e instalé un contestador automático para las emergencias.
- ❖ Me negué a pasar mi tiempo libre en acontecimientos sociales, contestando a las preguntas de la gente acerca de sus problemas personales.

Al principio me sentía culpable cada vez que hacía algo de esto. Me sentía egoísta. Poco a poco mi niño se dio cuenta de que la gente me seguía valorando y respetando. Saber que era estimado y querido *sin* tener que hacer cosas para los demás fue un paso importante en mi desarrollo.

CUARTO PASO

Para finalizar, debes ayudar a tu niño interior a decidir qué partes de sus papeles quiere mantener. Por ejemplo, me encanta hablar ante cientos de personas en seminarios y conferencias. A mi niño interior le gusta hacer chistes y escuchar cómo se ríe la gente. También le gustan los aplausos al terminar el discurso. Por tanto, he decidido continuar haciendo este trabajo.

Mi niño me ha hecho ver que lo estaba matando con mis papeles de Complaciente, Cuidador y Estrella. Por ejemplo, en mis cursos y seminarios, nunca me tomaba un respiro. Hablaba con la gente, contestaba preguntas, intentaba hacer una terapia en tres minutos y firmaba autógrafos en el descanso. También me quedaba hora y media o más después de que acabara la charla o el curso. A veces estaba hasta doce horas de un tirón. Una noche, viajando en el avión rumbo a casa desde Los Ángeles, mi niño comenzó a llorar. No podía creer lo que estaba pasando, pero me llegó el mensaje. Si el niño quiere que seamos una Estrella, el Cuidador tiene que dejar sitio. Así que escogí algunas cosas que le gustaban a mi niño. En los últimos años siempre viajamos en primera clase; nos recogen, con frecuencia en hermosos automóviles; hemos designado a mucha gente para que se ocupe de nosotros en los descansos del curso; utilizamos el descanso para descansar y tomar algo ligero o alguna fruta. Ahora mi niño y yo estamos dando buenos cuidados a los demás, pero también nos estamos cuidando nosotros y dejamos que los demás nos cuiden. Hemos escogido ser una Estrella, pero no a costa de nuestra existencia. Hemos escogido cuidar de los demás, pero sin obsesionarnos por ello. Ya no creemos que no importamos si no cuidamos de los otros. Cuido de mi niño interior, lo defiendo y le digo que le quiero tal y como es. Mi niño ya no cree que debe abandonar su auténtico yo para ser amado. Ambos sabemos que la relación más importante en nuestra vida es la que tenemos el uno con el otro. Le he dado permiso para ser quien es y eso lo ha cambiado todo.

11
Protege a tu niño interior herido

> Los niños que no son amados por lo que son, no saben cómo amarse a sí mismos. De adultos, tienen que aprender a criar y cuidar a su niño perdido.
>
> Marion Woodman

> El niño quiere cosas sencillas. Quiere que le escuchen, que le amen. Puede incluso no conocer las palabras, pero quiere que se protejan sus derechos y que se respete su autoestima. Te necesita a su lado.
>
> Ron Kurtz

La tercera P de la terapia es la protección. El niño interior está herido y necesita protección porque es aún inmaduro y está, en cierto sentido, verde. Todavía no está seguro de ti como nuevo padre. Hay días en que confía en ti plenamente; otros, se siente asustado y confuso. Después de todo, llevas muchos años sin prestarle atención. Como en cualquier buena relación, la confianza de tu niño interior tiene que ir formándose día a día.

Dedícale tiempo y atención

Como decía anteriormente, los niños saben intuitivamente que a lo que dedicas tu tiempo es a aquello que amas. Es de vital importancia aprender cuando tu niño interior necesita tu atención.

Como todavía estoy trabajando en ello, solo puedo decir lo que he aprendido hasta ahora. Normalmente, mi niño interior necesita que le dedique atención en las siguientes situaciones:

Cuando estoy aburrido. A veces mi niño se aburre con mis conferencias y estudios. También cuando sostengo largas charlas intelectuales. Entonces empieza a impacientarse y a ponerse nervioso. Me pide una y otra vez que examine mi trabajo para ver cuánto le queda aún que aguantar.

Cuando estoy asustado. A mi niño le aterrorizaron sistemáticamente cuando era pequeño. Salta ante la más mínima amenaza.

Cuando presencio una escena cariñosa y emotiva entre padre e hijo. Nunca falla. Pat Cash corrió hacia la tribuna y abrazó a su padre cuando ganó el torneo de Wimbledon y mi niño empezó a gimotear. Lo mismo me ocurrió cuando Jack Nicklaus ganó su quinto Master y su hijo le abrazó camino del hoyo 18º. Y me pasó otra vez cuando Dustin Hoffman ganó el Oscar y llamó a su padre que estaba de guardia en el hospital. Mi niño se echó a llorar. A mi niño le afectó profundamente la pérdida de mi padre. A pesar de que he trabajado este problema (atendí a mi padre en su lecho de muerte y no quedaron asuntos pendientes entre nosotros), siento una pena inmensa por su temprana pérdida.

Cuando estoy cansado. Me pongo realmente quejica e irritable cuando estoy cansado. Tengo que estar pendiente de vigilar a mi niño interior; de lo contrario, lo pagará con el que esté más cerca.

Cuando participo en alguna competición. Mi niño es un mal perdedor. Lo disimula bastante bien, pero, en realidad, detesta perder. En la pista de golf puedo llegar a alterarme mucho. Al analizar mi conducta, me horrorizo al ver mi reacción infantil. Cuando fallé hace poco un hoyo fácil me oí decir: «¡No sé por qué me molesto en hacer nada!». Una exclamación demoledora por algo de lo que ni me acordaba dos horas después.

Cuando me exalto. Las reacciones exageradas son regresiones espontáneas. Noto la presencia de mi niño interior cuando va subiendo mi tono de voz y se pone cada vez más a la defensiva.

Cuando me siento menospreciado o rechazado. Mi niño capta la más mínima señal de rechazo o desinterés. Tengo que ser cauteloso porque a veces lo nota y no hay tal cosa.

Cuando me pongo de pronto en ridículo. Esto no ocurre a menudo, ya que soy una persona básicamente tímida y he aprendido a ser cuidadoso. Pero cualquier ruptura repentina de mis expectativas causará en mi niño cierto bochorno.

Cuando estoy hambriento. Mi niño interior se pone de muy mal humor cuando tengo hambre.

Cuando estoy con mis mejores amigos. Es un momento feliz para mi niño interior. Le gusta estar con mis amigos. Se siente seguro y alegre y le encanta contar chistes, reír y pasarlo bien.

Cuando estoy solo. Durante mucho tiempo no reconocía el sentimiento de estar solo. Ahora sé que me siento solo cuando parece que estoy como entumecido y tengo antojo de dulces. También lo noto cuando quiero llamar mucho por teléfono.

Siempre que aparece mi niño interior lo reconozco. Cuando está contento y lo está pasando bien, un simple reconocimiento basta. Pero cuando está cansado, hambriento, descorazonado, triste o solo, necesito hablar con él. He encontrado dos métodos muy útiles para comunicarme con él.

Comunícate con tu niño interior

Ya has aprendido la primera técnica: escribir cartas. Puedes usar este método para las comunicaciones diarias con tu niño interior. Recuerda que debes usar tu mano dominante cuando haces de adulto y la otra cuando haces de niño interior. Yo lo hago así.

Cuando me levanto por la mañana decido el tiempo que le voy a dedicar a mi niño interior ese día. A veces, si aparece en momentos de angustia, soledad o aburrimiento, me comunico en ese momento, pero, por lo general, le asigno por anticipado unos veinte minutos. Hoy ha sido a las ocho y media de la tarde. Necesitaba un descanso de haber estado escribiendo este libro y mi niño interior se estaba cansando. Esto es lo que he escrito hoy:

> John: ¡Hola, Juanito! ¿Cuántos años tienes ahora?
> Juanito: Seis.
> John: ¿Qué tal te va?
> Juanito: Estoy harto de escribir. Quiero jugar y además tengo un hombro agarrotado.
> John: Lo siento, no sabía que te estaba presionando tanto. ¿Qué te gustaría hacer?
> Juanito: Quiero tomar el helado que trajo Katie.
> John: ¡Lo había olvidado! Vamos a tomar uno.

Después de esta breve conversación escrita, bajé y me preparé un tazón de helado casero que mi sobrina, Katie, había traído antes. A mí se me había olvidado pero Juanito se acordaba. Después de comernos el helado y descansar un rato, volví a escribir.

No siempre paso veinte minutos con Juanito, pero le asigno ese tiempo. Así tiene su periodo de atención. Me he dado cuenta de que cuanta más aceptación le concedo, menos tiempo me necesita. Sabe que estoy ahí y confía en mí. Llevo trabajando en estos diálogos un par de años. Es una forma sencilla de comunicación, pero mucha gente se queja de que lleva demasiado tiempo. En eso estoy de acuerdo y es cierto que al principio requiere un compromiso de tiempo y esfuerzo, pero ¡tu niño interior se lo merece!

La segunda forma de comunicarse es la visualización. Mucha gente ha usado este método para trabajar con su niño interior. Es mi método favorito.

Cierra los ojos y visualiza una habitación con dos sillones confortables situados uno enfrente del otro. Un sillón es más grande y está a la derecha de tu imagen; el otro es de niño, pero es lo bastante alto como para que los ojos del niño y del adulto queden a la misma altura. Aquí he dibujado mi ser adulto (el mago sabio y bondadoso) en un sillón y mi niño interior en el otro. Mira y escucha atentamente cómo conversan tu adulto y tu niño.

Empieza siempre preguntándole la edad. Luego, pregúntale cómo se siente. Asegúrate de dejar claro qué quiere preguntándole cosas concretas. Un miembro de mi grupo se dio cuenta de que su niño estaba enfadado con él. Cuando le preguntó qué quería, el niño dijo que quería ir a Astroworld (un parque de atracciones de Houston) y montar en muchas atracciones. Mencionó la montaña rusa, la noria y el tiovivo. Mi amigo tiene más de cincuenta años y accedió a regañadientes. Quedó con otras parejas y fueron a Astroworld. Subió en todas las atracciones que había sugerido su niño y en algunas más. ¡Se lo pasó de miedo!

Cuando vino a nuestra siguiente reunión, había cambiado de manera apreciable. Es un banquero muy ocupado, experto en inversiones y operaciones financieras complejas. Su niño interior estaba harto de todo eso y le hizo saber lo que necesitaba para escapar de la monotonía de su trabajo. Tres días después de aquella reunión de grupo, mi amigo me invitó a ir con él a Astroworld.

Tu niño necesita que le dediques cierto tiempo y atención. Así sabrá que tiene en ti un verdadero defensor.

Defender a tu niño interior implica conseguirle una nueva familia a su gusto. La nueva familia es necesaria para estar protegido mientras va formando nuevas fronteras y aprendiendo las lecciones más duras. Si tu familia no está recuperada, es casi imposible que consigas que te ayuden mientras tú estás en tu proceso de recuperación. A menudo piensan que lo que estás haciendo es estúpido y te lo reprochan, o se sienten amenazados por lo que haces, ya que al rechazar los viejos papeles que a cada uno le asigna la familia, trastornas el equilibrio del sistema familiar. Si antes nunca te dejaron ser tú mismo ¿por qué van a permitírtelo ahora? Si tu familia no funcionaba, ése es el sitio menos indicado para que consigas satisfacer tus necesidades. Te aconsejo, por tanto, que te mantengas a cierta distancia y que trates de encontrar una nueva familia comprensiva que te sirva de apoyo. Podría ser un grupo de apoyo de amigos, o el grupo con el que te juntas para trabajar sobre tu niño interior, o cualquiera de los innumerables grupos de autoayuda que existen. También podría ser una iglesia, una sinagoga o un grupo de terapia… Elijas lo que elijas, es imprescindible que encuentres un grupo para ambos. Eres el defensor de tu niño y necesita el apoyo y la protección de una nueva familia a la que vincularse.

Consideremos el caso de Sibonetta, que se educó con un padre violento y una madre criticona y chantajista. Su padre murió y su madre se volvió a casar, pero la llama a menudo. A pesar de que Sibonetta ha hecho magníficos progresos en su terapia, noto cuando su madre la ha llamado porque sufre una recaída de varios días. Decidí con ella que se uniera a un grupo de Codependientes Anónimos. Accedió de mala gana; yo era su guía y no quería confiar sus secretos a nadie más. Yo creía que esto no era lo adecuado para ella, por lo que insistí en que se uniera al grupo y que fuera a treinta reuniones durante treinta días. Confiaba en que esa saturación la uniría al grupo. La estrategia funcionó. Empezó a sentirse bien con el grupo y, cuando pasaron los treinta días, siguió yendo a cuatro reuniones por semana. Me di cuenta de que se sentía mejor y parecía que las llamadas de su madre le afectaban menos. Habló de esas llamadas en su grupo y le sugirieron nuevas cosas que decir. También le ayudaron a conseguir un contestador automático, de manera que pudiese registrar las llamadas de su madre y contestarlas cuando estuviese preparada.

El grupo le dio un apoyo mucho más amplio del que yo podía darle, y la influencia de sus voces era más fuerte que la de mi voz solitaria. Sibonetta ahora tiene una nueva familia a la que vincularse para ayudarle en su lucha por acabar con la tiranía de su madre.

Tu niño tiene que ver que tu adulto tiene una fuente de protección bajo tu finita forma humana. Y a pesar de que para tu niño eres algo mágico y como un dios, es muy importante que sepa que tienes un Poder Supremo del que disponer. Incluso si tú como adulto no crees en Dios, tu niño interior cree en algo más grande que él mismo. Los niños creen por naturaleza en un Poder Supremo.

La oración es una poderosa fuente de protección para tu niño herido y le gustará que reces con él. Me gusta cerrar los ojos y ver a mi niño en la edad en que se presente. Lo mismo lo siento en mis rodillas que nos arrodillamos juntos y rezamos. Yo rezo una oración de adulto mientras que Juanito reza una infantil. Le gusta «Con Dios me acuesto» y a veces la rezamos juntos al acostarnos. «Acordaos» es una oración que aprendí en la escuela elemental católica y es una oración a la Virgen María. Me gusta sentir un poder femenino en mi espiritualidad. Pienso en Dios como una madre cariñosa que me abraza y me mece. Esto también le gusta a Juanito. «Acordaos» dice:

> Acordaos, ¡oh, piadosísima Virgen María!, que jamás se ha oído decir que ninguno de los que han acudido a vuestra protección implorando vuestra asistencia y reclamando vuestro socorro haya sido abandonado de vos. Animado por esta confianza acudo a vos, ¡oh Virgen Madre de todas las vírgenes! y, aunque gimiendo por el peso de mis pecados, me atrevo a comparecer ante vuestra presencia. No desechéis mis súplicas; antes bien, acogedlas y oídlas benignamente. Así sea.

A mi adulto no le gustan todas las alusiones a la virginidad porque yo no creo que María fuera una virgen. Pero he conseguido una eficaz protección gracias a esta oración. Le he contado esto a Juanito y le ha causado una gran impresión. Tendrás que encontrar rezos que te sirvan a ti y a tu niño. Yo te recomiendo de todo corazón que ofrezcas a tu niño herido la poderosa protección que nos viene del rezo.

Mima a tu niño interior

Sabemos que los niños pueden llegar a morir si no se les abraza y se les mima. Necesitan que se les toque y estimule para vivir y desarrollarse. Si no, puede afectarles el *marasmo*, enfermedad que produce adelgazamiento y debilidad extremos, igual que si estuviesen muriéndose de hambre. Un niño que padezca marasmo regresa a su estado fetal. Es como un crecimiento a la inversa. Sin mimos, se marchita y se consume. Según crece, es necesario añadir a estos mimos muchas palabras de aliento.

Como los niños no pueden vivir sin mimos, los consiguen por las buenas o por las malas. Si no pueden conseguir buenos afectos, buscarán los malos. También nosotros beberíamos agua contaminada si no tuviésemos otra.

Es probable que tu niño interior se haya conformado muchas veces con aguas contaminadas. Por eso son tan importantes las frases positivas que usamos en cada etapa del desarrollo. Necesitas seguir usándolas. Son los mimos que tu niño necesita para alimentarse. Retrocede y mira las frases de cada etapa. Recuerda qué frases fueron las más convincentes para ti y úsalas para tus mimos particulares. Tu niño necesita oírlas cada día cuando estás aprendiendo por primera vez a defenderle. Las mías son las siguientes:

Recién nacido.
Bienvenido al mundo. Me alegra que seas un niño. Tendrás todo el tiempo que necesites para conseguir satisfacer tus necesidades.

Primeros pasos

- ❖ Está bien decir no.
- ❖ Está bien estar enfadado.
- ❖ Puedes enfadarte y todavía estaré a tu lado.
- ❖ Está bien ser curioso y querer mirar, tocar y probar las cosas.

Preescolar
- Está bien ser sexual.
- Está bien que pienses por ti mismo.
- Está bien ser diferente.
- Puedes pedir lo que quieras.
- Puedes hacer preguntas si algo te confunde.

Edad escolar
- Está bien cometer faltas.
- Puedes hacer algunas cosas de forma mediocre.
- No tienes que ser perfecto y sacar siempre sobresalientes.
- Yo te quiero tal como eres.

Estas frases están diseñadas especialmente para mí y mis necesidades. Puedes hacer lo mismo con las tuyas. Te recomiendo, además, que escribas tus frases. Trabaja una a una, escribiéndola quince o veinte veces al día. Llévala contigo adonde vayas. Léela a menudo y dila en voz alta.

Pon todas las frases en tarjetas de 5 por 7 y colócalas en sitios llamativos de tu casa. Consigue que te las lean tus amigos. Graba sus voces en una cinta y escúchala después.

Ejercicio para implantar caricias de alivio en recuerdos traumáticos

Cuando tus padres se enfadaban (gritando, armando jaleo, amenazando, criticando y juzgando), tu lastimado niño interiorizaba sus palabras de forma muy dramática. Tu supervivencia estaba en peligro. Sus palabras se grabaron y quedaron retenidas en tu mente.

Necesitas volver a esas escenas y dejar que tu adulto protector le dé a tu niño interior nuevas palabras de consuelo. Sin nuevas voces tranquilizadoras, tu lastimado niño interior continuará repitiéndose las mismas palabras de reproche. El siguiente ejercicio te ayudará a reconstruir la escena traumática original y a introducir en ella una nueva voz. Es preferible escoger un recuerdo sobre el que ya hayamos trabajado. Si escoges una escena sobre la que no has trabajado antes, *ten cuidado, ya que puedes agobiarte fácilmente*. Sigue las instrucciones paso por paso. Te recomiendo que, o bien grabes este ejercicio en el magnetófono, o tengas a un terapeuta, un amigo de confianza o una persona de apoyo a tu lado que guíe tus pasos.

PRIMER PASO

Imagina que tu adulto está sentado en un cine mirando a la pantalla en blanco. Mira ahora alrededor y observa los detalles de las paredes de la sala. ¿Qué ves? Mira hacia el techo. Contempla los hermosos relieves del decorado. Ahora mira de nuevo la pantalla y fíjate en el título de la película. Lee las palabras «Vieja Escena Traumática». Ahora imagina que estás flotando fuera de tu cuerpo y te sientas diez filas más atrás. Puedes ver tu propia cabeza de espaldas y puedes verte a ti mismo mirando la pantalla. Haz un ancla con tu pulgar izquierdo y otro de tus dedos.

SEGUNDO PASO

Sujetando tu ancla, obsérvate a ti mismo viendo una película de tu escena traumática en blanco y negro. Obsérvate cómo la ves de principio a fin. Cuando haya terminado, obsérvate mirando a un punto fijo de la última escena que contiene una imagen con tu niño interior tal y como aparecía en la escena traumática. Está allí completamente solo.

TERCER PASO

Deja tu ancla y regresa flotando hacia el mismo que veía la película. Estás ahora en tu cuerpo. Imagínate a ti mismo caminando entre la imagen de la pantalla. Ahora estás allí con tu niño herido. Pregúntale si puedes cogerlo. Si te dice que sí, tómalo en brazos y dile las cosas reconfortantes que debió escuchar cuando sufrió el trauma. Si no quiere que lo cojas, dile solamente las palabras tranquilizadoras.

Por ejemplo, tengo un recuerdo traumático en el que mi abuela me regañaba porque estaba llorando como un histérico al ver que mi padre salía de casa amenazando con cogerse una «curda» tremenda. Él y mi madre acababan de tener una pelea terrible. Yo estaba aterrado. Trabajando sobre esa escena, cojo suavemente a mi niño herido y le digo: «Está bien, Juanito. Es terrible pensar en que tu padre se va a emborrachar otra vez. Es muy normal que estés asustado, que tengas miedo de que tu padre no vuelva más o de que pegue a tu madre. Puedes llorar todo lo que quieras. Ahora estoy contigo para protegerte».

CUARTO PASO

Cuando hayas terminado de apaciguar a tu niño, imagina otra vez la escena traumática entera, esta vez en color. Imagina que tú y tu niño herido estáis parados dentro de la película como si el tiempo corriera en sentido inverso.

Espera unos diez minutos y luego reflexiona sobre la escena. Observa si sientes algo diferente, si eres capaz de escuchar los sonidos de tu nueva voz. Si no puedes, necesitas trabajar un poco más en ello. Puedes repetir la escena tantas veces como creas necesario.

Pide mimos

Aprende a pedir mimos o elogios cuando los necesites. La mayoría de la gente se avergüenza cuando expresamos nuestra necesidad de cariño, ya que no hemos aprendido a alimentarnos afectivamente. Debes permitir ahora que tu niño lo haga. Cuando alguien te hace un reproche, alivia mucho llamar a un amigo y pedirle que te halague. Puedes decirle: «Dime que soy una buena persona», o «Dime lo mucho que me quieres y cuánto me aprecias», o «Dime lo que te gusta de mí». Piensa en lo que harías tú si estuvieses muriéndote de hambre: buscarías algo de comida o la pedirías. Tu niño no se da cuenta de que puedes hacer lo mismo cuando estás «emocionalmente» hambriento.

Resulta beneficioso pedir el tipo concreto de halagos que necesitamos. Ya sabes algunos de ellos. Muchas mujeres hermosas están hartas de elogios a su belleza. Si eres una mujer atractiva, necesitas otra clase de halagos. Por ejemplo, si un hombre te dice lo guapísima o lo sexy que eres, puedes contestarle: «Lo sé, ¿qué más te gusta de mí?».

Tengo un sinfín de halagos para mi inteligencia. Me digo cosas como: «Eres un genio. No sé cómo lo haces». Si lo que quiero son halagos para mi «físico», enseño a mi niño interior a decir: «Sé que soy guapo. ¿Te gusta mi cuerpo?». Esto no es fácil porque, como la mayoría de nuestros padres fueron niños adultos que a su vez estuvieron «faltos de halagos», fueron también poco dados a darlos.

Aparte de alabar y mimar a tu niño a menudo y de la forma concreta que necesite, enséñale lo siguiente:

- ❖ Elogia siempre que puedas a los demás.
- ❖ Está bien que te elogies a ti mismo.
- ❖ Está bien que pidas que te elogien.
- ❖ Está bien que pidas el tipo de elogios que necesites.

Tu niño interior necesita esta protección y este estímulo continuamente. Como defensor de tu niño interior, puedes darle las tres «P» terapéuticas que describía Eric Berne. Estas tres «P» —poder, permiso y protección— son los elementos para una educación sana. Yo añadiría una cuarta «P». Defender es un proceso continuo que requiere un duro aprendizaje y exige esfuerzo y práctica. Veamos ahora esa cuarta «P».

12
Puesta en práctica de los ejercicios correctivos

> Aceptamos tantos riesgos como corremos.
> HENRY DAVID THOREAU

> Funcionará si lo haces funcionar.
> ESLOGAN TERAPÉUTICO

> Puesto que el niño se ha herido por la falta de atención y carencias en el aprendizaje, tenemos que *aprender* a cubrir sus necesidades de adulto. Podemos adquirir aptitudes en todos los campos de las relaciones. No se trata de olvidar ciertos hábitos, sino de aprender cosas por primera vez.
> KIP FLOCK

Ya hemos lamentado la pérdida de nuestras necesidades de dependencia que no se cubrieron durante el desarrollo. Ahora, podemos aprender varios ejercicios que nos darán experiencias para corregir nuestro comportamiento. El trabajo correctivo es el aspecto más esperanzador del trabajo del niño interior. Nuestra herida se debe en parte a carencias del aprendizaje, y esto se puede corregir aprendiendo de nuevo. Hemos hecho parte de este nuevo aprendizaje al responder, durante nuestro desarrollo, a las exigencias sociales. Pero para la mayoría de los que tenemos un niño herido, quedan muchas áreas en las que la falta de esas aptitudes de desarrollo provoca dolor y aflicción. Muchos niños adultos desconocen que su comportamiento anormal se debe a deficiencias en su aprendizaje. Se avergüenzan y se culpan sin cesar de sus fracasos y de sus defectos de carácter. Realizar los ejercicios correctores ayudará a tu niño herido a comprender que sus *defectos* son en realidad *carencias*. Los comportamientos «contaminados» de tu niño herido no son más que la forma en que aprendió a sobrevivir. El psiquiatra Timmen Cermak compara estos comportamientos de supervivencia con las características del estrés postraumático. Los soldados en una batalla tienen que utilizar todos sus recursos para sobrevivir. No tienen tiempo de expresar sus sentimientos, lo que es necesario para integrar el trauma. Más tarde, el dolor no resuelto se manifiesta con rasgos como ataques de ansiedad, exceso de control, lapsos de memoria, depresión, regresiones e hipervigilancia. Estos son los rasgos que se asocian con los trastornos nerviosos postraumáticos. Si viéramos la lista completa de estos trastornos, veríamos lo mucho que se parecen a las contaminaciones del niño interior herido descritas en el capítulo 1.

Los siguientes ejercicios corregirán las deficiencias del aprendizaje del pasado. Más que nada, intensificarán la capacidad de tu niño interior de ser y de amar e intimar.

Otros escritores han ofrecido recursos enriquecedores para cada etapa del desarrollo. Ya he mencionado el libro de Pam Levin *Ciclos de poder*. Me gustaría añadir además los de *Recuperarse de la codependencia*, de Laurie y Jonathan Weis; *Ventanas a nuestros hijos*, de Violet Oaklander; *Hijos adultos de familias disfuncionales*, de Steven Farmer; *Liberarse de la trampa de la codependencia*, de Barry y Janae Weinhold, y *Metáforas terapéuticas para niños*, de Joyce Mills y Richard Crowley. Las páginas que siguen están muy inspiradas en estas fuentes.

Estos ejercicios funcionan mejor si los aplicas a los aspectos en que se te desatendió más. Ahora ya debes tener una idea bastante aproximada de las etapas del desarrollo en las que se quedó parado tu niño interior. Te recomiendo que trabajes, en especial, esas etapas.

Ejercicio para cubrir las necesidades de tu niño recién nacido

De recién nacidos, necesitábamos sentirnos seguros para *simplemente ser*. A la mayoría de nuestros niños heridos les enseñaron que no bastaba con *ser*, que solo importaríamos si estábamos *haciendo* algo. Esto conduce a la pérdida de nuestra conciencia del YO. Ahora, hemos de aprender a no hacer nada y simplemente *ser*.

Los siguientes ejercicios te ayudarán a ser quien eres en cualquier momento. Escoge los que más te atraigan.

- Métete en la bañera y quédate un rato concentrándote en tus sensaciones corporales. Tómate tu tiempo estando así.
- Aplícate masajes con regularidad.
- Deja que alguien te haga la manicura y te arregle el pelo.
- Pídele a un amigo que te prepare la comida o que te lleve a algún sitio a cenar.
- Siéntate tranquilamente y envuélvete en una manta o en un edredón.
- En invierno, abrígate al calor del fuego y asa unas castañas.
- Pasa mucho tiempo con tu amante haciéndoos caricias sensuales.
- Reserva ratos para no hacer nada; sin hacer planes y sin compromisos.
- Haz que tu amante te bañe con ternura.
- Date un baño de espuma o con aceites aromáticos.
- Estate de media hora a una hora flotando en la piscina un día caluroso de verano.
- Túmbate un buen rato en una hamaca.
- Escucha dulces nanas (como *Lullaby Suite* o *Lullabies and Sweet Dreams*, de Steve Halpern).
- Cuando estés trabajando, ten siempre a mano alguna bebida para beber con frecuencia.
- Chupa caramelos o chicles al empezar un nuevo trabajo o cuando hagas algo por primera vez.
- Cambia tus hábitos alimenticios. En vez de hacer «tres comidas», toma pequeñas cantidades varias veces a lo largo del día.
- Procura rodearte de gente que te apoye de manera especial (mejor si son de ambos sexos), que te cogerán y te abrazarán en los momentos que hayáis determinado.

- Los días que tengas mucho tiempo, échate todas las siestas que quieras.
- Practica «paseos de confianza» con un amigo. Deja que te vende los ojos y que te guíe durante el tiempo que hayáis fijado.
- Arriésgate a confiar del todo en un amigo con el que congenies bien. Deja que haga planes y que controle todo lo que vayáis a hacer juntos.
- Consigue una pareja y miraos el uno al otro durante nueve minutos. Ríete con ganas o deja que salga la risa tonta, haz cualquier cosa. No habléis, solo miraos mutuamente.
- Descansa bien antes de comenzar algo nuevo.
- Reflexiona sobre la nada. Cuando meditamos sobre ella, estamos meditando acerca del ser mismo. De recién nacidos, es el momento en el que estamos fundando el poder del ser. Hay muchas vías de meditación sobre el ser puro o la nada. Tales meditaciones se encaminan a la creación de un estado de inconsciencia, que a veces se denomina «silencio». Aprender a estar inconsciente conecta al niño interior con ese adulto muy profundamente.

Meditación para alcanzar el poder de ser

Lo que viene a continuación es una forma sencilla de meditación inconsciente. Grandes maestros espirituales llevan años dominando esta técnica. Merece la pena practicarla. Te recomiendo que grabes la meditación con tu música favorita para meditación como música de fondo.

> Empieza por concentrarte en la respiración… Solo sé consciente de ella… Date cuenta de lo que ocurre en tu cuerpo al inspirar y espirar… Siente el aire entrar por la nariz y luego salir… ¿Cuál es la diferencia?… Al inspirar, imagina que el aire llega hasta tu frente, y al espirar, libera todas las tensiones que encuentra allí… Entonces inspira alrededor de los ojos… y espira cualquier tensión que haya… Luego alrededor de la boca… Baja hasta el cuello y los hombros… Sigue bajando por los brazos y a través de tus manos… Inspira dentro del pecho y espira la tensión… Inspira en

tu abdomen… Inspira en tus nalgas y espira cualquier tensión que encuentres… Inspira en tus pantorrillas y libera la tensión… Ahora deja que tu cuerpo entero se relaje… Imagina que eres hueco por dentro… Imagina que un cálido rayo de sol dorado pasa a través de tu cuerpo… Comienzas a sentir pesadez o levedad… Tú decides qué estás sintiendo… Tus párpados son muy pesados… Tus brazos son muy pesados… Tus piernas y tus pies son muy pesados… O puede que te sientas muy ligero… Como si todo tu cuerpo estuviese flotando… Imagina que el horizonte de tu mente se va oscureciendo poco a poco hasta que llegas a la oscuridad total… En el centro de esa oscuridad, empiezas a ver un punto diminuto de luz… La luz comienza a extenderse lentamente… Hasta que todo el horizonte queda iluminado… Ahora mira la luz… La luz pura… Sé consciente de la nada que estás experimentando… No hay nada ahí… Solo pura existencia… Lentamente ves el número 3 apareciendo en el centro de tu horizonte… Vuelve a notar tu respiración… Deja que tu conciencia recorra todo tu cuerpo comenzando por la punta de los pies y subiendo por tus piernas, caderas, estómago, pecho, brazos, cuello y hombros, cara y cerebro… Toma conciencia de tu propio YO… Estás en intenso contacto contigo mismo… Con tu propio YO… Ahora ves el número 2… Mueve las puntas de los pies… Mueve tus manos… Siente tu cuerpo en contacto con la silla y tus pies con el suelo… Escucha todos los sonidos que oigas a tu alrededor… Ahora ves el número 1 y poco a poco vas abriendo los ojos…

Permanece sentado, tranquilo y absorto, durante unos minutos… Déjate estar simplemente.

Todos estos ejercicios son muy útiles para cuidar de las necesidades de tu recién nacido. Pueden ser en concreto muy eficaces cuando:

- ❖ Estás iniciando un nuevo ciclo de tu desarrollo.
- ❖ Tienes que empezar algo nuevo.
- ❖ Has sufrido una pérdida.
- ❖ Tienes un nuevo bebé.

Estos ejercicios deben realizarse despacio y luego reflexionarse. Las experiencias del ser son como el saber comer: deben masticarse a conciencia, no engullirse. Si tragamos la comida sin masticar, es difícil digerirla; y sin digerirla no aprovechamos la energía de los alimentos. Lo mismo ocurre con las experiencias «del ser».

Ejercicios para cubrir las necesidades de tu niño en sus primeros pasos: Etapa del gateo y de la exploración sensorial

Fritz Perls solía decir que necesitamos «dejar a un lado nuestras mentes y recuperar los sentidos». Nuestro niño tiene bloqueados sus sentidos desde edad temprana. Tenemos que volver a contactar con el mundo sensorial que nos rodea. He aquí varias cosas que puedes hacer para volver a estimular las necesidades exploratorias básicas de tu niño en sus primeros pasos.

- Ve al rastro o a unos grandes almacenes. Pasa de artículo en artículo mirando, tocando y examinando todo lo que te llame la atención.
- Ve a una cafetería o restaurante que tenga bufé. Escoge muchos platos diferentes. Prueba comidas que nunca hayas probado.
- Entra en un supermercado y compra alimentos que no comerías normalmente con las manos. Llévatelos a casa y cómelos con las manos. Puedes ser todo lo sucio que quieras.
- Pasa un rato masticando algo crujiente.
- Pasa un rato en una frutería oliendo diversas frutas y vegetales.
- Ve a un sitio al que no hayas ido antes. Presta atención a todos los detalles que puedas del nuevo entorno.
- Ve a un parque que frecuenten niños. Colúmpiate, tírate por el tobogán, juega con todo…
- Ve a la playa y juega unas horas en la arena. Construye algo con ella.
- Juega con arcilla. Experimenta con formas y figuras.
- Consigue varios esmaltes y pasa una tarde pintándote las uñas. Utiliza todos los colores que puedas.

- Haz ruidos por la casa solo para ver cómo suenan las cosas. No te olvides de las ollas y sartenes de cocina y de la cubertería de plata.
- Vístete con colores llamativos y sal a dar una vuelta.
- Acude a una clase Montessori* y deja que el entorno te envuelva. Prueba a hacer cualquier cosa que despierte tu imaginación.
- Ve a un parque de atracciones y pasa unas horas mirando y montándote en las atracciones.
- Pasea por un algún parque o un jardín bonito e intenta oler todos los aromas que puedas. Ve saltando de un olor a otro.
- Visita un museo de pintura y fíjate en los colores brillantes de los diversos cuadros.
- Da un largo paseo con un amigo o con tu amante. Cogeos de la mano y dejad que vuestros sentidos os guíen por donde más os apetezca.
- Vete al parque con un amigo y practica la visión Zen. Por turnos, cerrad los ojos y cogeos de la mano. Acerca a tu compañero hasta una hoja, un tronco de árbol, una flor silvestre. Cuando le aprietes la mano, que abra los ojos como si fueran el obturador de una cámara. Abre y cierra los ojos cuando tu amigo te apriete la mano y *mira* la esencia pura de la visión que te han preparado.
- Escribe una lista de palabras que nombren sensaciones y luego piensa en lo que te viene a la mente al pronunciarlas en voz alta. Algunas pueden ser, por ejemplo, *abultado, espinoso, cosquilloso, plumoso, resbaladizo, duro, suave, delgado, gordo, oscuro, brillante…*
- Camina descalzo por el campo o alrededor de tu casa. Siente las diversas texturas de las cosas: hierba, tierra, alfombras, cartones, periódicos, baldosas, almohadas, toallas, tarima, metal…
- Mantén una conversación sin hablar con tu compañero; solo por gestos y con las manos.

---

* El método Montessori es un sistema educativo para niños que se basa en la autoeducación y pone especial énfasis en la educación de los sentidos. *(N. de la T.)*

- ❖ Vuelve a ser dueño de tus ojos contemplando las cosas. Por ejemplo, pasa por delante de una parada de autobús y observa a la gente como si fueras una cámara haciendo una foto. Siéntate y escribe, con detalle, lo que has visto.
- ❖ Siéntate frente a una flor, un árbol, una manzana, etc., en una especie de estado de meditación. Déjate ser uno con el objeto. *Mira* el objeto en toda su grandeza. Deja que tu mano siga lo que ven tus ojos y dibuja lo que ves.
- ❖ Mantén una conversación en clave con un amigo. Trata de adivinar lo que dice el otro.
- ❖ Juega al «sonido misterioso» con un amigo. Ponte de espaldas o tápate los ojos mientras tu amigo hace un ruido vertiendo agua, tocando el tambor, dando golpecitos con un lápiz, rascándose la cabeza, etc. Trata de adivinar lo que es. Luego, intercambiad los papeles.
- ❖ Reúnete con un grupo de gente para cantar. Inventa canciones con un final abierto del tipo de «Si fuera una manzana del árbol…» e inventa nuevos versos. Escucha canciones infantiles, en especial de música folk.

Volver a conectar con los deseos

Tal vez, el ejercicio más importante de esta sección es ayudar a tu niño a conectar de nuevo con sus deseos. La parte más lastimada y herida de nuestro niño es su voluntad. La voluntad es el deseo elevado a la categoría de acción. El deseo mana de la conexión con nuestras necesidades. Al provenir de una familia disfuncional, mi niño no pudo prestar atención a sus señales internas porque estaba muy ocupado lidiando con el trasfondo familiar. Muy pronto, perdió contacto con sus propias necesidades y deseos. Yo sabía lo que mis padres querían incluso antes de que ellos lo supiesen. Me convertí en un experto en saber lo que ellos querían, pero, a cambio, perdí la conexión con lo que quería yo. En una palabra, aprendí a ignorar lo que deseaba y, tras un tiempo, dejé a su vez de querer nada. Tu adulto debe ayudar a tu niño a reconocer sus deseos y protegerlo mientras se arriesga a alcanzar lo que quiere.

Una de las formas más fáciles de identificar lo que queremos es hacer una lista de los comportamientos con que sustituimos esos deseos. Entonces debemos hacer frente a la pregunta: «¿Qué es lo que necesito o quiero de verdad cuando me comporto así?». He aquí una lista de comportamientos sustitutos bastante comunes:

- Contar mentiras.
- Comer sin hambre.
- Coger un cigarrillo.
- Poner mala cara.
- Insultar a alguien que nos importe.

Cuando me doy cuenta de que estoy teniendo alguno de estos comportamientos, me siento, cierro los ojos y presto mucha atención a mis señales internas. A menudo escucho a mi niño interior pidiéndome lo que quiere. Aquí pongo algunos ejemplos de los deseos que subyacen tras los comportamientos anteriores.

- Quiero expresar mi enfado.
- Ya he dejado de fumar, pero cuando lo hago es, por lo general, porque estoy en lo más agudo de mi depresión.
- Estoy asustado y me gustaría estar con alguien.
- Quiero que alguien sepa que de verdad importo.
- Quiero que me presten atención.
- Necesito que me acaricien y me mimen.

Existen otros muchos comportamientos que la gente tiene cuando no es consciente de lo que desean. Algunos son bastante generales y otros son muy idiosincrásicos. Cada uno de nosotros debe ayudar a su niño interior a que se fije en estos comportamientos.

Jon y Laurie Weis han hecho que sus pacientes hagan una lista del «yo quiero» o «me gustaría». Les han pedido que lleven siempre consigo un papel y un lápiz y que cada vez que noten que quieren algo lo apunten para luego mostrar la lista a su terapeuta (que puede ser un compañero o una persona de apoyo). Este es un ejercicio excelente que te animo que hagas.

Ejercicios para la etapa de separación del niño en sus primeros pasos

Los niños, al aprender a mantenerse sobre sus propios pies, comienzan a separarse. Hay muchos ejercicios que puedes practicar si has descubierto que tu niño herido en sus primeros pasos no consiguió cubrir sus necesidades de separación. Practica, por ejemplo, el decir «no» y «no quiero». Por lo general, esto asusta un poco si te han castigado o abandonado por decir «no». Jon y Laurie Weiss sugieren un método de tres pasos para practicarlo:

1. El primer paso es decir no en privado. Hay que decirlo a menudo (al menos veinte veces al día) y en voz alta. Di no a las cosas que no quieres hacer. Esto te ayudará a sentir la rebeldía natural que sentías a los dos años.
2. El siguiente paso es decir no en un contexto semipúblico. En sus terapias de grupo, los Weiss hacen que el paciente que está trabajando sobre este problema diga no y no quiero en voz alta y al azar, sin que sea necesariamente en respuesta a algo que se esté haciendo. Te recomiendo que te pongas de acuerdo para practicarlo con algún compañero o con el grupo en que estás. Primero di que no y luego piensa si en realidad quieres hacerlo. Los Weiss animan a sus pacientes a decir no y luego discutir si quieren hacer algo o no.
3. ¡Esto es lo mejor! Tienes que decirle a alguien que no de verdad. Tu negación debe respetar los sentimientos de la otra persona, pero no hacerse responsable de ellos. Me gusta ser sincero y dar mi opinión a una persona sobre lo que me pregunta, incluso si no estoy de acuerdo. Por ejemplo, mi amigo Mike me preguntó hace poco si quería ir a la bolera. Le dije: «Estaría bien. Pero no puedo. Hoy tengo mucho que hacer. Tal vez otro día». Me gusta acariciar la idea de si me gustaría ir. A veces digo: «Gracias por invitarme. Pero no puedo. Ya tengo un compromiso». Algunos «noes» son más difíciles que otros. Es difícil decir que no cuando quieres hacer algo o cuando toca un punto débil de tus necesidades insatisfechas.

Así, a una persona ansiosa de que la acaricien y la mimen puede resultarle difícil rechazar una invitación sexual.

Cuanto más ayudes a tu niño a identificar sus necesidades y a cuidar de ellas, más fácil te será decir que no.

Otra buena forma de afianzar la independencia de tu niño es hacer un curso de reafirmación. Estos cursos ofrecen a tu niño la seguridad del grupo y ejercicios planeados y estructurados cuidadosamente para aprender a decir no. También existen varios libros buenos sobre cómo reafirmarse. Mis dos favoritos son *Estás en tu derecho*, de Robert Alberti y Michael Emmons, y *Cuando digo no, me siento culpable*, de Manuel Smith.

Si eres rebelde, es probable que digas no demasiadas veces. Incluso puede que lo digas cuando quieres decir sí. Habla con tu niño interior. Dile que protegerás sus derechos, que puede dejar de gastar su energía en asegurarlos. Dile que en vez de esperar a averiguar qué quieren los demás para oponerse, puede determinar qué es lo que él quiere o necesita y pedirlo directamente.

Delimita tu terreno

Habla con quien vivas sobre la importancia de que cada persona tenga sus posesiones, su tiempo y su espacio. Poneos de acuerdo en diseñar una serie de reglas personales que rijan vuestro terreno. Algunas podrían ser estas:

- ❖ Parte de mi tiempo es mío. Puedo compartirlo contigo o no.
- ❖ Nadie puede usar nada que me pertenezca sin pedirme permiso.
- ❖ Si te permito que uses algo mío, espero que lo devuelvas al sitio donde lo encontraste.
- ❖ Mi habitación (o el sitio que tenga) es sagrado. Si encuentras la puerta cerrada, llama y pide permiso antes de entrar. A veces cierro la puerta para asegurar mi privacidad.
- ❖ Durante un tiempo, quiero tener mi sitio para trabajar, mi sitio en la mesa y mi propia silla. Estoy dispuesto a cambiar de sitio en un futuro si así lo acordamos.

Otra práctica útil para evitar la codependencia es hacer *una lista de las cosas que te pertenezcan*. Consigue algunas pegatinas blancas, escribe en ellas tu nombre y ve pegándolas por la casa en todo lo que es tuyo. También, si quieres, puedes hacer un horario y ponerlo en tu puerta, indicando qué horas pertenecen a tu privacidad y soledad y qué horas estás dispuesto a compartir con los demás.

Practica el expresar tu enfado

Nuestra rabia es parte de nuestro poder. Es la energía que usamos para proteger nuestras necesidades básicas. Si no nos enfadamos, nos dejamos pisotear y solo complacemos a la gente. En la infancia, es muy probable que te hayan reñido y castigado cuando te enfadabas. Tu niño aprendió a controlarse y a no sentir rabia. Con los años, ni siquiera sabía cuándo estaba enfadado.

Tu niño pudo aprender, además, a utilizar sentimientos falsos para ocultar su enfado. Un falso sentimiento es el que se usa para manipular a alguien y reemplazar el sentimiento que se está teniendo en realidad. Puede que tu niño haya aprendido que, si se hacía el dolido o comenzaba a llorar cuando se le castigaba por enfadarse, no podía conseguir el consuelo de su progenitor; mientras que, si no se enfadaba, sí. Así aprendió un sentimiento falso: estar triste o llorar cuando en realidad estaba enfadado.

La falsa culpabilidad se forma de otra manera. Cuando un niño se enfada se le *hace sentir* que es malo. Se le enseña que cualquier demostración de ira es una falta de respeto y de desobediencia, que viola el Cuarto Mandamiento y que está moralmente mal. Cuando un niño se enfada con sus padres se siente culpable de inmediato. Ha hecho algo malo. Gran parte del sentimiento de culpa que la gente tiene acerca de sus padres es, en realidad, un disfraz del enfado que sienten hacia ellos. La mayoría de nosotros confundimos el enfado legítimo con los arrebatos impredecibles y las explosiones provocadas por no poder soportar más la represión de nuestro enfado.

El enfado no tiene que ser un estallido repentino. En una escala del uno al cien, los arrebatos de cólera están en lo más alto de la escala. La mayoría no sabemos que el enfado empieza con un trastorno o disgusto *templado*. Si se demuestra de inmediato, se descarga de forma suave y reconfortante. La razón de que casi todo el mundo piense que el enfado es algo explosivo es que nunca les han enseñado formas eficaces de expresar su enfado.

Como tu niño interior piensa que el enfado es un estallido de violencia, se asusta de ello. La mayor parte del los niños adultos están manipulados por el enfado. Renunciarán a su propia forma de ser con tal de que la otra persona deje de demostrar su enfado.

Ayudando a tu niño a ponerse en contacto con su enfado y enseñándole a expresarlo, mitigarás su miedo. Puede aprender que tiene el control de su enfado, aprender a ver que el enfado de los demás es de *ellos* y que puede negarse a asumir responsabilidad alguna por ello.

Si el curso de reafirmación no te resulta viable, practica la expresión de tu enfado de las siguientes formas:

❖ Cuando estás practicando *por vez primera* cómo mostrar tu enfado, retírate cuando te sientas enfadado. Siéntate y *piensa* en ello. Encuentra la razón de tu enfado y escríbela si es necesario. Piensa en lo que quieres que haga o que no haga la otra persona. Por ejemplo, hace poco me sucedió algo que me molestó. Le pedí a un empleado que me avisara a una hora y él me aseguró que lo haría. Cuando eran las dos de la tarde, el empleado no llamó. Esperé treinta minutos y a las dos y media estaba ya muy furioso. Esperé hasta apaciguarme y entonces trabajé en cómo expresar mi enfado.

❖ Practica lo que vas a decir. Dilo en voz alta y, si es posible, practícalo con un amigo que no tenga que ver con ese enfado. Yo lo ensayé diciendo: «Estoy enfadado contigo. Te pedí que me llamaras el martes a las dos, me dijiste que estabas de acuerdo y luego no me llamaste».

❖ Tan pronto estés preparado, ponte en contacto con la persona en cuestión. Dile que estás enfadado y que quieres hablar. Arreglad una cita.

❖ Habla con la persona que te ofendió. A mí me gusta introducir lo que voy a expresar respecto a mi enfado con la frase: «Es probable que parte del enfado sea cosa mía y quizá no me dé cuenta de ello, pero estoy enfadado contigo...».

A veces soy consciente de que los problemas derivan de mi propia historia personal. Si es así, se lo digo a la persona implicada. Por ejemplo, le diría: «Mi padre solía decirme que me llamaría y luego nunca lo hacía. Estoy enfadado contigo. Te pedí que me llamaras a las dos y...». A lo mejor no obtienes la respuesta que esperas de la otra persona, pero lo importante es que le expreses tu malestar.

El enfado debe descargarse lo antes posible. Una vez que hayas aprendido a hacerlo de una forma conveniente, hazlo en cuanto puedas. Te sugiero que esperes un poco porque, por lo general, resulta angustioso cuando empezamos a expresar nuestro enfado, pues tenemos reacciones exageradas que se manifiestan en forma de furia.

Practica el expresar el enfado del pasado

Una vez que el niño sabe que te tiene ahí para que le protejas, empieza a aflorar el enfado del pasado. Tu niño puede estar aún enfadado por cosas que sucedieron en tu infancia. Al defenderlo, quieres terminar con el pasado. Acudir *directamente* a la gente que te hizo daño no suele ser útil. Es mejor que el antiguo enfado se resuelva de forma simbólica. Cierra los ojos e imagina a tu niño interior. Pregúntale cuántos años tiene. Entonces, imagínate a ti mismo flotando dentro de su cuerpo. Ahora eres un niño. Mira a tu ser adulto, *cógele la mano y haz un ancla con su puño derecho.* Ahora deja que aparezca la persona con la que estás enfadada. Mírala con atención. ¿Qué lleva puesto? Ahora dile por qué estás enfadado. Mantén apretado tu puño. Cuando le hayas dicho todo lo que necesitabas, respira profundamente y relaja tu puño (es decir, suelta tu ancla). Vuelve a tu ser adulto. Coge a tu niño y sácalo de la habitación en la que estás. Poco a poco, abre los ojos.

Asegúrale a tu niño que está bien sentir y expresar su enfado.

Dile que estarás a su lado para protegerlo, que puede enfadarse contigo y que nunca le dejarás.

Hay más formas de trabajar el enfado y el resentimiento. En algunos casos, conviene hacerlas en un contexto terapéutico. En caso de duda, habla con un terapeuta cualificado.

Peligro: Una nota acerca de la rabia

Trabajar sobre la rabia no debe hacerse sin ayuda de un experto. La rabia es el enfado vinculado a la vergüenza. Es como un lobo voraz capturado en un sótano. Al pasar los años, se intensifica la energía y el lobo se consume por salir al exterior. Cuando empezamos a liberar la rabia, es primitiva y descentrada. Podemos llegar a gritar y chillar, a pegar y a golpear con los brazos en todas las direcciones.

La rabia contiene elementos de terror. Por eso solemos gritar cuando nos enfurecemos. Lo que nos conduce a menudo a la rabia es estar agobiados, sentirnos fuera de control. Nos tiemblan los labios, se nos quiebra la voz y decimos cosas irrelevantes o exageradas. Estar siempre irritado y tener reacciones exageradas ante nimiedades puede ser un signo de que hay una rabia profunda que tratar.

Es prudente temer a la rabia. Todos los presentes deben protegerse mientras estás haciendo este trabajo. Consulta a un buen asesor para hacer este tratamiento.

Practica el enfrentamiento

Si alguien está violando tus barreras, tienes que ayudar a tu niño interior a protegerse. Suelo utilizar un «modelo de autoconciencia» para practicar la confrontación. Este modelo se centra en los cuatro poderes que tenemos para relacionarnos con el mundo, que son nuestros sentidos, pensamientos, emociones y voluntades (deseos y querencias). Utilizo mensajes con «Yo» para transmitir la verdad de mi autoconciencia. Estos mensajes son declaraciones autorresponsables. El modelo completo queda así:

Yo veo, oigo, etc. .... (sentidos)
Yo interpreto .... (mente, pensamientos)
Yo siento .... (emociones)
Yo quiero .... (deseos)

Ejemplo: Joe y Susie han ido a su grupo de baile de salón. El niño de Susie está molesto porque Joe ha escogido a una chica muy guapa como pareja para uno de los pasos que Susie aún no sabe. Luego le dice a Joe: «Te he *visto* escoger a Sarah Low de pareja. He *oído* cómo tonteabas con ella. Lo he *interpretado* como que ella te atrae. Me he *sentido* abandonada y asustada, y *quiero* que me hables de ello».

Joe le dijo que pensaba que Sarah Low era atractiva y que le gustaba su forma de bailar, pero que la amaba (a Susie) y que prefería estar con ella. Le dijo que le gustaría enseñarle el nuevo paso y así lo podrían bailar juntos.

Al niño de Susie no le gustó que a Joe le resultase atractiva esa chica, pero se sintió seguro. Tiene que aprender que ser normal los implica a *ambos* y Joe puede amarla y no obstante pensar que Sarah es atractiva.

Joe es bastante sensato y responde a Susie de forma cariñosa. Puede que este no sea el caso en tus relaciones, por lo que podrías encontrarte desde una actitud de defensa hasta una de rabia cuando te enfrentas a alguien. Salvo en el caso de que la persona a la que te enfrentas sea un agresor violento, es importante que hables con una persona que te importe cuando te sientas molesto.

Enfrentarse es sincero y crea confianza; por tanto, es un acto de amor. Cuando yo me enfrento, me valoro a mí mismo y establezco una barrera. También confío y valoro lo suficiente a los demás para contarles lo que me pasa.

Practica la polaridad de pensamiento

La polaridad de pensamiento es un pensamiento sintético. Es lo contrario al pensamiento polarizado del que hablábamos antes. Debes ayudar a tu niño a que aprenda esta polaridad. Ninguna persona o situación es del todo buena o mala. Este pensamiento te permite ver los «pros y contras» de la vida. En la Quinta Regla te apremiaba a que te enfrentaras a la absolutización de tu niño interior. Pensar en extremos es muy perjudicial para las relaciones adultas. El niño está en su derecho de esperar un amor incondicional por parte de sus padres, pero ninguna pareja adulta será capaz de darnos ese amor sin condiciones. *Incluso el amor más maduro e intenso es condicional.* Como adultos, hay una serie de condiciones que debemos aceptar si esperamos que alguien comparta su amor con nosotros. Ninguna pareja será perfecta; no será siempre estimulante ni siempre estará a nuestro lado; y muchos de nosotros tendremos alguna aventura amorosa alguna que otra vez. Aprender a ver que la realidad es algo relativo es el principio de la sabiduría. Empieza a observar las ventajas e inconvenientes de la gente. Recuerda que todo tiene sus más y sus menos: no hay luz sin oscuridad, sonido sin silencio, alegría sin pena, coger sin soltar.

A nuestro niño le encanta convertir a la gente en dioses. Aunque lo hace para protegerse, debemos enseñarle que no existen hadas madrinas y que cada vez que convertimos a alguien en ídolo nos menospreciamos. Dile que tú serás su ídolo. Yo soy el mago sabio y bueno de Juanito.

Practica las reglas de una lucha limpia
Las mías son las siguientes:

- ❖ Ten detalles de comportamiento concretos, específicos. Nuestro niño se maneja mejor con cosas que puede ver, oír y tocar. Decirle a alguien: «me pones enfermo» no conduce a nada.
- ❖ Vive el presente. Lucha por lo que acaba de suceder, no por lo de hace veinticinco años.
- ❖ Evita «apuntar los tantos». A nuestro niño le gusta guardarse las cosas y luego echárselas en cara a la gente.
- ❖ Sé siempre sincero. Busca la precisión más que la disputa.
- ❖ Evita culpar y juzgar. Son escondites para tu vergüenza. Utiliza los mensajes «Yo» y el «modelo de autoconciencia».

- ❖ Usa la regla de escuchar, repitiendo a la otra persona lo que le has oído decir (para su convencimiento) antes de que tengas que darle una respuesta. Rara vez se escuchó al niño interior, por eso se avergüenza y se pone a la defensiva. La regla de escuchar a los demás hará milagros si dos personas se comprometen a practicarla.
- ❖ Evita discutir acerca de los detalles: «Llegas quince minutos tarde». «No, son nueve minutos los que he tardado». A nuestro escolar interior de pensamiento concreto y literal le encanta discutir por los detalles.
- ❖ Enseño a mi niño interior el siguiente problema acerca de las barreras: «No he venido al mundo para que se me mida con tus fantasías, creencias o expectativas. No se me medirá o controlará por ellas. Si tenemos un problemas, persistiré y lucharé limpiamente. Te pido que hagas lo mismo. Si abusas de mí *de algún modo*, te dejaré».

Practica el establecimiento de barreras físicas

Le he hecho el siguiente planteamiento a mi niño interior acerca de este tema: «Tengo derecho a determinar quién me puede tocar. Soy yo quien le dice a los demás cuándo y cómo pueden tocarme. Puedo alejarme del contacto físico siempre que lo considere poco seguro para mí y no necesito dar explicaciones. Nunca dejaré que nadie violente mi cuerpo, salvo que mi vida esté en peligro».

Practica el ser terco u obstinado

Hazlo, sobre todo, cuando quieras algo con vehemencia.

Practica el cambiar de opinión

Hazlo cinco o seis veces al día mientras estés practicando las necesidades de tu ser en sus primeros pasos.

Ejercicios prácticos de preescolar

Tu niño en esta etapa tenía muchas tareas que realizar. Necesitaba establecer el ámbito de su poder definiéndose a sí mismo.

Según se desarrollaban su mente y su imaginación, empezó a pensar en sus experiencias, haciendo un montón de preguntas y llegando a algunas conclusiones sobre su identidad sexual. Usaba su imaginación para hacerse una idea de la vida de los adultos. Imaginaba lo que sería ser papá y mamá, trabajar y hacer el amor.

Necesitaba vincularse a su progenitor del mismo sexo para amarse como hombre (o mujer). Los niños y las niñas preescolares piensan acerca de muchas cosas y comienzan a esbozar una conciencia primitiva que les lleva al reconocimiento de que algunas cosas están bien y otras mal, lo que a su vez les conduce a experimentar culpa. La culpa es la emoción que salvaguarda nuestra conciencia.

Practica el hacer muchas preguntas

El niño herido opera fuera del trance familiar. Acepta lo que escucha de la gente sin pedir explicaciones. Descifra, adivina, analiza e inventa su camino en la vida. A veces actúa como si lo supiera todo, porque le avergonzaban cada vez que cometía la menor falta. Aprende a reconocer la confusión de tu niño. Unos ejemplos que señalan la confusión del mío: me siento triste y contento por las mismas cosas; puedo pensar en dos comportamientos contrarios y ambos me parecen buenos; no estoy seguro de lo que el otro quiere de mí; no estoy seguro de lo que otra persona piensa; me pregunto qué quiero y no lo sé.

Cuando tu niño interior está confuso, escribe sobre lo que te confunde. Por ejemplo, estoy contento de que una relación haya terminado, pero también estoy triste porque ha terminado. Entonces me pregunto cuál es la razón de que esté contento. La respuesta es que ahora estoy libre para empezar una nueva relación y que, además, sienta bien salirse de la rutina. Estoy triste porque recuerdo los buenos ratos que he pasado con esa persona, aunque también puedo recordar algunos ratos malísimos. No hay nada malo en sentirse contento y triste. A veces, tenemos sentimientos diferentes hacia la misma persona. Escribir estas preguntas me aclara la sensación de confusión.

Si estás confuso acerca de los sentimientos o necesidades de alguien, plantéale cuestiones hasta que te sientas menos confuso. A lo mejor, esa persona está también confusa respecto a lo que pasa en su interior.

Aprende a hacer muchas preguntas y enséñale a tu niño que no es tan fácil comprender a los demás. Nadie entiende la misma frase del mismo modo. Hacer preguntas es un permiso importante que debes dar a tu niño.

Practica el aclarar los mensajes

Ponte de acuerdo con una persona importante para ti en pasar un tiempo aclarando vuestros mensajes. Practicad dos tipos de escuchas: escucha grabada y escucha activa. La escucha grabada consiste en repetir exactamente lo que le has oído decir. Yo utilizo una fórmula sencilla: «Lo que he oído que has dicho es esto y esto. ¿Verdad?».

La escucha activa es ¡escuchar con los ojos! Escuchas las palabras pero buscas el afecto de la persona (signos de sentimiento). El afecto se manifiesta en los movimientos oculares, la expresión del rostro, la tensión muscular, en el movimiento de los labios, en la respiración y en otras señales físicas como las posturas.

Con esta escucha activa te fijas tanto en la *forma* empleada como en el *contenido* del mensaje. En realidad, tu niño es bastante experto en comprender las formas de los demás, pero lo hace de forma inconsciente.

Esta escucha puede hacerte más *consciente* de los demás y ayudarte a comprobar lo que están diciendo. Pocos de nosotros hemos visto este tipo de comunicación cuidada en nuestros sistemas familiares. A veces he tratado con gente que se basaba en conjeturas y suposiciones sin comprobar. Cuando tales fantasías se tratan como hechos se generan serios problemas en las relaciones.

Practica el ser consciente de tus sentimientos

Recuerda que los sentimientos son tus motivadores biológicos principales. Lo que sientas en un momento determinado es la esencia de tu realidad en ese momento. Tu niño ha tenido sus sentimientos tan ligados a la vergüenza tóxica que sentir *algo* es sentir esa vergüenza. Aquí encontrarás algunas sugerencias para animar a tu niño interior a que *sienta y exprese sus sentimientos con seguridad*.

Durante veintiún días, pasa treinta minutos diarios dándote cuenta de lo que estás sintiendo. Para ayudar a Juanito a sentir sus emociones, utilizo la técnica de la exageración de la terapia *gestalt* *. Si noto que me siento triste, pongo una cara lánguida e incluso intento llorar. Si noto que estoy enfadado, exagero el enfado en mi cuerpo: aprieto los puños y, si mi mandíbula está apretada, la aprieto aún más; refunfuño y, a veces, hasta pego un puñetazo en mi almohada. También, expreso mi sentimiento con palabras. Pregunto a mi sentimiento qué quiere decir y luego lo digo en alto. Dejo que Juanito exprese la emoción de la forma más intensa que pueda.

No dejes de hacer este ejercicio con los sentimientos de felicidad y alegría también. Si estás feliz y sonriente, sonríe incluso más. Grita de alegría o salta y baila. Utiliza esta técnica siempre que seas consciente de un sentimiento y estés en un lugar apropiado para expresarlo. (No en el medio de una sala de reuniones, desde luego.)

Escuchar música o ver una película o algún programa televisivo puede activar fuertes emociones. Algunas pueden cogerte desprevenido porque al principio parecen inconexas o desproporcionadas a lo que las ha motivado. En lugar de reprimir el sentimiento, respira profundamente y déjate sentirlo. Exagéralo físicamente y exprésalo de forma verbal tanto como puedas. Cuando hayas terminado, piensa sobre ello. Es importante ser consciente de que estás pensando en tus sentimientos. Tu niño interior confunde los pen-

---

* *Gestalt.* Voz alemana que significa forma. La psicología de la Gestalt afirma que los procesos psíquicos son todos unificados y no una suma de actividades o procesos separados. Tal principio opone a la división analítica de la vida psíquica la consideración de formas y conjuntos como realidades primarias. *(N. de la T.)*

samientos con las emociones. Nómbrale la emoción. Afírmala y apóyala y asegúrale que está bien tenerla.

Practica el establecer barreras emocionales

Debemos enseñar a nuestro niño que tiene derecho a establecer sus barreras emocionales. Mi afirmación al respecto es:

> Las emociones no son buenas ni malas. Son, simplemente, emociones. Lo que sientes acerca de mí es tu historia emocional; lo que siento acerca de ti es mi historia emocional. Yo respetaré y valoraré tus emociones. Te pido que hagas lo mismo con las mías. No me dejaré manejar por tu enfado, tu tristeza, tu alegría o tu miedo.

Practica el establecer barreras sexuales

La identidad sexual es uno de los intereses esenciales de los preescolares, aunque no sean muy sofisticados en asuntos sexuales. La energía vital es energía sexual y mueve al preescolar a encontrar los límites de su poder estableciendo una autodefinición, una identidad. La identidad sexual es la esencia de nuestra verdadera identidad. El sexo no es solo algo que tenemos, es lo que somos. Las ideas del niño sobre la sexualidad se forjan según el grado de intimidad conyugal de los padres, según el vínculo con el progenitor del mismo sexo y según las ideas de los padres sobre el sexo. Si no has explorado tu propia sexualidad, es importante que lo hagas. Tu niño carga con los tabúes sexuales de tus padres. Necesita que establezcas tus fronteras sexuales y que las mantengas firmes y claras. Opino que es útil escribirlas ya que la escritura ayuda a esclarecer las cosas. Para eso, haz una lista de todas tus creencias acerca del sexo, incluyendo cosas como la frecuencia del sexo, el momento adecuado, qué comportamientos sexuales permitirías, la charla sexual, el comportamiento sexual pervertido, los juegos preliminares, la respuesta sexual masculina y la femenina. Al lado de cada tema, escribe de dónde proviene esa creencia. Por ejemplo, si bajo la columna de comportamiento sexual pervertido escribes sexo oral, pregúntate quién te contó que el sexo oral era una perversión. Si tu respuesta no es tu propia experiencia ni tu propia elección, tal vez te convenga pensar en experimentar ese comportamiento. Debemos ayudar a nuestro niño a que establezca nuestras propias creencias sexuales desarrollando una conciencia informada. Esto exige que utilicemos nuestra experiencia y razonamiento adultos y que consideremos, con prudencia, nuestra herencia cultural y espiritual. Para mí resulta obvio que hay unos mínimos que prohiben la explotación y/o violación de otra persona. Esto permite un amplio campo de experiencias sexuales que son perfectamente correctas entre adultos. Cada persona debe elegir sus propias barreras sexuales.

Un ejemplo de declaración escrita para frontera sexual es: «Yo decidiré con quién tendré relación sexual. Tengo derecho a determinar cómo, cuándo y dónde lo haré. Mi único principio es el respeto de mi dignidad y la de mi pareja. A la vista de esto, no haré nada que suponga explotación o violación de cualquiera de nosotros dos».

Practica el liberar tu imaginación

Con frecuencia, el niño se siente desesperado. Tal desesperación es el resultado de haber aplastado su imaginación a una edad temprana. Puede que se le haya llamado soñador o que se le haya avergonzado por imaginar. Prográmate periodos regulares de tiempo para sentarte treinta minutos e imaginar nuevas posibilidades acerca de ti mismo y de tu vida. Haz un viaje fantástico. Deja que seas lo que quieres ser. Comienza tu fantasía con: «¿Qué pasaría si...». Anota tus fantasías cuando hayas terminado. Con el tiempo, tal vez encuentres una visión recurrente. ¡Tómatela en serio! Una declaración escrita para tu frontera imaginativa puede ser: «Puedo imaginar e imaginaré mi propio futuro sin importarme lo extravagante que te pueda parecer mi visión».

Enfréntate a tus expectativas mágicas

La magia es diferente de la fantasía. Esta es un acto de la imaginación, mientras que la magia es la creencia de que ciertos comportamientos, ideas o sentimientos pueden hacer que las cosas sucedan sin que haya una verdadera relación de causa-efecto. «Di la palabra mágica» es una orden paternal común que, a menudo, llena de magia al niño interior herido. Ella piensa que, si es una buena cocinera y una buena pareja sexual, su marido dejará de trabajar tanto o de beber o jugar. Él piensa que si trabaja mucho y hace mucho dinero, ella será feliz automáticamente.

«Intentar» es otro comportamiento mágico. Muchos niños heridos han aprendido que *si lo intentas de verdad, no tienes que hacerlo*. En la terapia, «intentar es morir». Muchas veces he dado a una persona trabajo para casa en una sesión de terapia y he oído a su dócil niño interior responder: «lo intentaré»; yo sabía que esto significaba *no lo haré*. A veces les ilustraba esto diciendo: «Intenta levantarte de la silla» y según empezaban a levantarse les decía: «No, no, siéntate e *intenta* levantarte de la silla». Tras unas cuantas veces, empezaron a comprender. O bien te levantas de la silla o no lo haces, pero desde luego no lo intentas.

El matrimonio es con frecuencia un acontecimiento mágico para el niño interior. Ella piensa: «Si me casase, todos mis problemas se acabarían. Solo con casarme sería feliz». Conseguir una posición, tener una casa, tener un hijo, una piscina, enamorarse y tener unos ingresos de seis cifras son otras formas de magia.

Al defender a tu niño interior debes desafiar cada idea mágica infantil. La vida es difícil, no existen los Reyes Magos, nadie llega y besa el santo… *No es justa muchas veces.*

Aprende a amarte como hombre

Es importante para un hombre sentirse hombre. Esto es cierto al margen de tu orientación sexual. Creo que nuestro niño necesitaba que le amase un hombre para sentirse hombre. Muchos de nosotros hemos perdido a nuestros padres. Nos han abandonado física o emocionalmente; han muerto jóvenes en guerras, accidentes o por enfermedad; han muerto psicológicamente bajo la carga de una cantidad inhumana de trabajo. Nuestro niño herido no ha tenido un padre al que *vincularse* y, por tanto, nunca rompió los lazos con su madre. Sin el vínculo paterno tu niño no sintió el amor de un padre. ¿Cómo amarse, entonces, como hombre? Como consecuencia, busca mujeres maternales que le consuelen cuando está dolido, o intenta ayudar a mujeres necesitadas, o un poco de ambas cosas. La pérdida del Padre es la herida masculina que no puede curar una mujer.

Puedes trabajar en corregir esta pérdida encontrando otros hombres con quien compartir esto. Este tipo de relación debe ser muy diferente de la camaradería que muchos hemos conocido y que consistía en competir y hacer alarde de conquistas femeninas. Esta nueva relación necesita romper el modelo de nuestro guión cultural masculino. Exige que todos seamos vulnerables: compartir miedos y desengaños. Compartir la vulnerabilidad crea un verdadero vínculo de amor e intimidad. En ese vínculo uno puede sentirse aceptado y verse reflejado en un hombre. Y según se va asumiendo ese amor y esa estima que se reflejan, uno empieza a amarse a sí mismo como hombre.

Ahora tengo algunos hombres en mi vida que me quieren de verdad y con los que me siento vinculado. Puedo ser vulnerable con ellos, les cuento mis miedos, lloro delante de ellos y comparto mis éxitos. Ellos me dicen que me quieren y me abrazan. Su amor y comprensión han causado un gran impacto en Juanito. Se siente más como un pequeño hombre de verdad y yo me siento como un hombre.

Aprende a amarte como mujer

Para amarte como mujer, tu niña necesitaba que la amase una mujer. Esto no tiene nada que ver con tu orientación sexual, sino con tu verdadera esencia. Se ha escrito mucho acerca del fracaso como madre que causa un impacto especial en las hijas y se debe principalmente al fracaso en la intimidad matrimonial. Por este fracaso, la madre está frustrada y se siente sola. Puede volverse hacia su hijo y hacer de él su Hombrecito, rechazando de este modo a la hija. O puede volverse hacia la hija y utilizarla para llenar su vacío.

La hija no puede ser amada por sí misma en semejante situación de enredo. No tiene a alguien en quien reflejarse y que le permita desarrollar una conciencia de su yo. Asume el ser solitario y avergonzado de su madre, que está ansiosa por el amor de su marido.

Cuando una niña pequeña no tiene el amor de su madre, crece faltándole aspectos cruciales de su identidad sexual. Esta es la razón de por qué hay tantas mujeres que creen de forma mágica en que solo son mujeres *si un hombre las ama*. Si su relación con un hombre termina, les entra pánico y se precipitan hacia otra relación para sentirse bien. Si te pasa algo parecido, deja que tu niña experimente el amor de una mujer. Encuentra dos o tres mujeres que quieran comprometerse a ser vulnerables contigo. No intentéis haceros terapia. Solo apoyaos mutuamente al buscar la autorrealización. Las mujeres ya están vinculadas sobre la base de la vulnerabilidad. Muy a menudo, el lazo es precisamente que son víctimas. Tu niña interna debe saber que te tiene a ti para defenderla y ayudarla a ser independiente. También debe saber que puede lograrlo contigo y con tu grupo de apoyo, que no *necesita* a un hombre para ser feliz. Tal vez *quiera* a un hombre en su vida como parte de su impulso natural femenino hacia el vínculo masculino y el sexo, pero puede conseguirlo mejor si es autosuficiente e independiente. Las mujeres de tu grupo de apoyo estarán contigo mientras persigues esa meta.

Enfréntate a tu sentimiento de culpa

Como ya he señalado, necesitamos un cierto sentimiento de culpa para formar nuestra conciencia y establecer los límites de nuestro comportamiento. Sin él, seríamos insociables. Pero tu niño herido acarrea culpa malsana que le niega el derecho a ser tú. Ahonda la herida espiritual.

Esta culpa tiene dos formas. Una es consecuencia de vivir en un sistema familiar disfuncional. Cada persona de ese sistema está imbuida en su papel rígido para mantener el sistema en equilibrio. Si una persona trata de dejar su papel, la familia se alzará y echará la culpa. Si una persona trata de *abandonar* la familia y tener una vida propia, será culpable. La mejor forma de enfrentarse a esa culpa es ayudar a tu niño interior herido a que deje su papel o sus papeles inflexibles del sistema. Practica los métodos descritos en el capítulo 10 (página 246).

La segunda forma de culpa es consecuencia de la rabia vuelta contra uno mismo («enfado retrospectivo»). Tu niño herido se enfadaba a veces con tus padres, pero era incapaz de expresar el enfado. Imagínate la siguiente escena:

A Farquhar, de tres años, le han dicho que ya es hora de irse a la cama. Está absorto en el juego y se lo está pasando muy bien, por lo que le dice a su madre: «No, no voy». Su madre lo coge y se lo lleva a la cama. Él llora, patalea y grita: «¡Te odio!». Cuando su padre escucha esto, se abalanza sobre él, le agarra y le recrimina con dureza el haber violado el Cuarto Mandamiento: «honrarás a tu padre y a tu madre». El pequeño Farquhar se siente fatal. ¡Ha violado la palabra de Dios! Ahora se siente enfadado y culpable a la vez. Con el paso de los años, hará lo que cree que los demás esperan de él para aliviar esta culpa, pero no dejará de sentirse resentido.

Para trabajar sobre esta culpa necesitas expresar la rabia subyacente de forma directa. Utiliza la técnica de visualización descrita en la página 266 para borrar el antiguo enfado. También ayuda el separarse de los padres que te culparon, haciendo el trabajo del dolor original.

Puedes reforzar este trabajo siendo consciente de cómo se formó tu culpa. Haz una lista de qué acontecimientos de tu infancia te hicieron sentir culpable y compara tus comportamientos con los comportamientos normales de cada edad definidos en la segunda parte del libro. En la mayoría de los casos verás que actuabas de forma *adecuada a tu edad*. Tu comportamiento *normal* se condenó como malo. Vuelve a representar estos sucesos en tu imaginación y haz valer tus derechos. El pequeño Farquhar podría decir: «¡Eh! Soy solo un niño normal de tres años al que le encanta jugar. Estoy intentando establecer mis fronteras y estoy enfadado contigo por estropearme mi diversión».

Para finalizar, tal vez quieras prestar atención a los sentimientos de culpa a consecuencia de maltrato o violación. Tu niño egocéntrico, la mayoría de las veces, personalizó el abuso recibido. Esto es cierto, por desgracia, para los que fueron golpeados o violados cuando eran niños.

Piensa también en las formas en que se te culpó en relación a las necesidades de la familia. Por ejemplo, un paciente mío tuvo que asumir el papel de cuidador de su madre debido al abandono de su padre. Su niño se siente culpable cada vez que su madre se encuentra necesitada, que es la mayor parte del tiempo. Me dijo que, siempre que se encuentra en una situación especialmente difícil o estresante, se pregunta qué es lo que le pasaría a su madre si tuviese que enfrentarse a una situación semejante. Su niño solo se siente a gusto cuando sabe que su madre es feliz. Como rara vez lo es, se siente culpable casi todo el tiempo.

Otra de mis pacientes mantuvo unido el matrimonio de sus padres. Tenía un serio trastorno del apetito que comenzó poco después de que su madre tuviera una aventura y su padre amenazase con el divorcio. Según empeoraba su anorexia, sus padres se fueron uniendo, dada su preocupación común por el estado físico de su hija. Hablando con ella, me di cuenta de que se sentía culpable de todo, pero, principalmente, de la posibilidad de que sus padres se divorciasen. Se sentía responsable de mantener unido ese matrimonio.

En ambos casos es muy importante hacer el trabajo del dolor original descrito en la Segunda Parte. Debes hacer comprender a tu niño interior que él no es el responsable de la disfuncionalidad de sus padres.

Ejercicios para tu niño interior en edad escolar

Cuando tu niño interior empezó a ir al colegio dejó los confines familiares, que son bastante limitados, y se mudó a una familia social más grande. Tenía dos tareas principales que realizar para adaptarse bien. La primera se centraba en el desarrollo de aptitudes sociales: relacionarse y cooperar con sus compañeros y ser competitivo de forma equilibrada, de manera que se alegrase de ganar, pero que también aceptase perder.

La segunda tarea era adquirir la clase de aprendizaje necesario para desarrollar una profesión que le asegurase en el futuro su supervivencia económica.

Tu niño también tuvo que aprender que la gente que no pertenece a su familia es con frecuencia muy diferente. Pertenecen a distintos grupos étnicos, religiosos, políticos y socioeconómicos. Tu niño interior necesitaba encontrar su propia identidad en relación a todas las diferencias que experimentó en sus relaciones con la sociedad.

Si sientes que tu niño interior en edad escolar estaba herido, aquí tienes algunos ejercicios que puedes hacer.

Haz un inventario de las aptitudes vitales

Haz una lista de las aptitudes que ya tengas. Luego, haz otra de las que no tienes y que harían tu vida más fácil. En mi caso, ojalá hubiese estudiado la gramática inglesa. Aprobaba porque tenía buena memoria y «empollaba» para los exámenes. Si lees mi primer libro, verás cómo forcejeé con la gramática. También me faltan destrezas mecánicas. (¡Lo más que sé hacer es cambiar una bombilla!)

Escoge el área que más te podría ayudar y haz un curso o consigue que alguien te enseñe esa materia.

También es importante que le digas y le repitas a tu niño que gran parte de la vida se basa en las aptitudes que se han aprendido. Con frecuencia el niño piensa que la gente tiene éxito gracias a algún «poder mágico». Debemos hacerle ver que hay gente por encima de nosotros porque han tenido mejores modelos y han practicado más cuando eran jóvenes. Dile que carece de ciertas destrezas porque nadie se las ha enseñado. Contigo como guía, puede aprenderlas ahora. Conozco el caso de una mujer cuyo niño herido se liberó cuando su adulto sustituyó la voz vergonzosa que decía «creo que no soy atractiva para los hombres» con: «nunca aprendiste a flirtear con un hombre». Esta nueva propuesta le dio la confianza suficiente para pedir consejo a una amiga experimentada. Pasó una tarde divertidísima y consiguió un montón de consejos que merecían la pena.

Haz un inventario de las aptitudes sociales

Haz una lista de las aptitudes sociales que necesitas. Son las habilidades que facilitan el ir a reuniones sociales, llevarse bien en el trabajo, conocer a gente, ser más diplomático, hablar mejor en público, etc. Elige una y busca un modelo con esa aptitud. Observa cómo lo hace y toma notas.

Presta atención a cada detalle. Después de haber reunido bastantes datos de lo que hace, siéntate de quince a treinta minutos e imagínala haciendo las cosas que tú deseas hacer. Enfoca una parte pequeña de su comportamiento. Mira cómo lo hace y ánclalo. Entonces, mientras sujetas tu ancla, imagínate a ti mismo haciendo lo mismo. Toma la siguiente parte y repite el proceso. Practícalo unos días y prueba a hacerlo. Puedes usar este método para aprender cualquier aptitud social nueva. Es una variación del ejercicio de la Programación Neuro-Lingüística ya realizado.

Practica la aclaración de valores

Tus valores son tus barreras intelectuales. Tu niño interior a menudo no sabe en lo que cree porque se le coaccionó y se le lavó el cerebro en la escuela tanto laica como religiosa. El libro *Clarificación de valores*, de Sidney Simon, Leland Howe y Howard Kirschenbaum es un clásico en este campo. Estos autores postulan que un valor no es tal a no ser que tenga siete elementos, que son:

- ❖ Debe ser elegido.
- ❖ Tiene que haber alternativas.
- ❖ Se deben saber las consecuencias de la elección.
- ❖ Una vez escogido, se debe apreciar y querer.
- ❖ Deseas proclamarlo en público.
- ❖ Se actúa según este valor.
- ❖ Se actúa según él, consecuente y repetidamente.

Haz una lista de tus creencias más queridas: tus Diez Mandamientos. Después, evalúalas de acuerdo con esta lista y mira cuántas cumplen estos criterios.

La primera vez que hice este ejercicio me deprimí un poco. Pocas cosas que profesaba tenían en realidad valor.

Utilizando estos criterios, puedes empezar a trabajar sobre tu propia formación de valores. Puedes mantener lo que tienes y empezar a cambiar lo que no quieres. Puede ser excitante para ti y para tu niño.

Practica el establecer fronteras intelectuales

Es importante que enseñes a tu niño a decir lo siguiente:

> Tengo derecho a creer cualquier cosa. Solo debo asumir las consecuencias de mis convicciones. Todas las creencias son relativas. Todos vemos las cosas desde nuestro propio y limitado punto de vista.

Evalúa tu espíritu competitivo

Es importante ser un vencedor; también es importante ser un buen perdedor. Recuerdo una tarde en que jugaba a las cartas con mi familia. Estábamos apostando dinero y, según el juego se iba poniendo más caro, mi suegra empezó a retroceder. Cuando perdió la mayor apuesta de la tarde (unas doscientas pesetas) tiró las cartas y se retiró. ¡Tenía solo setenta y siete años! Era evidente que el juego había puesto en marcha una regresión espontánea. En una cultura donde la importancia de ganar es exagerada y está fuera de toda proporción, se nos hace difícil perder. Recuerdo una vez que me quería retirar del juego al que estaba jugando con mis hijos. Me iba enfadando cada vez más según iba perdiendo. ¡Tenía solo cuarenta y dos años!

Es muy aconsejable jugar juegos donde todo el grupo pueda ganar (hacer un puzle o un crucigrama juntos). Esto también es útil en los trabajos de equipo en los negocios.

El mundo laboral es con frecuencia un sitio donde existe una rivalidad implacable. Si esta rivalidad es excesiva, tu niño puede tener la tentación de tirar la toalla. Debes de tener cuidado y no dejarle entrar en un estado depresivo porque haya favoritismos en la oficina o en el trabajo. Ten en cuenta que en los negocios pueden darse situaciones equivalentes a las rivalidades entre hermanos o a los enchufados del profesor. Tienes que ser un fuerte defensor para tu niño. Lo que le será de más ayuda es tener siempre claro tus logros profesionales. Decide qué quieres y qué estás deseando hacer y, luego, ve a por ello. Acuérdate de proteger a tu niño en cada paso del recorrido.

«Yo gano/tú ganas» es lo único que funciona para todo el mundo y todas las situaciones. Busca esta ecuación en todos los aspectos de tu vida. A tu niño le encantará.

Practica la negociación

Tu niño herido muchas veces quiere lo que quiere en el momento en que lo quiere. Piensa que su forma de hacer las cosas es la única que sirve. Tu adulto debe enseñarle que el compromiso y la colaboración son las claves para lograr la interdependencia y tener buenas relaciones. Los niños cooperarán si se les da la oportunidad de sentir los *frutos del compromiso*. La mayoría de nuestros niños heridos no han visto nunca un conflicto resuelto de manera adecuada. La regla del *estado incompleto* domina las familias disfuncionales, avergonzadas. El estado incompleto significa que las mismas luchas continúan durante años.

Puedes aprender a utilizar el desacuerdo como el impulso para crear ideas nuevas y más amplias. El debate y la discusión son herramientas para averiguar el camino que cada persona quiere o necesita seguir. Es conveniente tener unas reglas que guíen el debate y es *esencial* que haya un árbitro. Forma un grupo de tres personas y simulad debates sobre las cosas en las que no estéis de acuerdo.

Utiliza la regla de la escucha y ten presentes los mensajes «Yo». Trata de llegar a un arreglo. Ten siempre una cláusula de renegociación, que quiere decir que cada parte puede volver a abrir la discusión tras un tiempo razonable si no está de acuerdo en cómo se ha gestionado el tema. De nuevo, opta por la solución «yo gano/tú ganas».

El éxito de la gestión le da a tu niño interior una buena experiencia en el manejo de los conflictos. Puede observar que los conflictos no son sucesos terribles ni traumáticos; de hecho, son muy importantes para poder establecer una buena intimidad. Cada uno de nosotros tiene un niño interior maravilloso, precioso, irrepetible y único. Resulta inevitable que dos irrepetibles se crucen en sus propósitos. Esto es de esperar. Resolver nuestros conflictos hace de la vida una aventura excitante.

En este apartado hemos enfocado el regreso a casa como los cuatro elementos dinámicos de cualquier buena terapia. Defendemos a nuestro niño interior ofreciéndole nuestro *poder* adulto que le da *permiso* para liberarse de las viejas reglas perniciosas y para experimentar las nuevas reglas correctivas. Las nuevas reglas comprenden la esencia de la disciplina estimulante, necesaria para frenar las infantilidades egocéntricas del niño interior y hacer salir su inocencia espiritual. Esta inocencia debe *protegerse* de manera que, mientras *practicamos* estas nuevas experiencias correctivas, pueda surgir nuestro poder creativo de forma plena. Este poder creativo está arraigado en nuestro niño maravilloso. Vamos a ver ahora a ese niño.

Ejercicio para romper tu principal atadura familiar

Este es el ejercicio que utilizo en relación con la confusión de papeles en los sistemas familiares disfuncionales discutidos en el capítulo 7. Estos papeles conciernen al vínculo intergeneracional, y a menudo se refieren al abuso sexual o psíquico.

El ejercicio es una adaptación del trabajo de Connirae y Steve Andreas y se puede encontrar el original en su libro *El corazón de la mente*. Te recomiendo que lo grabes en tu magnetófono o que trabajes con un terapeuta, un amigo íntimo o una persona de apoyo que te guíe a través de los pasos. Dedica al menos treinta minutos al proceso entero. Busca un lugar tranquilo donde no te distraigan y sigue el proceso *de pie*. Haz una pausa de treinta segundos donde aparezcan puntos.

PRIMER PASO: LA ATADURA

Cierra los ojos y concéntrate en recuerdos sobre el progenitor con el que te has sentido más confuso. Mira, siente o escucha de verdad a esa persona en tu experiencia interna. Deja que se presente con su *comportamiento más atractivo*. Tu inconsciente sabrá exactamente de qué comportamiento se trata… Confía en lo primero que te venga a la mente. Si no puedes visualizar bien a tu progenitor, haz como si estuviera ahí…

SEGUNDO PASO: SIENTE LA ATADURA

Ahora ves a tu niño herido en edad escolar al lado de ese progenitor… Fíjate en cómo va vestido… Escucha cómo habla al progenitor… Ahora flota y entra en el cuerpo del niño y mira a través de sus ojos… Obsérvalo desde distintos ángulos… Fíjate cómo suena… Fíjate cómo huele… Ahora camina y abrázalo… ¿Qué se siente al entrar en contacto?... ¿Dé qué formas te sientes conectado? ¿*Cómo* te sientes? ¿Cómo experimentas que está ligado a ti? ¿Es un lazo físico? ¿Es un lazo con alguna parte de tu cuerpo? (Mucha gente experimenta esta conexión en la ingle, el estómago o el área del pecho.) ¿Hay un cordón u otros medios de atadura entre vosotros? ¿Hay una goma a vuestro alrededor? Consigue una experiencia plena de esta conexión.

TERCER PASO: ROMPE TEMPORALMENTE LA ATADURA

Ahora corta esta conexión un momento… Nota lo que sería esta ruptura. Si estás atado por una cuerda, imagina que la cortas con unas tijeras… Si estás ligado a su cuerpo, imagina un rayo láser de una luz dorada que os corta y cura la herida al tiempo… Puede que te sientas incómodo al llegar a este punto… Es la señal de que esta conexión corta un propósito importante en tu vida. Recuerda que no estás desconectado. Estás experimentando solamente lo que sería el separarse de forma temporal.

CUARTO PASO: PROPÓSITO POSITIVO DE LA ATADURA

Ahora pregúntate: «¿Qué obtengo de esta persona que satisface mis necesidades básicas?»... «¿Qué quiero de ella?»... Espera hasta que tengas una respuesta que te llegue al corazón: tal como seguridad, protección ante la muerte, sentir que importas, que te aman y te valoran... Ahora vuelve a conectar el lazo.

QUINTO PASO: UTILIZA EL PODER DE TU ADULTO

Ahora miras a derecha o izquierda y te ves a ti mismo como un mago sabio y bondadoso. Toma conciencia de que tu ser adulto es capaz de darte lo que quieras y piensa en que estás saliendo de la atadura de tu relación. Observa a tu ingenioso yo adulto... Fíjate en cómo se mueve, habla y mira esta parte de ti... Acércate y abrázalo... Siente su poder... Date cuenta de que lo peor que temías ya ha sucedido... Te han maltratado y abandonado al estar atrapado... y tu adulto lo ha conseguido...; tu adulto ha sobrevivido y funcionado a pesar de ello.

SEXTO PASO: TRANSFORMA LA CONEXIÓN CON TU PROGENITOR EN UNA CONEXIÓN CONTIGO MISMO

Empieza otra vez con tu progenitor... Mira y siente la conexión... Corta la conexión y vuelve a conectar enseguida con tu yo adulto del mismo modo en que estabas atado antes... Alégrate de sentirte interdependiente con alguien con quien puedes contar por completo: tú mismo. Agradece a tu adulto que esté a tu lado. Disfruta recibiendo de tu adulto lo que querías de tu padre. Tu adulto es la persona que nunca perderás.

SÉPTIMO PASO: RESPETA A TU PADRE Y A SU ATADURA

Ahora mira a tu padre con su atadura y observa que tiene una opción. Puede reconectar la cuerda con su ser adulto. Recuerda que tu padre tiene las mismas opciones para recuperarse e integrarse que tú. De hecho, date cuenta de que tu padre no conseguirá una verdadera integridad si continúa ligado a ti... Le estás demostrando tu amor al darle una oportunidad para tener una relación auténtica consigo mismo por primera vez.

OCTAVO PASO: LA RELACIÓN CON EL YO

Ahora vuelve a entrar en tu yo adulto…, siente la interconexión con tu escolar herido. Fíjate en que ahora puedes amarlo y quererlo y darle lo que necesitaba de sus padres…

Termina tu fábula o cuento de hadas

Como ejercicio final, termina la fábula o el cuento que escribiste cuando trabajabas en recuperar tu niño en edad escolar (página 187). Comienza con las palabras: *Y entonces…*

Así terminó mi historia:

> Y entonces Farquhar escuchó la voz de Joni. Eso le llevó a comprometerse en encontrar un momento tranquilo cada día en el que pudiera escuchar a Joni. Lo primero que le dijo Joni fue que se uniera a un grupo de gente que había estado herida y que ahora estuviesen practicando los secretos de los duendes. Se sometieron a la disciplina del amor, lo que significaba que retrasaban el premio, eran responsables de sí mismos, decían la verdad a toda costa y llevaban una vida equilibrada.
>
> Acogieron a Farquhar con los brazos abiertos. Muy pronto empezó a ver a su ser duende en las miradas afectivas de sus compañeros. Disfrutaba del momento y se sometió a la disciplina del amor. Reivindicó y defendió a su niño herido y pronto empezó a enseñarle el secreto de los duendes. Según pasaron los años, se convirtió en un famoso profesor y transformaba las almas de los Snamuh. Amaba su vida y vivía esperando el día en que pudiese regresar a su verdadero hogar, creando sin descanso y disfrutando de la visión del Gran YO SOY.

Cuarta Parte

Regeneración

La necesidad de encontrar al niño es parte de un antiguo anhelo humano. Detrás de nuestro pasado individual yace nuestro pasado cultural, incluido en los mitos. En los mitos vemos que el niño suele ser el fruto de la unión de lo humano con lo divino. Es el niño mítico... que buscamos al igual que al niño de nuestra historia personal.

RACHEL V.

Y el final de nuestra exploración
será llegar a donde empezamos
y conocer el sitio por primera vez.
T. S. ELLIOT: *Cuatro cuartetos*

Donde solo había un vacío temeroso... se despliega ahora una riqueza de vitalidad. No es una vuelta a casa: es el descubrimiento del hogar.

ALICE MILLER

Introducción

Según permites a tu niño que pase a ser una parte integrante de tu vida —hablando con él, escuchándolo, estableciendo barreras para él, haciéndole saber que nunca le abandonarás—, comienza a surgir un poder y una creatividad nuevos. Conectarás con una nueva visión de tu niño, enriquecida y profundizada por tu experiencia adulta.

El niño que surge ahora es tu niño maravilloso. Conforme progresa tu trabajo de defensor, tu maravilloso niño florece y tiende a expandirse y a autorrealizarse de forma natural. El estado natural de este niño es la creatividad. Ponerte en contacto con tu creatividad es más que una vuelta a casa: es el descubrimiento de tu esencia, de tu más profundo y único yo.

Encontrar y recuperar al niño interior *herido* es un proceso de *descubrimiento:* además de desarrollar tu poder personal, defender y guiar a tu niño herido conduce a recobrar su poder espiritual. Con la recuperación de este nuevo poder espiritual, comienza tu autocreación. Esta es la verdadera vuelta a casa. Lo que estaba escondido se puede desarrollar ahora y puede escuchar y responder a las necesidades y señales de tu yo más profundo.

En esta última parte nos centraremos en la necesidad universal de encontrar a nuestro niño maravilloso. Señalaré dos de las formas en que la mitología ha presenciado la regeneración y el poder transformador de nuestro niño maravilloso. El primer modelo mítico es el *puer aeternus* o niño eterno, que anuncia la edad de oro. El segundo, es el niño divino/héroe que fue exiliado y que llega a descubrir el derecho de su nacimiento divino. Ambos son símbolos del vivo deseo humano, vital e inevitable, de autorrealizarnos y de trascender.

Te invito a que utilices tu niño maravilloso como guía para tu yo auténtico y para darle un nuevo sentido a los propósitos de tu vida.

Para terminar, tu niño maravilloso es la esencia de tu espiritualidad y tu conexión más profunda con la fuente y el campo creativo de tu ser. Tu niño interior es tu *imago Dei*, la parte de ti que tiene un parecido con tu creador.

13
El niño como símbolo universal de regeneración y transformación

> El «niño» es todo eso, está abandonado y expuesto y, al mismo tiempo, es divinamente poderoso; es el comienzo dudoso e insignificante y el final triunfante. El «niño eterno» que hay en el hombre es una experiencia indescriptible, una incongruencia, un obstáculo y una prerrogativa divina; un imponderable que determina el valor o la invalidez últimos de la personalidad.
>
> C. G. J<small>UNG</small>

El gran psicólogo Carl Jung vio con claridad la cualidad paradójica del niño interior. Para Jung, el niño era la fuente de la divinidad, la regeneración y los nuevos comienzos y, al mismo tiempo, la posible fuente de contaminación y destrucción. Veía al *niño herido* como parte arquetipo del niño. Esta fue la genialidad de Jung; por ello, el conocimiento humano solo se ha centrado en el niño herido en estos últimos cincuenta años. De hecho, creo que el niño herido se ha convertido en un *arquetipo moderno*.

Un arquetipo es una representación de la experiencia acumulada y colectiva de la humanidad, un potencial universal en cada ser humano. Jung decía que cuando se establecía claramente un cierto modelo de experiencia humana, este pasaba a ser parte de nuestra herencia psíquica colectiva. Creía que los arquetipos se transmitían genéticamente como el ADN.

Los arquetipos son como órganos de nuestra psique, comparables a las estructuras del esqueleto. Son predisposiciones psíquicas congénitas derivadas de modelos heredados creados en anteriores generaciones. Estos modelos surgen al alcanzar ciertos umbrales de experiencia.

Los arquetipos incluyen tanto los aspectos positivos como los negativos de los modelos que representan. En el caso de la madre, el aspecto positivo es la que alimenta y da vida; el negativo es la madre que asfixia, devora y destruye a sus hijos. En el arquetipo del padre, el aspecto positivo es el padre que protege, marca los límites y transmite las leyes y las tradiciones culturales. El padre negativo es el tirano que, temiendo la pérdida de su poder, esclaviza a sus hijos y se niega a transmitir las tradiciones.

En el arquetipo del niño, el niño positivo es vulnerable, ingenuo, espontáneo y creativo. El negativo es egoísta, pueril y se resiste al crecimiento emocional e intelectual.

El aspecto negativo del niño es el niño herido. En este siglo se ha empezado a prestar atención a este niño herido. Antes, el abuso y el sometimiento de los hijos era algo normal que se solía pasar por alto. Hasta 1890 no existía una Sociedad Protectora de Menores, aunque existía la Sociedad Protectora de Animales.

Uno de los grandes adelantos de nuestra generación ha sido la denuncia de los malos tratos a niños. Nos hemos dado cuenta de que las normas imperantes para educar a los hijos avergonzaban y violaban su unicidad y su dignidad. Estas normas eran parte de nuestra turbación emocional. Alice Miller ha mostrado con claridad cómo las normas corrientes de paternidad pretendían que el niño fuera una imagen proyectada del padre. También reforzaban la idealización de los padres por el niño herido. Tal idealización crea un vínculo de fantasía que asegura al niño interior el amor de sus padres, pero también ha perpetuado los malos tratos a los hijos durante generaciones.

George Bernard Shaw acuñó una hermosa descripción de un niño al escribir:

> ¿Qué es un niño? Un experimento. Un puro intento de producir el hombre justo…, que es elevar la humanidad al plano divino.

Shaw comprendió bien que no se puede manipular o jugar con este experimento:

> Si intentas darle forma según *tu idea* de lo que es un hombre o una mujer divinos, destruirás su expectativa más sagrada y quizá crees un monstruo.

Esto lo estamos comprendiendo ahora. Al empezar a enfrentarnos a la antigua y extensa tradición del abuso infantil, estamos dando nombres a los demonios del incesto, los golpes y la violación de los sentimientos. Vemos con claridad el *alma asesina* que constituye la herida espiritual, consecuencia inmediata de la violación del YO del niño.

El vigor del movimiento del niño adulto es testigo de este nuevo entendimiento del arquetipo del niño herido.

Los nuestros han sido tiempos de catástrofe y triste destrucción. No hay nada que se le pueda comparar en la historia de la humanidad. Millones de personas han muerto en la lucha por la libertad y la democracia. Creo que la tragedia del nazismo tiene sus raíces en la estructura de la familia alemana, con sus reglas de paternidad autoritarias. Sin embargo, aunque esas reglas llegaron al extremo en Alemania, no son reglas alemanas. Son reglas que se extienden por todo el mundo y que tienen niños heridos durante generaciones y que aún existen. Como se consideraban normales, la gente no era consciente de lo destructivas que eran. Con la declaración de los derechos humanos, en las revoluciones francesa y americana, y a pesar de sus fallos, una nueva edad de oro empezaba a surgir poco a poco. Al igual que el mítico Fénix, salió de sus cenizas. Ser conscientes del arquetipo del niño herido nos ha conducido a curarlo y a recuperarlo y ha permitido que aparezca el niño maravilloso.

El puer aeternus

En las grandes mitologías del mundo, la creación se repite eterna y cíclicamente. El mundo retorna al caos de forma periódica. Las montañas se derrumban, las llanuras se elevan por los torrentes de lava, la tierra se estremece y retorna la muerte. Estos acontecimientos son la prefiguración apocalíptica de la nueva edad dorada. Todo debe reducirse al caos antes de que pueda empezar la nueva creación.

En muchos mitos, un árbol nuevo brota entre las caóticas ruinas. La copa del árbol alcanza el cielo y entonces aparece un *niño mágico* que trepa por su tronco.

La llegada de este niño, de este *puer aeternus*, es lo que marca el principio de la edad dorada. En algunas versiones de la leyenda, este niño altera la estructura del cosmos; en otras, el niño trae consigo la integridad que caracteriza esta edad de oro. Con su venida, todos los contrarios se reconcilian. El viejo se vuelve joven, el enfermo se recupera, las batatas y patatas crecen en los árboles y los cocos y piñas salen de la tierra. Hay abundancia de bienes y alimentos; nadie tiene que trabajar ni que pagar impuestos. En todos estos mitos, el niño es el símbolo de la regeneración y la integridad. Jung describe lo que esto significa:

> En el proceso de individuación, el niño anticipa la figura que surge de la síntesis de los elementos conscientes e inconscientes de la personalidad. Es, por tanto, el símbolo unificador que une los contrarios; un mediador, un portador de la curación, el uno que hace el todo.

Este aspecto creativo y regenerativo del niño es lo que me gustaría que viésemos ahora.

El niño maravilloso como el auténtico yo
En la novela de Gail Godwin *El fin del colegio*, uno de los personajes dice:

> Hay dos clases de gente… De una clase sabes, solo con mirarla, en qué punto se ha quedado congelada en su yo final… Sabes que no puedes esperar más sorpresas de ellos… La otra

clase continúa moviéndose, cambiando..., y teniendo nuevos compromisos con la vida. Este movimiento la mantiene joven.

Este último tipo que describe Godwin es una persona que está en contacto con su niño maravilloso. Este niño es tu más auténtico yo.

Todavía lo recuerdo como si fuera ayer. Tenía doce años y estaba esperando el autobús cuando tuve una sensación muy intensa de mi YO. Sentí el hecho de que yo era yo y que no había nadie como yo. Recuerdo que me asusté al reconocer mi soledad y que pensé que mis ojos eran ventanas a través de las cuales solo yo podía ver. Me di cuenta de que nadie más podía ver el mundo desde mi punto de vista, desde las ventanas que eran mis ojos, y también me di cuenta de que nadie podría nunca estar dentro de mí, que estaba separado de todos los demás. Yo era yo y nadie podía cambiar eso; no importaba lo que me hicieran o lo que intentaran que hiciera yo. Yo era el que era, y era único.

En ese momento, en esa parada de autobús de la calle Fairview, tuve la intuición de mi propio yo. Esta intuición, nacida de lo maravilloso, se me perdería muchas veces en los años que siguieron, pero me llevó a estudiar y enseñar filosofía y me conduciría a un viaje personal hacia la integridad. La filosofía todavía me fascina. Me admiro ante la sensación del *ser*, lo que Jacques Maritain describió como «el empuje victorioso con el cual triunfamos sobre la nada». El niño maravilloso todavía se admira ante la pregunta que se hizo Espinoza: «¿Por qué hay algo en vez de la nada?». Esta misma pregunta, unos milenios antes, se la planteó Tales de Mileto, el padre de la filosofía clásica. Después, Aristóteles escribió: «Es debido a su admiración por lo que los hombres empiezan ahora y empezaron en su origen a filosofar».

Esta sensación tan temprana de mi propia experiencia se debía a mi niño maravilloso, y cuarenta y tres años después, ese niño está hablando a través de mí mientras escribo este libro. En el interior de mi conciencia nada ha cambiado. Aunque mi niño herido me ha impedido durante años experimentar lo sagrado del momento presente, poco a poco fui volviendo a esa sensación primitiva de admiración y curiosidad. Puedo volver a sentir escalofríos en mi espalda cuando contemplo la inmensidad del océano, una puesta de sol o una noche estrellada.

Puedes expandir continuamente tu conocimiento y ampliar tus horizontes, pero la esencia de tu yo auténtico no cambia. Francisco de Asís escribió: «El que buscamos es quien está mirando». Los psicólogos transpersonales lo llaman el «ser testimonial», el «yo» que me observa.

En tu niño maravilloso encontrarás tus auténticos sentimientos, necesidades y deseos. Para la mayoría de los niños adultos, este niño se perdió hace mucho. Según vas defendiendo a tu niño herido, comienza a confiar en ti y en tu protección; sabe que no lo abandonarás. Esta sensación intensa de seguridad y confianza permite que surja el niño maravilloso. No se requiere esfuerzo o trabajo. No hay que hacer nada. Como dice Sam Keen:

> Tal vez el volver a casa sea el equivalente secularizado de lo que los cristianos entienden tradicionalmente por justificación de la fe... Separando la salvación de la ejecución o el logro, el cristiano ha establecido la prioridad del ser sobre el hacer.

Mi niño herido y avergonzado se convirtió en un humano «hacedor» para tener significancia y para importar a los demás. Tras cuarenta años de ser Estrella, Triunfador y Cuidador, he tenido que aprender que *no podía curar mi ser con lo que hacía. Ser el que soy es lo único que importa.*

Tu niño maravilloso es tu yo *esencial*. Los psicólogos transpersonales hacen una distinción entre el yo esencial y el yo adaptado. La palabra que suelen utilizar para describir al yo esencial es *alma*, y la que usan para el yo adaptado, *ego*. En su teoría, el ego es la esfera limitada de la conciencia que usamos para adaptarnos a las exigencias familiares y culturales. El ego está limitado por estas necesidades de supervivencia. Es tu yo ligado al tiempo, arraigado en tu familia de origen y en la cultura en la que ha nacido. Todos los sistemas familiares y culturales son relativos y solo representan una de las muchas formas posibles de entender e interpretar la realidad. Incluso si la adaptación de tu ego fue *completamente funcional* en relación con tu familia y cultura, todavía era limitado y fragmentado en relación con tu verdadero yo. En la teoría transpersonal, *el ego es siempre menos auténtico que tu alma*. Por eso identifico el alma con el niño maravilloso y el ego con el niño herido.

Aun así, tu ego debe ser íntegro y funcional si tienes que sobrevivir y luchar con las exigencias de la vida diaria.

Un ego bien integrado te proporciona una sensación de confianza y control. Recuperar y defender a tu niño herido te permite curar e integrar tu ego y, una vez integrado, el ego pasa a ser una fuente de fuerza que te permite explorar tu niño maravilloso: tu yo esencial. Aunque puede resultar paradójico, tu ego debe ser lo bastante fuerte como para dejar salir su defensa limitada y su control. Necesitas un ego fuerte para que trascienda al ego. Por poner un ejemplo, el ego es como el cohete acelerador que te pone en órbita.

Tu alma toma el control a partir de ahí, operando en la extensión ilimitada del espacio exterior. La relación entre tu niño maravilloso (alma) y tu niño herido (ego) *debe* curarse antes de conectar con tu yo esencial. Una vez que hayas hecho tu trabajo del ego (tu trabajo del dolor original o sufrimiento legítimo), estás preparado para la autorrealización total. En realidad, es tu niño maravilloso el que te motiva a hacer tu trabajo del ego. El niño herido no puede hacerlo, ya que está muy ocupado defendiéndose y sobreviviendo. Cuando toda la vida es como un dolor crónico de muelas, uno no puede superar ese dolor para ver que hay pastos más verdes. Como tu niño maravilloso es tu auténtico yo, siempre ha estado tirando de ti para lograr la autorrealización, incluso cuando tu ego ha estado cerrado a esto debido a sus preocupaciones por los problemas de supervivencia. Carl Jung lo resume así:

> El arquetipo del niño es una personificación de fuerzas vitales fuera del ámbito limitado de nuestra conciencia... Repre-

senta el impulso más fuerte e ineludible de cada ser; a saber, el deseo de realizarse él mismo.

Cuando sientes la conexión con tu niño maravilloso, empiezas a ver tu vida desde una perspectiva más amplia. Tu niño maravilloso no tiene que esconderse tras las defensas del ego para sobrevivir. Puede ver las cosas desde otro nivel de conciencia. Este niño no es un ser mejor, es un ser diferente con una visión mucho más amplia.

Meditación para reiniciar tu vida con tu niño maravilloso

El budismo Zen tiene un koan o pregunta que no se atiene a las leyes lógicas que dice: «¿Cuál era tu rostro original, el que tenías antes de que tus padres te engendraran?».

Piensa en esto según te aproximas a la siguiente meditación. Además, voy a pedirte que adoptes, al menos de forma temporal, algunas creencias que tal vez no te sean familiares. No te pierdas en disquisiciones de si crees esas cosas o no; solo piensa y siente como si tu niño maravilloso tuviese un destino antes de que nacieras. Acepta la creencia de muchas tradiciones religiosas de que eres un espíritu reencarnado. Alberga la posibilidad de que eres más que tu personalidad sociocultural ligada al momento; que tienes una herencia divina y eterna. Piensa, al igual que Santo Tomás y los grandes maestros sufíes, que eres una expresión única de Dios: el Gran YO SOY. Ve más allá y piensa que el universo sería más pobre si tú no existieras, *que hay algo de Dios que solo tú puedes expresar y que los demás solo pueden experimentar a través de ti.* Piensa que tu niño maravilloso ha sabido esto desde el principio.

En esta meditación contactarás con este niño y sentirás tu herencia divina: el propósito de tu encarnación. Una vez que hayas sentido esto, estarás en contacto con tu auténtico yo y verás toda tu vida desde una perspectiva diferente.

Graba esta meditación o hazla con un amigo íntimo. Recuerda que los puntos suspensivos significan una pausa de diez a veinte segundos.

Empieza concentrándote en tu respiración. Lentamente observa el proceso de tu respiración… Céntrate en ella… Nota la sensación del aire al exhalar y al inhalar… Empieza a distinguir el número 5 al espirar… Ves un 5 negro sobre una cortina blanca o un 5 blanco sobre fondo negro… Si tienes problemas para visualizarlo, imagínate dibujándolo con el dedo o escúchalo mentalmente. O haz las 3 cosas. Míralo, píntalo y escúchalo. Ahora, el número 4; míralo, dibújalo con el dedo o escúchalo, o las 3 cosas… Luego haz lo mismo con el 3, el 2, el 1… *(larga pausa)*. Cuando veas el número 1, imagina que es una puerta. Antes de atravesarla, imagina que pones todos tus problemas y preocupaciones en una bola de cristal. Incendia esa bola llena de preocupaciones… Puedes volver a tenerlas cuando acabe la meditación… Ahora atraviesas la puerta y ves una serie de tres escalones que conducen a otra puerta. Ahora revisa tu nuevo sistema de creencias. Aquí está tu mito «como si…».

- Eres una manifestación única e irrepetible de lo divino.
- Tienes un destino que *solo tú* puedes expresar a través de tu ser.
- No es dramático ni melodramático.
- Es la diferencia que supone que tu ser esté aquí.
- Es una diferencia que supone esa diferencia.
- Tu niño maravilloso ha sabido siempre lo que es.
- Tu niño maravilloso puede conducirte a descubrir el propósito de tu vida.

Ahora sube los escalones y abre la puerta… Encontrarás un vestíbulo con unas escaleras que conducen al cielo*. Empieza a ver una figura rodeada de una luz blanquecina descendiendo las escaleras… Al irse aproximando a ti, la sientes como un ser

---
* Tal vez quieras escuchar aquí la melodía *Ancient Echoes* o *Starborn Suite*, de Steve Halpern.

cálido y afectuoso. Cualquier forma que tome será buena siempre que la sientas como algo cálido y amistoso. *Si la figura te asusta, dile que se marche y espera a que aparezca otra.* Este ser es tu guía interno. Pregúntale su nombre. Dile que quieres hablar con tu niño maravilloso… Deja que te tome de la mano y empieza a ascender por las escaleras… Llegarás a un templo espacioso. Tu guía te conducirá hasta la puerta… Entra. Ves objetos de exquisita belleza. Camina hacia un altar elevado donde ves una estatua de un niño bello y hermoso. Este es tu niño maravilloso… Ves cómo toma vida la figura. Abraza a tu niño y pregúntale el propósito de tu vida: ¿Por qué estoy aquí? *(larga pausa)*… Toma la respuesta de la forma en que venga. Un símbolo, palabras reales, una sensación intensa. Habla de ello con tu niño *(larga pausa)*… Incluso si no lo entiendes, llévate lo que se te ha dado. Agradéceselo a tu niño maravilloso y vuelve hacia la puerta. Tu guía interno está esperándote. Deja que te guíe escaleras abajo… Cuando llegues al vestíbulo, detente. Ahora vas a revisar tu vida entera desde el nacimiento hasta el momento presente a la luz de tu nuevo entendimiento. Incluso si no te quedó claro el mensaje de tu niño, revisa tu vida con lo que entiendes del propósito de tu vida… Retrocede al momento de tu nacimiento. Como si pudieras verte nacer. Desde ese punto en adelante, repasa cada hito o suceso que puedas recordar, viéndolo a la luz de tu nueva comprensión. Mira a la gente que estaba allí. ¿Los ves de forma algo diferente ahora? *(larga pausa)*… Puede que veas a alguien que considerabas que era insignificante mucho más valioso ahora *(larga pausa)*… Ciertos acontecimientos pueden tomar un significado nuevo. ¿Puedes encontrar un nuevo significado en los sucesos traumáticos que has sufrido? *(larga pausa)*… Llega hasta el momento presente. Acepta tu vida entera como perfecta desde el punto de vista de tu alma. Ahora que has hecho el trabajo del dolor original y el del ego, puedes ver desde esta posición ventajosa. Acepta el pasado como algo perfecto. Comprométete con tu propósito… Ama a todo el que conozcas… Date cuenta de que todos somos niños luchando por la luz. Mira a tus padres como niños heridos. Imagina una luz cálida y dorada alrededor de todo el mundo. Imagínate rodeando y abrazando a la gente que te rodea *(larga pausa)*... Piensa en cada uno como necesitado de amistad y amor.

Ahora regresa al vestíbulo con las escaleras que se dirigen hacia el templo. Abre la puerta y baja los tres escalones. Vuelve a tomar las creencias, escepticismos y presuposiciones que quieras... Respira profundamente tres veces. Siente cómo vuelve la vida a la punta de tus pies mientras ves el número 1... Luego siente la silla en la que estás, la ropa que llevas puesta mientras ves el número 2... Entonces siente la energía en tus manos. Deja que suba por tus brazos hacia el cuello y los hombros... Ahora ves el número 3. Siente todo tu cerebro despierto. Respira profundamente. Repítete a ti mismo que recordarás esta experiencia, que mantendrás esas imágenes incluso si no las entiendes del todo. Ahora ves el 4 y te sientes totalmente despierto mientras ves el 5.

Está bien recrearse en esta meditación por un tiempo. A veces, las imágenes cobran mayor sentido más tarde. Para algunos, esta meditación marcó el principio de un nuevo conocimiento acerca de sí mismos y de sus vidas. Por ejemplo, conocí a un hombre cuyo niño maravilloso le dio una llave con la palabra *antiguo* escrita en ella. De niño, le encantaba estar en casa de su abuela. Esta tenía una colección de relojes antiguos y a él le encantaba estar allí escuchando las historias que se escondían tras cada reloj. Su abuela era buena narradora y lograba despertar su imaginación. Él empezó su propia colección de relojes, pero nunca pudo dedicarle mucho tiempo. Estaba muy ocupado dirigiendo su agencia de seguros. Lo encontré un año y medio después de que hubiese hecho esta meditación. Tenía una tienda de antigüedades. Había vendido su agencia y se había convertido en un marchante de objetos de arte. Se especializó en relojes y en llaves raras y antiguas. Estaba muy ilusionado con su nueva vida.

Otras personas han obtenido asimismo resultados sorprendentes con esta meditación. El niño maravilloso y el guía interno representan la sabiduría de su alma. El alma opera en un mundo simbólico y habla en un lenguaje figurativo. Tu alma habla en tus sueños. Su lenguaje es difícil de entender para el ego. Las imágenes deben vivir y sentir antes de que se pueda comprender todo su significado. Acepta lo que consigas como bueno para ti.

Comparte esta experiencia meditativa con algún amigo que te apoye y no te juzgue.

Yo he tenido una regeneración magnífica con este ejercicio. Muchos han tenido también experiencias increíbles con ella. Si no has tenido una experiencia tan fuerte, también está bien.

La no idealización del niño maravilloso

Quiero aclarar que no creo que el niño maravilloso sea el *único modelo* válido para la vida real. Creo, junto con Sam Keen, que eso sería destructivo para la dignidad de la existencia del adulto. Ser *solo* un niño maravilloso sería vivir exiliado del tiempo presente. Sé por experiencia lo horrible que llega a ser. Mi abuelo perdió la memoria por completo en los últimos años de su vida. Cuando iba a visitarlo, me preguntaba una y otra vez las mismas cosas. Era un buen hombre que había forjado su vida con el trabajo, la fidelidad y el amor. Era muy doloroso verlo sin un pasado o un futuro. Necesitamos vivir el momento presente, pero no *para* el presente. Necesitamos «llenar el implacable minuto con el valor de sesenta segundos», como decía Kipling. Pero la fresca visión del niño maravilloso necesita la sabiduría y la experiencia del adulto en que te has convertido. De hecho, tu niño *solo* aparecerá si tu adulto está a su lado para protegerle y apoyarle.

Un niño, no importa lo maravilloso que sea, no es mejor modelo para la vida adulta del modelo que un adulto para lo que debería ser un niño. Como dice Sam Keen:

> Nos convertimos en adultos solo si dejamos el Edén; en maduros solo si nos damos cuenta de que la infancia terminó.

Solamente volvemos al hogar, a la plenitud de nuestra humanidad, admitiendo y asumiendo la responsabilidad de la conciencia actual y por la medida exacta de nuestros sueños y recuerdos. Una buena existencia integra el pasado, el presente y el futuro.

Reenmarcar mi vida con un niño interior me ha ayudado a ver que todo en mi infancia me ha preparado para lo que hago ahora. El *propósito* que encontré en mi meditación era que estaba aquí para ser yo mismo, proclamar mi libertad y ayudar a los demás a hacer lo mismo.

Para llevar a cabo esa tarea necesito todos mis años de conocimiento, todo mi trabajo de recuperación, toda mi experiencia como terapeuta y toda mi sabiduría que he adquirido gracias a mi sufrimiento y a mis errores. Con mi niño maravilloso de guía puedo ver que mi vida entera es perfecta. Mi familia disfuncional, mi padre alcohólico y mi madre codependiente, mi pobreza... Todo ha sido perfecto. *Ellos eran exactamente lo que necesitaba experimentar para hacer el trabajo que estoy realizando.* Sin mi infancia, jamás habría hecho programas de televisión sobre familias disfuncionales o escrito libros acerca de la vergüenza y las familias basadas en ella. Y, desde luego, no estaría escribiendo este libro de volver a casa, que nos llama a recuperar y a defender a nuestros niños interiores.

El niño maravilloso nos impulsa continuamente a expandirnos. Nos invita a vivir. Nos dice que la vida es crecimiento, que ser humanos es ser vencedores. Comprometerse con la vida como desarrollo y victoria es estar dispuesto a aceptar el sufrimiento y el riesgo.

Como escribía Karlfried Graf Von Durkheim:

> Solo exponiéndonos una y otra vez a la aniquilación puede originarse en nosotros lo que es indestructible. En esto radica la dignidad del desafío.

Cuando nos comprometemos con el proceso de crecimiento, vemos que necesitábamos a nuestro niño herido para que nos hiciese saber que teníamos un niño maravilloso que perduró y perdurará. Es indestructible; es nuestra *imago Dei*. Vamos a verlo a continuación.

14
El niño maravilloso como *imago Dei*

> Dios no muere el día en que dejamos de creer en una divinidad personal, pero nosotros morimos el día que nuestras vidas dejan de estar iluminadas por el continuo resplandor, renovado día a día, de una maravilla cuyo origen se esconde a toda razón.
>
> Dag Hammarskjöld

> El sentido de lo maravilloso es nuestro sexto sentido y es el sentido religioso natural...
>
> D. H. Lawrence

> Si no os volviereis y os hiciereis como los niños, no entraréis en el Reino de los Cielos.
>
> Mateo (18:3)

Sean cuales sean tus creencias religiosas, no puedes estar en contacto con tu niño maravilloso y no tener una sensación de que existe algo más grande que tú. Emmanuel Kant, que fue uno de los mejores filósofos de todos los tiempos, atestiguó la existencia de Dios contemplando la inmensidad de una noche estrellada.

Sabemos que la noche sigue al día y que la sucesión de estaciones es regular y predecible. Hay un cosmos: hay un orden obvio que se puede observar. La Tierra es solo una infinitésima parte de campos galácticos infinitos. ¡Uno no puede dejar de admirarse por la maravilla de todo esto. El niño maravilloso es religioso por naturaleza. Es infantil y cree en algo más grande que el yo con una fe inconsciente. Su alma poética roza el corazón de la existencia misma.

Tu niño maravilloso es la parte de ti que posee, en forma humana, ese poder que se acerca más a la divinidad: tu regeneración creativa.

El niño interior como regeneración creativa

El niño maravilloso tiene todos los ingredientes naturales necesarios para la creatividad. Carl Rogers y un grupo de psicólogos y artistas han estudiado las dinámicas de la creatividad. Buscaban las condiciones psicológicas necesarias para que una persona fuese creativa y encontraron que los siguientes elementos eran esenciales para favorecer la creatividad: alegría, espontaneidad, capacidad para vivir el presente, capacidad de experimentar admiración, capacidad de concentración y la capacidad para valorarse a sí mismos. Esta última cualidad significa que se tiene una sensación de satisfacción consigo mismo. Está encantado con sus propios resultados. Esto conduce a tener una conciencia del YO. Todas estas son cualidades del niño maravilloso. Son cualidades inocentes La inocencia incluye: ser espontáneos, ser capaces de vivir el momento, de concentrarse, de ser imaginativos, creativos, de jugar, de ser alegres, de sentir curiosidad, admiración, confianza, pena, amor, sorpresa y esperanza.

El niño maravilloso es el poeta natural que describía Morley en el poema que veíamos en la primera parte. Cuando estamos en contacto con esta parte de nosotros, nuestro poder creativo está a nuestra disposición. La mayoría de la gente no es consciente de esto porque permanece bloqueada en el trauma congelado del niño herido. Como dijo Thoreau: «La mayor parte de la humanidad vive vidas de silenciosa desesperación». Una vez que hayamos hecho nuestro trabajo de recuperación y defensa del niño interior, el niño maravilloso nos llama a una regeneración creativa.

Una forma de ayudarte a contactar con el poder creativo de tu niño maravilloso es personalizando el significado de los mitos que describen al «recién nacido en el exilio». *Descubrir un significado personal implica que seas consciente de cómo los acontecimientos de esos mitos han ocurrido en tu vida.* En ellos, el niño es, por lo general, o un ser divino o un héroe-líder que anuncia el cambio y la regeneración. En algunos casos, el niño será el salvador; en otros, el fundador de un nuevo orden. Para la cultura occidental, el bebé exiliado más conocido es Jesús. Dejando aparte la cuestión del rigor histórico, el nacimiento de Jesús encarna el modelo principal del tema del niño exiliado. Combinaciones diferentes de los mismos elementos aparecen en las historias del nacimiento de Rómulo y Remo, Sargón, Moisés, Abraham, Edipo, Paris, Krishna, Perseo, Buda, Sigfrido, Zoroastro, Hércules, Ciro y Gilgamés, entre otros. La mitología está llena de historias sobre este tema.

En todas las descripciones míticas del niño exiliado se encuentran muchos elementos que se repiten. Otto Rank, uno de los primeros padres del psicoanálisis, ha subrayado, junto con la psicóloga infantil jungiana Edith Sullwold, estos elementos que resumo a continuación:

- ❖ El niño que se exilia es hijo de padres distinguidos, el hijo de un rey, o de uno que debería ser el heredero legítimo del trono. En ocasiones es de origen divino.
- ❖ Su nacimiento está rodeado de circunstancias extraordinarias (esterilidad, continencia), ha sido concebido de forma extraña (nacido de virgen, nacido solo de la madre), etc.
- ❖ Antes o durante el embarazo hay una profecía que aparece en un sueño u oráculo. La profecía, por lo general, previene contra el nacimiento porque supone de alguna forma una amenaza (a menudo para el padre, su representante, o el poder reinante). El mensaje advierte que algo extraordinario está a punto de suceder.
- ❖ El niño nace de modo inhabitual e inmediatamente se encuentra rodeado por las fuerzas de los elementos (es metido en una caja y puesto en el agua, abandonado en la montaña,

nacido en una cueva o en un pesebre...). El niño nace a veces de los elementos de la naturaleza (el mar).
- ❖ A veces el niño es recogido por gente humilde (pastores, una mujer pobre...) o es amamantado por algún animal. Los mitos sugieren que el niño es abandonado a merced de las fuerzas de la naturaleza.
- ❖ El viejo orden intenta matar al niño (la matanza de los inocentes). Pero este es fuerte y logra sobrevivir. El niño es extraordinario, por eso supone una amenaza.
- ❖ Poco a poco el niño comienza a reconocer sus dotes extraordinarias. Cuando considera que es lo bastante fuerte, llega su hora. Su fuerza viene del reconocimiento gradual de quién es.
- ❖ El nuevo reconocimiento hace que el niño divino (el héroe) sepa que tiene algo que enseñar al viejo orden. Comprende que, en ese preciso momento, el viejo orden puede escucharle y, así, regenerarse. No solo ha nacido un nuevo niño sino también una nueva organización del mundo. El niño, tal vez tenga que encontrar a sus padres; que tomar venganza; a veces tiene incluso que matarlos (Electra, Edipo).
- ❖ Por fin el niño alcanza el rango y el honor que le corresponden. Acepta su divinidad, su reinado o su liderazgo.

Los mitos representan las historias colectivas de la humanidad. Sus elementos son caracteres arquetípicos. Esto significa que describen *modelos que cada uno de nosotros revivimos una y otra vez en nuestras vidas personales*. ¿Qué significa entonces para nosotros el arquetipo del niño en el exilio? Aparte del recuerdo de nuestro dolor infantil, *puede ser el recuerdo de una creatividad muy particular que es nuestro regalo personal único e irrepetible*. Cada uno de nosotros es un niño divino, héroe o heroína, un líder, un salvador en el exilio. Nuestra herida emocional nos ha preocupado tanto, que no nos hemos dado cuenta de todas las advertencias y señales que nos ha estado haciendo durante el camino.

Muchos de nosotros nos encontramos en la infancia en un sitio desconcertante. Sentíamos que nos vencían las fuerzas a nuestro alrededor. Solo nuestros instintos elementales nos han permitido sobrevivir. Hemos tenido que desarrollar identidades falsas para importar; nos hemos extraviado; no sabíamos dónde estábamos.

Recuperando y defendiendo a tu niño maravilloso dejas que brille tu luz divina. De nuevo, como dijo Jung, «el niño es el que trae la luz a la oscuridad y conduce la luz ante él».

Contar nuestras historias personales

Hay muchas formas con las que podemos volver a ponernos en contacto con nuestro niño maravilloso arquetípico. Escuchar las *historias* de los demás es una de las formas con las que encontramos la fuerza del niño maravilloso. Cuando escucho a la gente que me cuenta sus historias en mis cursos sobre el niño interior, tocan algo profundo en mí. Esto sucede casi siempre. A veces me siento abrumado ante la fuerza y la creatividad que la gente ha incorporado para sobrevivir en sus sórdidos y espantosos inicios. La mayoría de las veces son tópicos muy comunes. He escuchado a cientos de personas contar sus historias de la infancia, pero me sacan de mi propia soledad como niño. Mi propia historia empieza a sonarme familiar. Edith Sullwold decía que «contar nuestra propia historia empieza a afectar al nivel profundo en el que estamos en un nivel arquetípico». Una de las mayores amarguras de la infancia y de la adolescencia era el sentimiento de una soledad terrible, porque pensábamos que éramos los únicos que habíamos sufrido nuestros traumas infantiles. La mayoría vivíamos en familias con reglas de «no hablar» y, en consecuencia, no teníamos a nadie a quien contar nuestra historia. En nuestros cursos, cuando la gente se sienta en grupos de seis u ocho personas y comparten sus historias de infancia, se produce una *curación que resulta de la universalización de nuestras vidas de niños. De alguna forma, todos somos niños en el exilio.*

Es importante que seamos conscientes de esto. Los niños adultos suelen creer que son los únicos que han padecido en su infancia. Debido a nuestro dolor y sufrimiento, a nuestra falta de estímulo, tratamos de concretizar las cosas; concretizamos a nuestro niño herido y perdemos de vista al maravilloso. Nos quedamos atascados en el plano literal y no alcanzamos el simbólico. Perder lo simbólico es perder de vista lo espiritual, lo que Marion Woodman llama la «materialización de la conciencia». No vemos nada tras el mundo de nuestro niño herido real e histórico. Quedarnos atascados en nuestra historia personal herida significa que *nunca iremos más allá de las heridas;* es decir, que explicamos lo que está mal en nuestra vida como contaminaciones del niño herido. Cuando escuchamos las historias de los demás conectamos con algo más amplio. Nos conectan con nuestras profundidades arquetípicas.

El arquetipo del niño maravilloso nos llama a la regeneración espiritual. Representa la necesidad del alma de transformarse. Nos abre al niño mítico, divino, representado en el tema del niño en el exilio. Nos lleva más allá de la literalidad de nuestras historias personales. Todas nuestras historias hablan de un niño divino que se exilió y cuyo viaje tiene como destino encontrar a su verdadero yo.

Emergencia energética

Según Jung, los arquetipos forman parte de nuestro inconsciente colectivo. Sin embargo, no se pueden conocer de forma directa. Por ello, debemos aprender a reconocer las señales que marcan la emergencia del arquetipo. Escuchando las historias de los demás se alcanzan las profundidades arquetípicas. Otra forma de que tu niño interior te llame a la regeneración y al cambio creativo es a través de algún tipo de *emergencia energética*.

Sentimientos intensos

La emergencia energética puede ser un sentimiento de inusual fuerza o intensidad. Se puede manifestar con una atracción emocional intensa hacia algo o alguien, o puede aparecer como una sensación corporal fuerte que oculta algún sentimiento reprimido. Lo veremos más claro con algunos ejemplos.

Una vez trabajé con un abogado llamado Norman. Prestaba mucha atención a los detalles y tenía un conocimiento sorprendente de las leyes. Era uno de los socios más antiguos de una firma de abogados fundada por su padre. Los abogados a veces se servían de sus conocimientos. Él pasaba horas enteras ayudando a sus colegas a llevar sus casos y rara vez se le otorgaba algún prestigio por ello. Cuando le pregunté por qué consentía esto me dijo que carecía de importancia y alegó que así ayudaba a que toda la firma se hiciese más fuerte.

Norman me contó que un día se había levantado muy triste por culpa de un sueño y que esta tristeza le duró seis días. A veces, durante ese tiempo, había llorado por espacio de una hora. Esta descarga emocional era bastante rara en él, dado el estilo de vida estoico que llevaba.

Al preguntarle qué había soñado, me contestó que se trataba de algo relacionado con animales, sobre todo perros y gatos, que se habían perdido. Esto hizo que recordase algo que hacía largo tiempo que estaba olvidado: su juego favorito de la infancia, en el que jugaba a ser veterinario y cuidaba de los animales. Recordó que de niño había querido ser veterinario, pero que su padre se había burlado ante la ocurrencia. De esto se deduce que la inclinación de Norman de ser meticuloso con los detalles legales era una forma de ocultar su tristeza por la pérdida de su verdadera vocación. Esa tristeza era tan intensa que Norman no se permitía ningún sentimiento de tristeza en absoluto. El sueño activó la energía arquetípica profunda instando a Norman a contactar con la urgencia de su niño interior hacia el cambio y la transformación.

Norman tenía algo de dinero. Le ayudé a que escuchara la voz de su niño maravilloso, a que fuera a la Escuela de Veterinaria y abriera su propia clínica. Tenía treinta y seis años cuando tuvo el sueño. Ahora, diez años después, vive feliz cuidando de sus animales. Su sueño había activado una tristeza emocional abrumadora. Esta *emergencia energética* le llevó a escuchar la voz de su niño maravilloso.

Hay que tener mucho coraje para atreverse a este cambio regenerativo. Sus colegas pensaron que se había vuelto loco. El *viejo orden* se alzó desafiando la emergencia de la energía del niño maravilloso. Su padre me llamaba charlatán e insistía en que su hijo necesitaba cuidados y debía ser hospitalizado. Estaban presentes todos los elementos arquetípicos: el bebé que quiere ser un salvador en el orden natural y su verdadero yo llamándolo a hacer ese trabajo; la oposición constante del viejo orden; los años de sufrimiento, escondido en la cueva de la tristeza; y los años de lucha para encontrar su verdadero yo. Por fin, el niño irrumpe libre y Norman deja que su energía le lleve a la transformación creativa.

Esta emergencia energética en forma de fuerte atracción hacia algo ha surgido muchas veces a lo largo de mi vida. He sentido gran atracción hacia algunos filósofos. Hablaré de ello más adelante. Resultaba extraña esta atracción hacia algunos de esos filósofos, dado mi nivel intelectual en esa época.

En varias ocasiones me he sentido atraído hacia los libros raros. A veces, mientras echo un vistazo en una librería, me llama la atención un ejemplar determinado, ya sea por el título o por algo que aparezca en la cubierta. Por lo general, no tengo una razón aparente para que me atraiga el libro y, sin embargo, siento una imperiosa necesidad de comprarlo —y casi siempre lo hago—. Una vez comprado, llego a casa, lo miro de nuevo y lo dejo a un lado sin comprender muy bien por qué lo quería.

Algún tiempo después, casi siempre cuando tengo puesta toda mi energía en algún nuevo proyecto, uno de esos libros aparece de pronto en mi conciencia. En muchas ocasiones, el libro en cuestión ha sido un catalizador que activa un surgimiento creativo. Los dos ejemplos más destacados están relacionados con los programas de televisión de la PBS, *Bradshaw en antena: La familia*, en 1985, y el libro *Eliminar la vergüenza que nos ata*.

Años después de mis primeros programas en la PBS, me pidieron que hiciera otra serie con un tema diferente. En ese momento no podía encontrar un tema que me atrajese realmente, pero, un día, hojeando algunos ejemplares de mi biblioteca, me fijé en uno que se llamaba *El crisol de la familia*, de Carl Whitaker y Augustus Napier, que había estado en la estantería varios años. El libro presentaba la teoría de los sistemas familiares. En forma de novela, describe una terapia familiar utilizando el modelo del sistema familiar. Antes, me parecía que el material existente sobre el sistema familiar era demasiado científico y arduo para que fuera apropiado para la audiencia televisiva. El libro me hizo recapacitar y me inspiró para concebir unos programas basados en una exposición de familias como sistemas generales. Cuando la serie terminó, me di cuenta de que la teoría de los sistemas familiares hablaba de los problemas emocionales más profundos de mi vida. La ruptura de mi familia fue un gran golpe para mí. He llegado a ver que la divulgación de este material ha sido una parte muy importante de mi trabajo: ha sido el trabajo que me ha llevado a recuperar y defender a mi niño herido.

Cuando empecé *Eliminar la vergüenza que nos ata* llegó un momento en que no podía seguir. No me gustaba la forma en que se presentaba la vergüenza en la documentación existente. Nadie había diferenciado con claridad la vergüenza positiva de la negativa. Un día en que estaba sin hacer en mi oficina distinguí un pequeño libro anónimo que se titulaba *Vergüenza*. Había comprado el libro hacía años y lo había dejado olvidado. Empecé a leerlo y me impresionó profundamente. El autor veía la vergüenza sana o positiva como la guardiana de nuestros sentimientos humanos. La vergüenza, postulaba, es la emoción que indica que somos finitos, que señala nuestros límites. La vergüenza negativa o malsana es consecuencia de intentar ser *más que humanos* o de actuar de forma *menos que humana*. Esta apreciación era lo que yo necesitaba.

Estos fueron los dos libros que me impresionaron tanto y que había comprado sin razón aparente. Habían permanecido olvidados en la estantería durante años y me llamaron la atención en el preciso momento que los necesitaba. Los sistemas familiares y las familias avergonzadas en su base fueron las puertas que se abrieron a mi niño divino en el exilio. Trabajar en esos dos temas ha sido una parte de mi viaje espiritual y del trabajo de mi vida.

Otra forma en que los sentimientos nos pueden conducir a importantes descubrimientos en lo que se refiere al niño divino en el exilio es a través de *recuerdos temporales* A veces, en mis conferencias sobre violaciones sexuales o malos tratos, alguno de los asistentes sienten fuertes sensaciones corporales: náuseas, dolor de estómago, dolor de cabeza, de cuello, sensación de asfixia, sensación de opresión en las sienes, etc. Estas sensaciones corporales son síntomas, señales energéticas, que llaman a una autoconciencia que puede conducir a una nueva vida. Las víctimas de la violencia física y sexual se disocian del dolor de sus traumas para sobrevivir. Abandonan literalmente sus cuerpos. No obstante, su herida permanece impresa y puede revitalizarse en forma de sensaciones corporales cuando se describe esa violencia, como ocurre en mis conferencias. El valor de esa emergencia energética es que logra que la víctima vuelva a su doloroso trauma. Hasta que no se abrace y se trabaje este trauma original, la persona no puede recobrarse de los efectos de la violación. Sin lamentar el dolor original no pueden encontrar y recuperar a su niño maravilloso.

Acontecimientos traumáticos y trauma emocional

La emergencia energética también puede darse como respuesta a un suceso traumático que hayamos vivido. Un divorcio, la pérdida de un amigo, un despido laboral, etc., son cambios cuya energía conduce a una regeneración y una nueva vida. Lo he observado en muchas ocasiones cuando mis pacientes, por ejemplo, decidían acabar con su matrimonio. Mujeres maltratadas que reúnen el valor suficiente para abandonar a sus agresores se dan cuenta de que en pocos años su vida se ha visto transformada de una manera que nunca habían sospechado. No conozco ninguna fórmula que pueda predecir si una persona va a quedarse afectada por un suceso traumático o si, por el contrario, le va a suponer estímulo y transformación. Solo puedo decir que debemos darnos cuenta de que un trauma tiene un doble potencial: puede ser el catalizador del cambio creativo o la causa de su autodestrucción. Depende del valor que tengamos para aceptar el dolor que reprimimos en el momento del trauma y del significado que elijamos darle.

Es importante que revisemos nuestra vida y que encontremos las fuerzas que surgieron como consecuencia de las experiencias traumáticas. Muchos de mis pacientes, mientras realizaban la meditación de la página 337, encontraron esas fuerzas en sus traumas del pasado. Comprendieron las palabras de Leon Bloy:

> Hay sitios en el corazón que no existen todavía; es preciso el dolor para crearlos.

No sé por qué a las buenas personas les ocurren desgracias ni por qué los abusos son mayores en unos que en otros. Ninguna de las respuestas religiosas convencionales me han convencido.

Transformar el trauma: una historia personal

Lo peor que me ha sucedido en mi vida resultó ser, al final, lo mejor. Terminé mis diecisiete años de alcoholismo en una camilla en el hospital de Austin. Tenía treinta años y el alcohol me había robado todo mi potencial creativo. El alcoholismo era en sí mismo una prueba enérgica de que ansiaba el espíritu. Marion Woodman ha llamado a la adicción la «perversión del espíritu». Es «nuestra naturaleza espiritual que se vuelve contra sí misma». El alcohol era una medicina que estaba tomando para curar a mi niño herido, pero la medicina me estaba matando. La adicción era una metáfora de mi profunda necesidad espiritual.

Después de que nos abandonara mi padre, mi familia y yo nos mudamos con frecuencia, viviendo la mayor parte del tiempo en casa de algunos parientes. Me adapté pasando a ser un niño superobediente. Para ocultar mi vergüenza y darle a mi familia una sensación de dignidad, me convertí en un triunfador. Siempre obtenía sobresalientes en el colegio y cada año era el delegado de clase en la escuela elemental. Estaba intentando ser más que humano: me identificaba del todo con mi papel de buen chico, triunfador y complaciente. La energía instintiva de mi niño natural estaba encerrada en el sótano y luchaba por salir. En los primeros años de mi adolescencia, mi faceta salvaje había encontrado varios chicos sin padre provenientes de hogares destrozados. Empecé a ir con ellos, liberando mi parte salvaje. Pronto pasé a identificarme del todo con ella y cubría mi dolor con una vida desenfrenada. Empecé a ahogar mis penas y mi dolor en alcohol. Mis años de instituto estuvieron marcados por la bebida, las prostitutas y las juergas. Me había convertido en algo menos que humano. En torno a los veintiún años me sentí atrapado y solo. Un día encontré una salida: resolví todos mis problemas entrando en el seminario para convertirme en un sacerdote católico. ¿No me habían dicho monjas y sacerdotes que pensaban que tenía vocación para la vida religiosa, una llamada especial para hacer el trabajo de Dios? Pasé a ser miembro de la orden de San Basilio. Esta entrada en el seminario era un claro intento de curar mi herida espiritual. Pero aún no había hecho mi trabajo del ego. Mi alma estaba sedienta de Dios, pero mi energía emocional reprimida me hacía regresar a ella, y así, en el seminario, me volví compulsivo espiritualmente: rezaba de rodillas durante horas seguidas y ayunaba hasta quedarme exhausto.

Nietzsche hablaba de las tres transformaciones en nuestro desarrollo personal. «El espíritu se convierte en camello, el camello en león y el león, por fin, en niño». Al igual que el camello, me llené de conocimientos, estudié a los grandes maestros espirituales y medité y recé.

Como muchos otros jóvenes, estaba en una peregrinación espiritual, pero no era libre de hacer las preguntas adecuadas. Era incapaz de escuchar las señales que me enviaba mi maravilloso niño arquetípico. No encontré la paz interior porque no me encontré a mí mismo. Llevaba sotana negra y cuello blanco, la gente me llamaba «Padre», pero yo no sabía quién era de verdad.

Mi niño me empujó a estudiar filosofía existencial. Primero a Jacques Maritain, el gran filósofo católico-tomista, que se convirtió en uno de mis padres. Luego me sentí atraído por las obras de Dostoievski, Kierkegaard, Nietzsche y Kafka. Todos estos hombres fueron niños heridos cuya energía arquetípica había estallado de pronto a pesar de ellos mismos. Hay ejemplos magníficos de lo que puede hacer el niño maravilloso. Estos hombres sufrieron y vivieron atormentados. Nunca recuperaron ni defendieron a su niño, pero su energía arquetípica era tan poderosa que les llevó a la cima de la creatividad. Sus vidas tenían un sentido trágico, nunca alcanzaron la paz interior y vivieron atormentados hasta el final. A pesar de ello, su niño maravilloso todavía les condujo a producir grandes obras de arte. Los grandes artistas parece que tienen este modelo arquetípico. Muchos de ellos nunca logran alcanzar la alegría que veíamos en el trabajo de recuperar y defender al niño herido. Hay algo misterioso en torno a todo esto, algo que no alcanzo a comprender del todo, algo que hace que las vidas de los grandes genios y santos sea diferente de la vida de los demás. Opino que tiene algo que ver con el niño maravilloso.

En cualquier caso, me sentía atraído por estos hombres, sobre todo por Friedrich Nietzsche. ¡Qué ironía! Estaba en un seminario católico donde todo el mundo estudiaba a Santo Tomás de Aquino mientras que yo leía los escritos de un filósofo que afirmaba que Dios había muerto. Recuerdo cómo me conmovieron estas líneas de una de las cartas de Nietzsche cuando las leí por primera vez:

> Si esos cristianos quieren hacerme creer en su dios, me tienen que cantar canciones mejores; tienen que parecerse más a gente que ha sido salvada; tienen que mostrar en su semblante el júbilo de las bienaventuranzas. Solo puedo creer en un dios que baile.

¡Un dios que baile! ¡Un dios alegre que celebra la vida! Qué lejos queda esta imagen de las lúgubres sotanas negras, el silencio sagrado y la prohibición de mantener cualquier tipo de amistad entre los novicios. La celebración alegre y la danza serían las últimas cosas en que versaría mi educación religiosa. Se nos enseñaba la mortificación de la carne, la custodia de los ojos y la negación de las emociones. La custodia de los ojos significa que debemos mantener los ojos bajos de manera que no puedan observar nada que despierte nuestra lujuria. Yo era un prisionero absoluto del viejo orden. Dostoievski lo expresó en la *Leyenda del Gran Inquisidor*. Si Jesús volviese, lo encerrarían. Vino para hacernos libres y eso es demasiado para que el viejo orden lo tolere. Jesús nos llama a la creatividad, a nuestro propio yo. Como modelo, nos dijo: «Antes de Abraham, *Yo soy*». Por eso lo crucificaron. El viejo orden crucifica a todo el que exprese su YO y su creatividad.

En el seminario, la obediencia a la autoridad era la regla que memorizábamos y repetíamos cuatro veces al año. Yo tenía una nueva madre (la Santa Madre Iglesia) y un nuevo padre (el padre prior), pero seguía perdido en mi herida espiritual.

No obstante, no estaba del todo perdido. Mi niño maravilloso se revolvía. Me llevó a escribir mi tesis sobre Nietzsche que titulé «La filosofía como conocimiento dionisíaco». Nietzsche sentía curiosidad por Dionisio: el dios del éxtasis, el vino y la creatividad. Luchó contra Apolo, el dios de la disciplina, la forma y la estructura. Nietzsche sabía que ambos eran necesarios para el arte y la vida, pero tenía dificultades para conseguir un equilibrio entre ellos en su vida. Con mi tesis comprendí cómo la filosofía era inadecuada sin el elemento dionisíaco. Para Nietzsche, la filosofía era casi la poesía misma. Esto era una reacción ante el racionalismo apolíneo de la época, en el corazón de su obra se sentía el poder de Dionisio. Me di cuenta de lo importante que era encontrar el equilibrio entre lo apolíneo y lo dionisíaco. (Este último era la energía creativa del niño maravilloso, y lo apolíneo era la forma y la estructura que encarna esa profunda energía poética.) Lo comprendía, pero no sabía cómo equilibrarlo en mi propia vida. Opté por Dionisio.

Entonces mi camello se convirtió en un feroz león. Me rebelé contra las fuerzas antinaturales del viejo orden. Al principio se trató de una revuelta intelectual, pero después mi alcoholismo me ayudó a exteriorizarla. El viejo orden me hizo llamar. Se me reprendió por mi desobediencia. Pero mi rebelión continuaba. Una noche de frenesí dionisíaco corrí ebrio hasta la entrada del monasterio maldiciendo a las autoridades y guardianes del viejo orden. ¡Mi niño maravilloso estaba librando una batalla! Me retiraron un año de la enseñanza. Se tuvo que retrasar mi ordenación. Mis compañeros de clase se ordenaron un día después de mi exilio. ¡Estuve cerca! El viejo orden casi gana.

En el tren de Toronto a Texas bebí. La ginebra suavizaba mi

alma atormentada. No tenía ni idea de lo que estaba pasando. A mi niño le dolía la vergüenza. Poco a poco, en los meses que siguieron, fui escuchando a mi niño maravilloso. Me vino en palabras de Nietzsche: «Buscando la carga más pesada de todas te encontraste a ti mismo». No tenía a nadie que reafirmase mi ser. Tuve que dejar a los basilios y no me lo pusieron fácil. Me dieron cuatrocientos dólares para que fuese tirando. Con treinta años no tenía coche, ni ropas, ni refugio. Cuando me marché, nadie me llamó ni me apoyó o animó de alguna forma. Los hombres con los que había convivido durante casi diez años, algunos de los cuales apreciaba y quería de verdad, siguieron la regla tácita de no hablar o contactar con el compañero que parte. Un tío mío, que había dado una fiesta para celebrar mi entrada en el seminario, me dijo que sabía que «no iba a tener agallas para hacerlo». Cuando escribo esto vuelvo a sentir la rabia y el dolor que me produjeron estas palabras.

Al igual que el niño exiliado de los mitos, estaba solo ante las fuerzas del mundo. Mi experiencia laboral previa al seminario era de chico de oficina y de cajero en un supermercado. No sabía adónde ir ni qué hacer. Muy dentro de mí, mi niño maravilloso me empujaba hacia adelante. Ahora, al recordar esos días, no sé cómo pude superarlo. Mi alcoholismo estaba llegando a su cumbre; me sentía totalmente perdido y solo. No solo no tenía coche, sino que ni siquiera sabía conducir. Estaba muy asustado. El final de este trayecto fue el hospital de Austin.

Cuando salí del hospital, me uní a un grupo de Doce Pasos que trataban el alcoholismo. Enseguida me cogieron simpatía. En mi estado lamentable, conseguí verme reflejado en los ojos de mis compañeros, los seres humanos heridos. Éramos «niños llorando en la noche» que necesitábamos la ayuda de alguien. El impulso interior que hizo que me escapara al viejo orden se reafirmaba en los ojos de mis compañeros de recuperación. Empecé a verme como era escuchando a los demás, compartiendo sus experiencias, su fuerza, su esperanza. Conseguí estabilizarme. Encontré el espacio desde el cual ha ido emergiendo mi niño maravilloso en los últimos veinticinco años.

Hoy sé, en lo más profundo de mi ser, que *yo soy yo*. ¡Una persona maravillosa! Soy irascible, quejica y egoísta, pero también soy cariñoso, apasionado, creativo e, incluso a veces, me sorprendo de mí mismo. Lo mejor que he aprendido es que la creatividad vence a la violación y es la respuesta a la violencia. Hasta mucho más tarde no supe ver cómo mi niño maravilloso me había ido guiando todo este camino. La energía que me atraía hacia Nietzsche, Kafka, Kierkegaard y Dostoievski provenía de mi niño maravilloso. Ahora veo por qué me identificaba tanto con estos hombres. Les doy las gracias. Son mis padres en el mejor sentido de la palabra. Me ayudaron a encontrarme a mí mismo.

Sueños

Antes he mencionado el sueño de Norman. No fue su sueño lo que le llevó a descubrir las necesidades de transformación de su niño maravilloso, sino el periodo de tristeza intensa y extraña. El sueño inició el proceso.

A veces, el sueño mismo puede ser la energía del niño maravilloso arquetípico. En su obra autobiográfica *Recuerdos, sueños, pensamientos*, Carl Jung llama a los sueños que moldean la vida «grandes sueños». Él mismo tuvo uno de ellos a los tres o cuatro años, un «gran sueño» que le preocuparía toda su vida. Se sorprendía de que un niño pequeño pudiese tener un sueño que simbolizaba problemas que estaban «más allá de su conocimiento». Jung se preguntaba:

> ¿Quién unió los extremos y sentó la base de todo aquello que llenaría la segunda parte de mi vida con una pasión acalorada?

En mi libro *Eliminar la vergüenza que nos ata* presenté el análisis de uno de mis «grandes sueños». Lo tuve veinte años después de haber dejado el seminario y me hizo volver a los fundamentos de esa clase de vida. En concreto, me incitó a comenzar con entusiasmo a meditar. En esa época estaba trabajando en una compañía petrolífera como psicólogo encargado de desarrollar su programa de recursos humanos. El trabajo estaba anulando mi creatividad. A la vez, mantenía una relación bastante insatisfactoria con una mujer y me estaba obsesionando cada vez más con la idea de hacer dinero. La compañía estaba en un momento de apogeo y, como miembro, me recompensaba con pagas extras. Todo lo que tocábamos se convertía en oro. Entonces vino la crisis. Se despidió a muchos trabajadores; ya no hubo más pagas extras ni abultadas nóminas. Estaba asolado. Crecí siendo pobre y toda mi vida he estado obsesionado con el dinero. Mi temor a la pobreza se manifestaba como una tenue pero permanente sensación de mala suerte. Nunca era suficiente. Algún día las cosas cambiarían.

Poco después de esto, tuve tres sueños que estaban bien relacionados entre sí. Ocurrieron a lo largo de varios días. En el primero intentaba volar a Toronto, pero el avión no lograba despegar del suelo. En el segundo, despegaba y aterrizaba cerca de las cataratas del Niágara, en Búfalo, Nueva York. En el aeropuerto veía a un abad de un monasterio trapense que había conocido hacía veinticinco años. En su momento este hombre me había impresionado profundamente, pero, por alguna razón, no había vuelto a pensar en él. Su imagen me persiguió durante varios días después del sueño. En el tercer sueño, alquilaba un coche en Búfalo y viajaba hacia Toronto. Al llegar allí, iba directamente al número 95 de la calle St. Joseph, donde había cursado mis estudios de teología. Tras deambular un rato por la calle entraba en la gran capilla. Estuve allí durante un tiempo que se me hizo eterno. Hablé con varios hombres que consideraba muy devotos y que de alguna forma se habían aparecido ante mí. Cada uno me instaba a que encontrase mi *sancta sanctorum* interno.

Toronto era la ciudad donde había estudiado para sacerdote y esos sueños me hicieron volver a la espiritualidad. Me *llevaron* a meditar todos los días. La meditación me había interesado unos años, pero de forma superficial; nunca la había tomado muy en serio. Estos sueños también trajeron una tranquilidad más perdurable en lo que al dinero se refiere. De algún modo me hicieron saber que gozaría de un cierto desahogo económico. Decidí que lo que debería hacer era enfocar mi energía hacia asuntos espirituales. Para mí, la creatividad es espiritualidad, de modo que empecé a pensar en hacer otros programas de televisión. Fueron el principio de mi vida actual. Todo esto empezó a pasar una vez que comprendí que mi energía creativa no pertenecía a la vida corporativa ni a los problemas económicos. Mi niño maravilloso me puso en un nuevo rumbo a través de un gran sueño.

Recuerdos de la infancia

Otra forma de perseguir el inconsciente arquetípico es buscar recuerdos destacados de la infancia. Algunas veces, estos recuerdos son semillas de nuestra creatividad posterior.

La famosa pintora Georgia O'Keeffe narra en su autobiografía que se acordaba de estar tumbada en una gran alfombra cuando tenía cinco meses y de quedarse fascinada por el dibujo y los colores de una colcha que había en casa de su tía. El dibujo concreto de esta colcha pasó más tarde a formar parte de muchos de sus cuadros. En su libro nos cuenta cómo al decirle a su madre que se acordaba de estas imágenes esta le contestó que era imposible, dado lo pequeña que era, y entonces ella le describió con toda suerte de detalles cómo era el vestido de su tía. *La infancia parece que es un momento en el que se basa la búsqueda interior para muchos grandes artistas.*

El paleontólogo Teilhard de Chardin dice hablando de su infancia que no tenía más de seis o siete años cuando empezó a interesarse en la materia y describe la fascinación que le producían las rocas y el hierro. Einstein tenía cinco años cuando le dieron una brújula magnética. Tenía una sensación de misterio que le llevaba a buscar respuestas a los secretos del universo. Esta sensación de misterio permaneció en él a lo largo de su vida. Las pinturas de Picasso o Chagall están dominadas por imágenes infantiles. Las semillas de su creatividad residieron en su infancia.

Una psiquiatra infantil de la escuela de Jung, Frances Wickes, lo expresa de este modo:

> Experiencias de realidades atemporales pueden llegarle a un niño de corta edad... Según crece, los problemas... le presionan. Su ego debe crecer para cubrir las demandas de una conciencia más amplia y la experiencia espiritual puede parecer olvidada por el ego, pero el yo todavía la recuerda...

En *Recuerdos, sueños y pensamientos*, Jung recuerda un inesperado encuentro con su niño maravilloso. La experiencia vino en un momento en el que la vida de Jung parecía detenida. Se sentía tan confuso y desorientado que temía tener una «perturbación psíquica». En su intento por encontrar la raíz del problema, comenzó a indagar en los recuerdos de su infancia y escribió:

> Lo primero que me vino a la memoria fue un recuerdo de cuando tenía diez u once años. En aquél momento me encantaba jugar a los juegos de construcción... Ante mi asombro, este recuerdo me producía una intensa emoción. «Ajá», me dije, todavía resta vida en estas cosas. El niño pequeño aún anda por ahí y posee una vida creativa de la que carezco.

Jung decidió que tenía que volver a contactar con esa energía infantil y restableció el contacto absorbiendo «la vida del niño con sus juegos infantiles». Así que compró una serie de juegos de construcción. Sentía una gran resistencia por parte de sus críticas voces internas (el viejo orden), pero no cedió y empezó a construir un pueblo entero, con iglesia y castillo. Trabajaba un poco todos los días después de comer y por las tardes. Hasta su propia familia dudaba de él, pero él escribió: «Solo tenía la certeza interna de que estaba en vías de descubrir mi propio mito».

Esta experiencia jugó un papel importantísimo en la liberación de las energías extraordinariamente creativas de Jung, que culminaron en las teorías de los arquetipos y del inconsciente colectivo. Hace años, mientras leía esta parte de la autobiografía de Jung, me acordé de un incidente similar que me había sucedido no hacía mucho. Cuando tenía diez años, me gustaba construir maquetas de avión. Recuerdo que me pasaba semanas enteras construyendo un modelo. Por primera vez, había montado con mucho esmero el avión completo. Estaba hecho de piezas muy pequeñas de madera de balsa, muy delicadas y complejas. Todo lo que me faltaba era pegarle el papel exterior y terminar de pintarlo. Un día, al llegar a casa del colegio, encontré el avión roto y aplastado. Mi hermano pequeño había intentado volarlo y lo había estrellado. Yo estaba destrozado y fuera de mí. De vez en cuando pensaba en empezarlo de nuevo, pero nunca lo hice. Treinta años después, todavía tenía energía para completar la tarea de construir una maqueta. De alguna forma suponía algo muy importante para mí. A los treinta y nueve años compré una maqueta que construí laboriosamente. A veces, llegaba a trabajar casi toda la noche. Al final uní las piezas, las pinté y *terminé* de verdad el trabajo. Estaba muy orgulloso de haberlo logrado, aunque no sabía muy bien por qué había sentido la necesidad de construir una maqueta de avión.

Ahora considero la etapa a partir de los treinta y nueve años como la más creativa de mi vida. Había alguna energía inacabada en mí por no haber acabado aquel avión. Tenía que terminarlo para pasar a otro trabajo creativo.

Buenas noticias

Muchos de los que procedemos de familias disfuncionales pasamos gran parte de nuestra vida sufriendo de forma cíclica las contaminaciones de nuestro niño herido. Vivimos a la defensiva, tan ligados a nuestros mitos ilusorios que no nos imaginamos que hay una buena nueva dentro de nosotros: que todos somos altamente creativos. Esto es así incluso en nuestras adaptaciones neuróticas. Todos tenemos un niño maravilloso con potencial creativo, no solo los grandes pintores o músicos. Nuestra vida puede ser nuestra obra de arte. Una madre puede ser única y creativa educando a sus hijos de una forma que no se había hecho antes. Lo mismo puede suceder con cualquier otra vocación o papel en la vida. Cada uno de nosotros es único e irrepetible. Si empiezas a buscar tu creatividad, quizás encuentres sus huellas en alguna experiencia que hayas tenido de pequeño.

Los niños adultos deben darse cuenta de que cada elemento de sus vidas es significante en la composición de la historia única que son ellos mismos. Las contaminaciones codependientes nos sacan de nuestro yo y hacen que no creamos que somos importantes. Cada faceta de tu vida es única y especial. Nunca ha existido otro como tú. Podríamos retroceder un millón de años y no encontraríamos a nadie igual a ti. Confía en lo especial de tu único yo. Aprende a creer en que tus memorias importan.

La siguiente meditación está pensada para que vuelvas a ponerte en contacto con un recuerdo o recuerdos infantiles que aún pueden contener alguna energía creativa. Deberías leer o volver a leer *El Principito*, de Antoine Saint-Exupéry antes de iniciar esta meditación. Si no tienes tiempo para ello, déjame recordarte al menos que su autor describe cómo los adultos destruyeron su incipiente carrera de pintor. Había dibujado una boa constrictor que se había tragado a un elefante. Los adultos miraban el dibujo y no veían ninguna boa, sino un sombrero. El autor relata:

> Las personas mayores me aconsejaron que dejara a un lado los dibujos de serpientes boas... y que me interesase más por la geografía, la historia, el cálculo y la gramática. Así fue cómo, a la edad de seis años, abandoné una magnífica carrera de pintor... Las personas mayores nunca entienden nada por sí solas y es agotador para los niños tener que andar dándoles siempre y siempre explicaciones.

Si algún adulto aplastó tu creatividad a una edad temprana, haz la siguiente meditación. Tal vez te ayude a contactar con ese recuerdo que aún se esconde como un rescoldo entre las cenizas de tu mente.

Meditación sobre los recuerdos creativos de la infancia

Graba lo que sigue en tu magnetófono. Puedes escuchar *When You Wish Upon a Star* de Daniel Kobialka como música de fondo.

Concéntrate en tu respiración… Sé consciente de lo que ocurre en tu cuerpo al inhalar… y al exhalar… Lentamente empieza a espirar un vapor blanco que forma el número 5 sobre una cortina negra… Si no puedes ver el 5, píntalo con el dedo… Luego exhala el número 4 o píntalo…, siente cómo *sueltas* un poco y cómo *aguantas* tanto como necesitas… Ahora exhala o pinta el número 3… Ahora puedes soltar un poco más… Acuérdate de cuando aprendiste por primera vez a aguantar y a soltar… Has aprendido a mantener cuando aprendiste a andar…, a comer… Has aprendido a soltar cuando jugabas en el columpio y sentías el aire agitando tu pelo… Soltabas cuando soñabas despierto o cuando te ibas a dormir por la noche. Así que sabes bien cuánto mantener y cuánto soltar… Y puedes ser consciente de tu voz, de la música, de la sensación de la ropa sobre tu cuerpo… Tu espalda sobre la silla, el aire en tu cara…, y al mismo tiempo entras en un trance luminoso y reposado… Sientes cómo todo tu cuerpo se vuelve pesado… Puedes sentir tu cuerpo muy pesado… o ligero como una pluma… Lo que sientas, pesadez o levedad, deja que esa sensación te introduzca en un sueño… Será un sueño de descubrimiento… En él encontrarás un recuerdo de la infancia largo tiempo olvidado, un tipo de recuerdo bastante extraordinario… Puede ser muy obvio o extremadamente vago… Pero seguro que será un recuerdo de un germen creativo… Puede que ya lo hayas acabado o puede que sea el germen que necesites ahora… Lo sabrás…, y lo que sepas será bueno para ti… Prepárate a tomar un descanso de dos minutos, que es todo el tiempo del mundo para el inconsciente… En ese tiempo, hallarás otro tiempo… Así que puedes hacerlo ahora… *(Pausa de dos minutos)* Cualquier cosa que estés sintiendo es buena para ti… Es *exactamente* donde *necesitas* estar… Puedes reflexionar otra vez sobre esta experiencia… Tal vez lo sepas ya… Puede que necesites coger lo que has conseguido y pensar en ello durante unos días…, quizás semanas… Solo tú lo sabrás… Tal vez te sorprenda… Puede que te des cuenta de pronto… viendo algo, leyendo un libro, al caminar... Te *llegará*... Ahora lentamente ves el número 3 y sientes tus manos y mueves las puntas de los pies... Ahora ves el número 4... Ahora ves el 5 y sientes tu cuerpo despierto por completo... Ahora deja que tu mente despierte también, que se restablezca del todo tu conciencia normal... Y abre los ojos...

Tal vez hayas conseguido contactar con tu recuerdo creativo o tal vez no. Puede que hayas tocado una memoria energética, pero que no sepas lo que significa. Simplemente confía en que sabrás lo que necesites saber.

Si ninguna de las experiencias descritas en este capítulo destapa la energía de tu niño maravilloso, aquí tienes algunas sugerencias que pueden ser pistas de la presencia de tu niño interior:

1. Presta atención a cualquier cosa con la que parezcas fascinado. A lo mejor hay algo que coleccionas, pero no sabes por qué; tal vez te interese mucho algún país extranjero y sus costumbres; o te atraiga algún color o sonido.
2. Presta atención a tu intuición y a tus presentimientos. Einstein reconocía a menudo el papel de la intuición en su trabajo. Afirmaba que mucho antes de haber resuelto sus famosas ecuaciones las sabía en un nivel diferente, no verbal, con una seguridad intuitiva. Aunque ninguno de nosotros somos Einstein, todos poseemos, sin embargo, intuición. Se ha descrito la intuición como un «pensamiento sentido». Es como si lo sintieras en vez de saberlo. La intuición quiere decir saber algo sin razón alguna. Algunos creen que el conocimiento intuitivo proviene del hemisferio no dominante del cerebro. El hemisferio dominante piensa con lógica y es la base del pensamiento lineal. El no dominante sabe de forma intuitiva y es la base del pensamiento holístico o de «todo a la vez». Pocos niños adultos con un niño interior herido confían en su intuición. Nuestras vidas están tan resguardadas y operamos en un estado de hipervigilancia que se centra únicamente en el

peligro exterior, que nunca estamos lo bastante relajados para permitirnos escuchar nuestra intuición. Tenemos la oportunidad de experimentar esta parte de nosotros mismos una vez recuperado y defendido nuestro niño maravilloso.

Una vez trabajé con una mujer que, a pesar de tener un matrimonio en apariencia estable, insistía en que necesitaba el divorcio. Su marido tenía dinero, la amaba y quería solucionar los problemas. Tenían seis hijos en edad adolescente. Ella hablaba con una sensación de apremio, de urgencia, diciendo cosas como «si continúo con este matrimonio, sé que nunca llegaré a ser aquello para lo que me creó Dios. Mi vida está al límite. No puede decir por qué, solo *siento* y *sé* que tengo razón». Solicitó el divorcio y el viejo orden se conmocionó. Su pastor baptista estaba escandalizado. Su grupo de estudio de la Biblia comenzó una vigilia semanal por su alma. ¡Su esposo me culpó *a mí*!

Cinco años después, me escribió contándome cómo había formado su propia compañía inmobiliaria, algo con lo que había soñado desde pequeña. Sus ingresos ascendían a medio millón de dólares al año. A los niños les iba bien y ella tenía una relación maravillosa con un hombre muy especial y era dichosamente feliz. Había seguido su intuición a pesar de todas las circunstancias adversas y su niño maravilloso había salido victorioso.

No siempre resulta fácil determinar cuándo tu voz interna es de verdad una intuición. A veces puede confundirse con el deseo y no existen unos principios absolutos que puedan determinar si es parte de tu inteligencia superior o de tu deseo egoísta. Permítete escuchar y probar tu voz interna en la fantasía. Por lo general, sabemos las cosas que queremos o que hemos querido durante mucho tiempo. Normalmente la intuición es algo inusual, algo fresco y nuevo.

3. Presta atención a cualquier impulso persistente. Por ejemplo, siempre has querido ir a Bali o al Lejano Oriente; o ir en busca de oro; o aprender a tocar un instrumento o aprender escul-

tura o pintura. Esto no significa que debas abandonar todo de inmediato y seguir tu impulso, pero merece la pena explorarlo. Podrías hacerlo con un viaje imaginario en el que sientes y ves lo importante que es ese impulso para ti. O puedes utilizar la técnica de la libre asociación. Por ejemplo, siempre has querido ir a Bali pero no sabes por qué. Pregúntate: ¿Qué significa Bali para mí? Dibuja un círculo y escribe la palabra Bali en el centro. Deja que tu mente asocie las palabras o frases que se te ocurran.

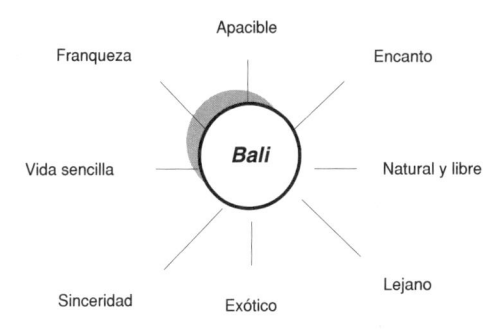

```
                Apacible
  Franqueza                    Encanto
              ╲  │  ╱
               ╲ │ ╱
               ┌───┐
  Vida sencilla─│Bali│─Natural y libre
               └───┘
               ╱ │ ╲
              ╱  │  ╲
                             Lejano
  Sinceridad    Exótico
```

Revisa las asociaciones y fíjate en la que más te atrae. Una vez que la has descubierto, piensa en ella durante un tiempo. Deja que tu mente se abra a su significado. Cuando ya tengas una sensación intensa de este significado, forma un plan de acción y síguelo.

4. Presta atención a las personas nuevas que entran en tu vida; a las personas que parezcan que te llaman en una nueva dirección. Toma la posición de «como si» (hipotética) de que cuanto más interrumpa una persona tus modelos familiares, más te puede estar ofreciendo una oportunidad de romper con el viejo orden y encontrar lo que es más original en ti. La persona puede desafiar tu forma de pensar y amenazar tu sistema de creencias; puede fascinarte, tocando facetas tuyas que han estado dormidas y congeladas durante años. Es mejor ser cauteloso que impulsivo al desarrollar una relación con esta nueva persona. Pero considérala como una posible metáfora para la revelación del yo.

La regeneración creativa es la esencia de la vida. Hallar viejos recuerdos y confiar en tus nuevas energías te puede motivar para descubrir nuevas explosiones de creatividad.

Creatividad

La creatividad es la gloria del ser humano. Es lo que nos distingue de otros seres de la creación. Nuestro destino es crear nuestro propio y único estilo de vida. Tal vez lo hagas como un padre que desafía al viejo orden. Otros pueden hacerlo rechazando el papel cultural que se les ha asignado. Crear una vida propia anima a probar nuevas formas de ser. La creatividad se relaciona muy de cerca con el éxito. Tal y como lo veo yo, el éxito significa hacer lo que quieras con tu vida. Joseph Campbell, que quizás sea el que mejor ha explicado el significado de los mitos, llamaba a eso «perseguir la felicidad». También para esto hace falta valor: intentar cosas nuevas y saber dejarlas y cambiar cuando no funcionen. Para esto, necesitamos la espontaneidad, la resistencia y elasticidad, y la curiosidad del niño maravilloso. Cuando reunimos el valor para desear estar sobre nuestra propia estrella, damos algo nuevo al universo. En el poema de T. S. Elliot «Canción de amor de J. Alfred Prufrock» se pregunta: «¿Debo atreverme a perturbar el universo?». En efecto, cada estilo único de vida que se logra, crea el universo de nuevo.

Ser creativo no es solo la coronación de nuestra gloria humana, sino transformarnos en imagen de Dios. Crear es ser como nuestro creador en el sentido más literal de la palabra; nos da la oportunidad de moldear nuestras vidas como nuestra propia obra de arte y, al hacerlo, ayudamos a crear las pautas de toda vida humana futura. Como señaló James Joyce:

> ¡Bienvenida, vida! Voy a encontrar por millonésima vez la realidad de la experiencia y a forjar en la herrería de mi alma la conciencia aún no creada de mi raza.

La elección creativa es tu derecho. Reclámalo.

Epílogo:
«Mi casa, Elliot, mi casa»

La película *E.T.* emocionó a millones de espectadores. Cuando tal cantidad de gente muestra semejante energía por algo, suele ocurrir que hay un modelo de arquetipo profundo que la ha despertado. Hay una escena en concreto que sacudió nuestro inconsciente. Cuando E.T. abandonado susurra: «Mi casa, Elliot, mi casa». Sus palabras tocan el símbolo exacto que evoca nuestros profundos anhelos arquetípicos. Cuando E.T. susurró estas palabras, millones de personas de todas las edades y culturas lloraron.

Lloramos porque *aún somos recién nacidos divinos en el exilio*. No importa lo mucho que hayamos trabajado para recuperar y defender a nuestro niño interior, que siempre queda un vacío y una ausencia en todos nosotros. Yo lo denomino la «pena metafísica».

Sin duda, nos alegramos cuando reclamamos y defendemos a nuestro niño herido. Para muchos de nosotros, encontrar a nuestro niño interior es como encontrar el hogar por primera vez. Pero no importa lo seguros y conectados que estemos ahora, siempre hay un *viaje oscuro que todos tenemos que recorrer aún*. Aunque sea aterrador, todos lo estamos deseando en nuestro interior. Por mucho que hayamos realizado nuestras metas y sueños, incluso si hemos llegado justo adonde queríamos, siempre experimentaremos una ligera decepción. Tanto es así, que incluso después de Dante, Shakespeare y Mozart decimos: ¿Esto es todo?

Creo que esta sensación de decepción aparece porque tenemos otro lugar al que todos pertenecemos. Creo que salimos de la profundidad del ser y el ser nos llama otra vez. Creo que venimos de Dios y pertenecemos a Él. No importa lo bueno que sea, no estamos aún en casa. El niño herido de San Agustín ya lo dijo: «Tú nos has hecho a tu imagen y semejanza, oh Señor, y nuestros corazones no descansarán hasta que reposen en Ti».

Ésa será nuestra auténtica y definitiva vuelta a casa.

Referencias

Alberti, Robert E. y Emmons, Michael L. *Your Perfect Right*. San Luis Obispo: Impact Publishers, Inc., 1986.
Alce Negro. *La pipa sagrada*. Madrid: Taurus, 1980.
Andreas, Connaire y Andreas, Steve. *El corazón de la mente*. Santiago de Chile: Cuatro Vientos, 1991.
Amstrong, Thomas. *The Radiant Child*. Wheaton: Quest, 1985. Este brillante ensayo ha sido la fuente principal de la cuarta parte de este libro.
Bandler, Richard y Grinder, John. *De sapos a príncipes*. Santiago de Chile: Cuatro Vientos, 1985.
——. *Reframing*. Moab: Real People Press, 1982.
Berne, Eric. *Los juegos en que participamos*. Buenos Aires: J. Vergara, 1988.
——. *¿Qué dice usted después de decir ¡Hola!?* Barcelona: Grijalbo, 1985.
Bettelheim, Bruno. *Surviving and Other Essays*. Nueva York: Vintage, 1980.
Bly, Robert. Recomiendo toda la obra de Robert Bly, uno de los «padres terrenales» de nuestros tiempos. En castellano se ha publicado su hermosísimo ensayo *Iron John*. Barcelona: Plaza y Janés, 1992.
Booth, Leo. *Meditations for Compulsive people*. Deerfield Beach: Health Communications, 1987. He tomado la meditación de este autor llamada «Mi nombre es vergüenza» como fuente de mis meditaciones sobre la vergüenza tóxica.
Cameron-Bandler, Leslie y Lebeau, Michael. The Emotional Hostage. San Rafael: FuturePace Inc., 1986.
——. *Solutions*. San Rafael: FuturePace Inc., 1985.
Campbell, Joseph. *The Hero with a Thousand Faces*. Princeton: Princeton University Press, 1968.
Capaccione, Lucia. *The Power of Your Other Hand*. North Hollywood: Newcastle Publishing Co., Inc., 1988. La lectura de este magnífico libro le ayudará a aprender a dialogar con su niño interior.
Carnes, Patrick. *Contrary to Love*. Irvine: Compcare Publishers, 1988.

———. *Out of the Shadows*. Irvine: Compcare Publishers, 1985. Su trabajo es una referencia obligada. Es una autoridad en lo que se refiere a la adicción al sexo.

Cashdam, Sheldon. *Objects Relations Therapy*. Nueva York: W. W. Norton & Co., 1988. Cermak, Timmen L. Diagnosing and Threating Codependence. Mineápolis: Johnson Institute Books, 1986.

Clarke, Jean Illsley. *Self-Esteem: A Family Affair*. Nueva York: Harper & Row, 1980.

——— y Dawson, Connie. *Growing Up Again*. Nueva York: Harper & Row, 1989. Jean es una excelente terapeuta del análisis transaccional y ha hecho una gran contribución en el área de enseñar aptitudes de reeducación.

Coudert, Jo. *Advice from a Failure*. Chelsea: Scarborough House, 1965. Este libro es una joya. La frase que dice «De toda la gente que conozcas, tú eres el único a quien nunca perderás o abandonarás» me ha conmovido profundamente.

DeMause, Lloyd. *Foundations of Psychohistory*. Nueva York: Creative Roots, Inc., 1982. El trabajo de DeMause es clave para entender que el niño herido es un arquetipo de nuestros días.

Dreikurs, Rudolf y Vicki Stolz. *Children; The Challenge*. Nueva York: E. P. Dutton, 1987.

Eliade, Mircea. Winks, Robin W. Ed. *Cosmos and History*. Nueva York: Garland Publishing, Inc., 1985.

——— y Cohen, J. M. *The Two and the One*. Chicago: University of Chicago Press, 1979.

Elkind, David. *Children and Adolescents*. Nueva York: Oxford University Press, 1981.

———. ed. Piaget, Jean. *Six Psychological Studies*. Nueva York: Random House, 1968.

Erickson, Milton H. Sus trabajos son muy técnicos. Mi libro favorito en el que se describen sus aportaciones es *Phoenix* de David Gordon y Maribeth Meyers-Anderson. Cupertino: Meta Publications, 1981.

Erikson, Erik H. *Childhood and Society*. Nueva York: W. W. Norton & Co., 1964.

Fairbairn, W. Ronald. *Psychoanalitical Studies of the Personality*. Nueva York: Routledge, Chapman & Hall, 1966.

Farmer, Steven. *Adult Children of Abusive Parents*. Los Angeles: Lowell House, 1989.

Fisher, Amy. Sin haber trabajado juntos, Amy y yo hemos llegado a conclusiones muy parecidas. Recomiendo de todo corazón sus cintas. Escribir a: Amy Fisher, 4516 Lover's Lane, # 206, Dallas, TX 75225.

Forward, Susan con Buck, Craig. *Toxic Parents*. Nueva York: Bantam Books, 1989.

Fossum, Merle A. y Mason, Marilyn J. Facing. *Shame*. Nueva York: W. W. Norton & Co., 1986. Un trabajo muy bueno sobre la descripción de las reglas vergonzosas que hirieron al maravilloso niño interior.

Fromm, Erich. *El corazón del hombre*. México: FCE, 1966.

Fulghum, Robert. *All I Really Need to Know I Learned in Kindergarten*. Nueva York: Villard Books, 1988.

Goulding, M. y Goulding, R. *Changing Lives Through Redecision Therapy*. Nueva York: Grove 1982.
Horney, Karen. *Neurosis and Human Growth*. Nueva York: W. W. Norton & Co., 1970.
Isaacson, Robert L. *The Limbic System*. Nueva York: Plenum Press, 1982.
Jackins, Harvey. *The Human Side of Human Beings*. Seattle, Rational Island Publishers, 1978.
Jung, Carl G. Adler, G., ed. Hull, R. F. *Four Archetypes*. Princeton, Princeton University Press, 1985.
——. *Recuerdos, sueños, pensamientos*. Barcelona: Seix Barral, 1981.
Keen, Sam. *Apology for Wonder*. Nueva York: Harper & Row, 1969.
——. *To a Dancing God*. Nueva York: Harper & Row, 1970.
Kirsten, Grace y Robertiello, Richard C. *Big You, Little You*. Nueva York: Pocket Books, 1978.
Kurtz, Ron. *Body-Centered Psychotherapy: The Haikomi Method*. Mendocino: Liferhythm, 1990.
Levin, Pamela. *Becoming the Way We Are*. Deerfield Beach: Health Communications, Inc., 1988.
——. *Cycles of Power*. Deerfield Beach: Health Communications, Inc., 1988. Los dos últimos trabajos han sido una de las principales fuentes en la elaboración de este libro. Pamela Levin ofrece cursos eficaces de reeducación para profesionales y para público en general. Para más detalles, escríbanle a: Box 1429, Ukiah, CA 95482.
Lidz, Theodore. *The Person*. Nueva York: Basic Books, 1983.
Melzck, Ronald y Wall, Patrick. *The Challenge of Pain*. Nueva York: Penguin, 1989.
Miller, Alice. *The Drama of the Gifted Child*. Nueva York: Basic Books, 1983.
——. *For Your Own Good*. Nueva York: Farrar, Straus & Giroux, 1983.
Miller, Sherod, y otros. *Alive and Aware*. Minneapolis, Interpersonal Communications Programs, Inc., 1975. Es el mejor libro que conozco para enseñar a su niño interior buenos hábitos de comunicación. El «modelo de autoconciencia» lo he tomado de esta fuente.
Mills, Joyce C. y Crowley, Richard J. *Therapeutic Metaphors for Children and the Child Within*. Nueva York: Brunner/Mazel, Inc., 1986.
Missildine, W. Hugh. *Your Inner Child of the Past*. Nueva York: Pocket Books, 1983.
Montagu, Ashley. *Growing Young*. Westport: Bergin & Garvey Publishers, Inc., 1989.
Morpugo, C. V. y D. W. Spinelli. *Plasticity of Pain*, Perception Brain Theory. Newsletter, 2 1976.
Napier, Augustus Y. y Whitaker, Carl. *The Family Crucible*. Nueva York: Harper & Row, 1988.
Oaklander, Violet. *Windows to Our Children*. Highland: Gestalt Journal, 1989. Este libro contiene una gran variedad de espléndidos ejercicios para hacer con su niño interior.

Pearce, Joseph Chilton. *The Crack in the Cosmic Egg.* Nueva York: Crown, 1988.
——. *Exploring the Crack in the Cosmic Egg.* Nueva York: Pocket Books, 1982.
——. *Magical Child.* Nueva York: Bantam Books, 1981.
Peck, M. Scott. *La nueva psicología del amor.* Barcelona: Urano, 1987.
Pelletier, Kenneth R. *Mind as Healer, Mind as Slayer.* Nueva York: Delta/Dell, 1977.
Perls, Fritz. *Esto es Gestalt.* Santiago de Chile: Cuatro Vientos, 1980.
Piaget, Jean y Inherdel, Barbel. *The Growth of Logical Thinking from Childhood to Adolescence.* Nueva York: Basic Books, 1958.
Pollard, John K. *Self-Parenting.* Malibu: Generic Human Studies Publishing, 1987.
Rank, Otto. *The Myth of the Birth of the Hero and Other Writings.* Nueva York: Vintage, 1964.
Robinson, Edward. *The Original Vision.* Nueva York: Harper & Row, 1983.
Rogers, Carl R. *El proceso de convertirse en persona.* Barcelona: Paidós, 1989.
Simon, Sidney B. et al. *Values Clarification.* Nueva York: Dodd, 1985.
Small, Jacquelyn. *Transformers.* Marina del Rey: De Vorss & Co., 1984.
Smith, Manuel J. *Cuando digo no, me siento culpable.* Barcelona: Grijalbo, 1987.
Stern, Karl. *The Flight From Woman.* Nueva York: Noonday Books/Farrar, Straus & Giroux.
Stone, Hal y Winkelman, Sidra. *Embracing Our Selves* Marina del Rey, CA, De Vorss & Co., 1985.
Sullwold, Edith. Fragmentos de un casete titulado *El Arquetipo del Niño interior,* con permiso de Audio Transcripts, 610 Madison Street, Alexandria, VA 22314.
Tomkins, Silvan S. *Affect, Imagery, Consciousness.* Nueva York: Springer Publishing Co., 1962 63.
V., Rachel *Family Secrets.* Nueva York: Harper & Row, 1987. Incluye una interesante entrevista con Robert Bly y otra con Marion Woodman, en la que se relata el episodio de la mujer que intentó ver al Papa.
Weinhold, Barry K. y Weinhold, Janae B. Breaking *The Codependency Trap.* Walpole: Stillpoint, 1989. Los trabajos de los Weinhold se basan en la Psicología del Desarrollo. A ellos se debe la división de la infancia en las etapas de codependencia, antidependencia, independencia e interdependencia.
Weiss, Laurie y Weiss, Jonathan B. *Recovery from Codependence.* Deerfield Beach: Health Communications, Inc., 1989. Creo que los Weiss son los mejores representantes de los pocos terapeutas de análisis transaccional que utilizan un auténtico acercamiento al desarrollo. Sus aportaciones me han sido muy valiosas en numerosas cuestiones.
Wickes, Frances. *The Inner World of Childhood.* Boston, Sigo Press, 1988.
Woodman, Marion. *Addiction to Perfection.* Toronto, Inner City Books, 1982.
Wright, Chris. *Repression: The Gated Brain.* Sin publicar.

Gaia Ediciones

EL LENGUAJE DEL ALMA
El arte de escuchar la vida y alinearse con ella
JOSEP SOLER

En *El lenguaje del alma*, de Josep Soler, descubrirás que la Vida es sabia; que todo lo que ocurre en la vida y en el cuerpo tiene sentido; y que hay alguien que siempre está ahí para nosotros, y ese alguien es nuestra alma. Tanto desde lo que percibimos como realidad externa como desde nuestro interior, el alma nos envía sus mensajes permanentemente, y para poder comprenderlos debemos despertar un arte que hemos olvidado: el de escuchar la Vida.

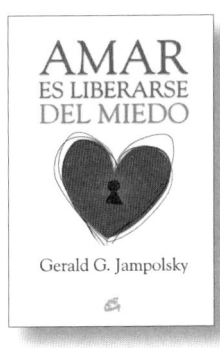

AMAR ES LIBERARSE DEL MIEDO
GERALD G. JAMPOLSKY

Después de más de treinta años esta obra sigue siendo uno de los clásicos más leídos y queridos en la transformación personal. Esta pequeña joya ofrece 12 útiles y esperanzadoras lecciones para ayudarnos a dejar de lado los miedos y concentrarnos en amar el presente a medida que avanzamos con confianza hacia el futuro.

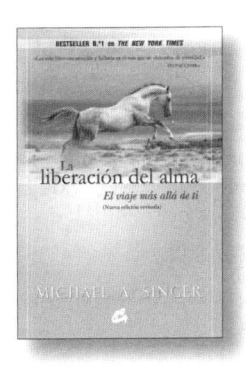

LA LIBERACIÓN DEL ALMA
El viaje más allá de ti
NUEVA TRADUCCIÓN Y EDICIÓN REVISADA DE LA OBRA "ALMA EN LIBERTAD"
MICHAEL A. SINGER

Michael Singer pone a nuestro alcance la esencia de las grandes enseñanzas espirituales de todas las épocas. Cada capítulo de *La liberación del alma* es una instructiva meditación sobre las ataduras de la condición humana y de cómo se pueden desatar delicadamente todos y cada uno de sus nudos para que el alma pueda volar en libertad.

Para otras obras sobre esta misma temática, solicítalas en tu librería habitual o visita www.alfaomega.es

Gaia Ediciones

CURACIÓN CUÁNTICA
Las fronteras de la medicina mente-cuerpo
DEEPAK CHOPRA

El cuerpo humano está controlado por una fina y sutil «red de inteligencia» cuyas raíces se asientan en la realidad cuántica, una realidad profunda que modifica incluso los patrones básicos que rigen nuestra fisiología y que nos brinda la posibilidad de curarnos.

LA NUMEROLOGÍA DEL SER
Los 9 caminos del retorno a la Unidad
JOSEP SOLER

Iniciamos un viaje por las nueve dimensiones del ser para regresar a la Unidad. Es una ascensión en espiral del 1 al 9, el viaje del Todo hacia la Nada, a través de la inspiración, la creación y la exhalación.

MINDFULNESS PRÁCTICO
Guía paso a paso
DR. KEN A. VERNI

Mindfulness Práctico es una excelente guía que te enseña de modo minucioso cómo aplicar en la vida diaria los bien conocidos beneficios del mindfulness: vivir en el momento presente y conquistar la felicidad.

Para otras obras sobre esta misma temática, solicítalas en tu librería habitual o visita www.alfaomega.es

Gaia Ediciones

¿Y SI ESTO YA ES EL CIELO?
Los diez mitos culturales que nos impiden experimentar el Cielo y la Tierra

ANITA MOORJANI

¿Qué pasaría si de repente te dieses cuenta de que «esto» es el cielo, esta misma vida física que estamos viviendo ahora? Puede sonar descabellado, sobre todo cuando, a veces, muchos hemos pensado que «esto» se siente como el mismísimo infierno. El sufrimiento emocional, físico y mental nos desvían y ciegan de aquello que podemos ser y que somos…

MORIR PARA SER YO
Mi viaje a través del cáncer y la muerte hasta el despertar y la verdadera curación

ANITA MOORJANI

BESTSELLER DEL NEW YORK TIMES

A lo largo de más de cuatro años, el avance implacable de un cáncer llevó a Anita Moorjani a las puertas de la muerte y hasta lo más profundo de la morada de la muerte. La minuciosa descripción de todo el proceso que hace la autora ha convertido esta obra en un relato esclarecedor de lo que nos aguarda tras la muerte y el despertar final. Uno de los testimonios espirituales más lúcidos y poderosos de nuestro tiempo.

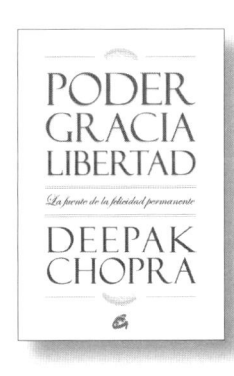

PODER, GRACIA Y LIBERTAD
La fuente de la felicidad permanente

DEEPAK CHOPRA

En *Poder, Gracia y Libertad*, Deepak Chopra aborda el misterio de nuestra existencia y su significado en nuestra búsqueda eterna de la felicidad. «¿Quién soy? ¿De dónde vengo? ¿Adónde iré cuando muera?». A partir de la antigua filosofía del Vedanta y los descubrimientos de la ciencia moderna, Chopra nos ayuda a comprender y experimentar nuestra verdadera naturaleza, que es un ámbito de consciencia pura.

Para otras obras sobre esta misma temática, solicítalas en tu librería habitual o visita www.alfaomega.es